EGS-Texte

EGS-Texte

Erziehung · Gesellschaft · Schule

herausgegeben von Wilhelm H. Peterßen

Hans Jürgen Apel · Michael Knoll
unter Mitarbeit von Michael Pfitzner

Aus Projekten lernen

Grundlegung und Anregungen

Oldenbourg

Die Deutsche Bibliothek – CIP-Einheitsaufnahme

Apel, Hans Jürgen:
Aus Projekten lernen/Hans Jürgen Apel; Michael
Knoll. – München: Oldenbourg-Schulbuchverl., 2001
(EGS-Texte)
ISBN 3-486-03505-3

1. Auflage 2001 R E
Druck 04 03 02 01
Die letzte Zahl bezeichnet das Jahr des Drucks.

Umschlagkonzept: Mendell & Oberer, München
Umschlag: Gorbach GmbH, Buchendorf
Lektorat: Alexandra Geupel
Herstellung: Christa Neukirchinger
Satz und Litho: satz & repro Grieb, München
Druck: Druckerei Appl, Wemding

ISBN 3-486-03505-3

Inhalt

Vorwort des Herausgebers

Ein weiteres Buch über Projektlernen – muss das sein? Wo es doch schon zahlreiche Monografien, Aufsätze und Beispiele dazu gibt? Ein weiteres Buch müsste in der Tat nicht sein, wenn es wiederum bloß die Darstellung einer subjektiven Auffassung über Projektlernen böte oder gar nur erneut unmittelbare Praxisanleitungen dafür unterbreitete. Dies Buch aber muss sein, da es über Einzelaussagen hinaus reicht und endlich eine Didaktik über Projektlernen vorstellt, wie es schon seit langem verlangt wird.

Diese Projektdidaktik sieht ihre Hauptaufgabe in der seinerzeit – Anfang des zwanzigsten Jahrhunderts – von der geisteswissenschaftlichen Didaktik aufgestellten Kernforderung, Handlungswissenschaft zu sein, d.h. ihre Aussagen in Richtung auf die didaktische Praxis hin zu legitimieren und zu formulieren. APEL und KNOLL stellen dazu ihren – von ihnen selbst als Teildidaktik relativierten – Beitrag ausdrücklich in die Tradition des im letzten Jahrhundert erstmals von KLAFKI entwickelten integrativen Paradigmas einer kritisch-konstruktiven Didaktik. Die kritische Aufnahme und Sichtung von bereits Vorhandenem wird durchgängig verbunden mit konstruktiven Schlussfolgerungen und Gestaltungsvorschlägen für Projektlernen.

Als Didaktik des Projektlernens richtet sie sich an Denken und Handeln von Lehrern, dem sie Orientierung und Struktur bieten will. Schon der historische Rückblick bleibt nicht bei bloßer Darstellung stehen, sondern zeigt Lehrern die mögliche Breite ihres Handlungsfeldes auf. Das von WOODWARD favorisierte *lineare* wird dem von RICHARDS bevorzugten *integrativen* Modell gegenübergestellt, bevor das in unserem Raum zumeist bemühte *universelle* Projektmodell von KILPATRICK vorgestellt wird. Einseitigem Projektdenken wird durch solche polare Zeichnung Einhalt geboten; Lehrer erhalten vor ihren Projektentscheidungen einen Maßstab, an dem sie sich orientieren und überlegt für eine bestimmte Form entscheiden können. Weitere Entscheidungshilfen werden durch die Analyse aktueller Vorstellungen zum Projektlernen gefunden und unterbreitet. Denn bei aller Kritik an diesen finden APEL und KNOLL durchaus Momente, die sie Lehrern weiterreichen können. Doch legen sie Lehrer nicht fest: An die Stelle eines einzigen – meistens sogar noch unberechtigten, weil falschen – historischen Bezugs rückt der polare Maßstab; statt eine geradezu monistische Bindung zu verlangen – an das eine vorgestellte Modell –, geben sie Lehrern Kategorien an die Hand, mit denen sie selbstständig Entscheidungen über Art, Typ, Phasen und auch Ziele ihres vorgesehenen Projekts treffen können. Überlegungen zu Verbundproblemen, wie besonders dem der Leistungsbeurteilung von Schülern im Projektlernen, leiten zu Reflexionen an, hindern mithin daran, sich unvermittelt in das Abenteuer Projektlernen zu stürzen. Empirisch-analytisch gewonnene Befunde ersetzen – zumindest teilweise – die üblicherweise nur nach Plausibilität geführte zugunsten eines realistisch fundierten Denkens über die Wirksamkeit von Projektlernen.

Dieses Buch leistet eine in meinen Augen gelungene Entideologisierung des Projektdenkens, die zugleich hoffentlich auch die maßlos überhöhte Erwartungshaltung gegenüber dieser Art des Lernens zurechtrücken wird. Durch strukturierte Hinweise auf die eigenständige Aktualisierung solchen Projektdenkens in der Praxis – veranschaulicht durch Beispiele – sehe ich die Umsetzung gewährleistet. Doch wird hier wohl wie häufig das Alltagswort Geltung haben: *Probieren geht über Studieren* – Versuchen Sie es einfach einmal!

Wilhelm H. Peterßen Weingarten, im Februar 2001

1 Einleitung

Lernen in Projekten hat sich als ein Unterrichtsverfahren inzwischen in vielen Schulen durchgesetzt. Allgemein versteht man darunter eine Form des Lernens, bei dem Schüler stärker als im Klassenunterricht tätig werden können und Verantwortung für das Lernen übernehmen sollen. Sie sollen das Thema mitwählen, die Lösung der gewählten Aufgabe mitplanen und möglichst selbstständig durchführen, um schließlich ein Ergebnis ihrer Arbeit zu präsentieren und abschließend den Prozess dieses Lernens durch Erfahrung zu reflektieren. Die Literatur über diese Form des Lernens, über Projektwochen und Einzelprojekte ist schon längst nicht mehr zu überblicken.[1] Im Internet findet man Projektübersichten bei jeder Schule, die etwas auf sich hält. Man kann also feststellen: Neben dem systematischen Lernen hat das Projektlernen an vielen Schulen als Form selbstständiger Bildungsarbeit seinen Platz. In den Lehrplänen aller Bundesländer wird es als Bereicherung des Schulunterrichts genannt. Projektlernen gilt als notwendige Ergänzung des Klassenunterrichts. Man verspricht sich, dass es stärker als andere Lehr- und Lernformen dazu beitrage, Selbstständigkeit, soziales Verhalten und demokratisches Bewusstsein zu fördern.

Wie das Projektlernen praktiziert wird, hängt allerdings von Ansichten und Kenntnissen der Lehrerinnen und Lehrer einer Schule ab. Ob solches Lernen in Fächer integriert erfolgt, ob es fächerübergreifend durch kollegiale Teamarbeit getragen wird, ob es als Projektwoche an einer Stelle im Schuljahr eingeschoben wird, ob Projektlernen sich aus einem Anlass des Schullebens ergibt oder durch einen äußeren Vorgang angestoßen wird – diese Form schulischen Lernens hat sich als willkommene Ergänzung des herkömmlichen Lernens in Lehrgängen durchgesetzt. Gelegentlich erscheint es allerdings auch als Lückenbüßer oder als erzwungene Pflichtübung in Zeiten, in denen Schülerinnen und Schüler nach Festlegung der Zensuren kaum noch für schulisches Lernen zu motivieren sind.

Projektlernen – ein Beitrag zur Schulreform?

Projektlernen gehört heute zur schulischen Realität. Dabei darf nicht vergessen werden, dass die Wiederbelebung dieses Verfahrens schulischen Lernens in den sechziger und siebziger Jahren des 20. Jahrhunderts mit Attributen wie ›entschultes Lernen‹ oder ›Lernen im Widerspruch des Systems‹ (STUBENRAUCH) begleitet wurde. Auch gegenwärtig gilt Projektlernen nicht allen Lehrern als Alltäglichkeit, nach dessen Durchführung wieder zum ›Normalunterricht‹ zurückgekehrt werden sollte. Verbreitet ist die These, dass Pro-

[1] Die Bibliografie von SCHÄFER (1988) enthält 7000 Einträge.

jektlernen ein wesentlicher Beitrag zur inneren Schulreform sei. HILBERT MEYER bezeichnet den Projektunterricht als »das eine Standbein« einer schülerorientierten Lehr-Lern-Situation. Entschiedene Befürworter der Projektarbeit heben hervor, dass dieses Lernen »Möglichkeiten für eine humane Schule und Gesellschaft« (JÄGER, 1998) biete. GÜNTHER WARNKEN spricht von »eine[r] Herausforderung an die ganze Schule« (1990) und verdeutlicht in seinem Beitrag, dass Projektlernen dazu eingesetzt werden sollte, einen Lernprozess des Kollegiums einzuleiten, um Schule und Unterricht grundlegend zu verändern. Man muss also fragen: Ist Projektlernen ein Verfahren, um Schule und Unterricht zu einem anderen Lernort zu machen, um endlich die kind- und jugendgerechte Schule zu institutionalisieren, oder ist es in erster Linie ein alternatives Verfahren schulischen Lernens, durch das die Regelhaftigkeit des systematischen Lernens zeitweise aufgelöst wird?

Wer von ›Projektlernen‹, ›Projektunterricht‹ oder ›Projektmethode‹ spricht, meint eine besondere Form schulischen Lernens, für die vorrangig die Merkmale ›Selbsttätigkeit der Lernenden‹, ›möglichst selbstständige Planung‹, ›kooperierendes Lernen‹, ›Herstellung eines Produkts‹ gelten. Wenn Lernende ernsthaft sowie teilweise selbstständig eine Aufgabe bearbeiten und ein Ergebnis ihrer Arbeit präsentieren, wird in der Regel vom Projektlernen gesprochen. In vielen Veröffentlichungen geht man davon aus, dass solche Lernarbeit sich positiv auf die grundlegende Bildung der Schüler auswirkt. Einige Projekttheoretiker betonen allerdings, dass dies nur dann der Fall sei, wenn die Aufgabe und ihre Lösung für das individuelle Erleben und Verhalten bedeutsam sei und zugleich gesellschaftsrelevantes Lernen fördere.

Die verbreitete Wertschätzung des Projektlernens gilt Projektbefürwortern nicht nur als erfreuliche Entwicklung, da sie zu einer Verflüchtigung der ursprünglichen Intention beiträgt. »Lernen in Projekten gehört« – wie OTTO SEYDEL schreibt – »zu den klassischen Elementen der Reformpädagogik« (SEYDEL, 1995, S. 119). Durch die Durchsetzung auf breiter Ebene »droht der Begriff ›Projekt‹ jedoch zu einer pädagogischen Allerweltsformel zu verkommen« (ebd.). Der pädagogische Anspruch verflacht oder er wird über Gebühr ausgedehnt. Verbunden mit dem Glauben an die ›Selbststeuerung des Lernens‹ in Schule und Unterricht gehen einige Vertreterinnen und Vertreter dieser Lernform so weit, im Projektlernen das Zentrum schulischen Lernens überhaupt zu sehen. Dabei übersehen sie jedoch, dass »die wiederentdeckte Subjektivität des Schülers … schließlich nicht [dazu dienen kann], schulische Regulativfunktionen aushebeln [zu] wollen« (RÖSLER, 1995, S. 63). Vielmehr kann es nur darum gehen, systematisch angeleitetes Lernen in Lehrgängen und stärker selbstgesteuertes Lernen in einem Projekt bereichernd miteinander zu verbinden, um unterschiedliche, bildende Situationen in Schule und Unterricht zu schaffen.

Projektlernen zwischen Lehrgangsunterricht und Übung

Mit unserer Darstellung des ›Projektlernens‹ wollen wir an diesen Gedanken anknüpfen, die Bedeutung des Lernverfahrens herausarbeiten und Anleitungen zur Durchführung des Projektlernens in verschiedenen Situationen des Schulunterrichts geben. Deshalb ist das Thema in das Spektrum der Methoden schulischen Lehrens und Lernens einzuordnen, wie dies schon in der reformpädagogischen Tradition üblich ist. Dabei muss die Beziehung zwischen Projektlernen und Lehrgangsunterricht ebenso angesprochen werden wie die Frage angemessener Projektaufgaben. Schließlich ist zu diskutieren, ob und wie Projektleistungen bewertet und benotet werden können.

Unser Ziel ist es, zur »methoden-pluralistischen Gestaltung des Unterrichtsprozesses« (TERHART, 1997, S. 141) beizutragen. Dabei soll die Bedeutung des Projektlernens in Relation zu anderen unterrichtlichen Lehr-Lern-Formen gesehen werden. Zugleich ist Skepsis gegenüber den behaupteten positiven Auswirkungen des Projektlernens beizubehalten. GOTTFRIED PETRI, der kritischste Befürworter dieser Lernform, spricht von »angenommenen positiven Wirkungen« des Projektlernens und nennt dafür folgende Beispiele im Anschluss an vorliegende Veröffentlichungen: »›dynamische Fähigkeiten‹ wie Selbstständigkeit, Initiative, vernetztes Denken, Flexibilität, Problembewusstsein, Argumentations- und Problemlösefähigkeit, Selbstvertrauen, Selbstreflexion, Verantwortlichkeit, Werthaltungen, Hinterfragen können, Konfliktbewältigungsfähigkeit, Kooperieren können, Selbstrepräsentation usw.« Nach dieser Zusammenstellung resümiert er jedoch eher ironisch: »Wenn größere Effekte des Projektlernens in dieser Richtung vollkommen gesichert wären, würde es sich zweifellos lohnen, auch umfangreichste Budgetmittel dafür zu investieren. Selbst ein kleines Land wäre mit einer durch Projektlernen in solcher Weise hochbefähigt gewordenen Bevölkerung glückliche geistige Großmacht.« Nur leider sei dem nicht so; vielmehr gelte, »dass die starke Förderung der betreffenden Fähigkeiten durch Projektunterricht bisher nur aufgrund subjektiver Evidenzen angenommen wird und noch nicht als wissenschaftlich gesichert gelten kann« (PETRI, 1991, S. 182).

Didaktik des Projektlernens zwischen Theorie und Praxis

Eine Projektdidaktik hat mindestens zwei Wurzeln, die unterrichtliche Projektpraxis und die Projekttheorie. Die Praxis des Projektlernens ist schwieriger als das Reden bzw. Schreiben über diese Praxis – und sie ist anders als die Theorie verspricht, wie z. B. die Projektbeispiele im Internet belegen. Für eine Projektdidaktik sind Praxiserfahrungen, Berichte und Untersuchungen wichtig, weil sie auf die Realität verweisen und den pädagogischen Optimismus begrenzen. Eine weitere Grundlegung des Projektlernens wird vielfach übersehen: die Ergebnisse der Lehr-Lern-Forschung und die mit diesen

Forschungen verbundenen Erkenntnisse über die Bedeutung unterschiedlicher Lehr- und Lernmethoden für eine breite schulische Bildung. Deshalb sind die Ausführungen zum Projektlernen auf die Ergebnisse der Unterrichtsforschung zu beziehen. Dadurch können die speziellen Ziele und Möglichkeiten ebenso wie übertriebene Erwartungen sowie Grenzen des Projektlernens präziser herausgestellt werden.

Gleichzeitig darf man die Zusammenhänge, in denen Schulunterricht überhaupt steht, nicht übergehen: Schulisches Lernen hat einen gesellschaftlichen Auftrag zu erfüllen, in dem mehrere Ziele schulischer Sozialisation gebündelt erscheinen. Nur der Einsatz verschiedener Lehr- und Lernformen des Unterrichts kann dazu beitragen, schwerpunktmäßig die Entfaltung unterschiedlicher Ziele wie etwa Wissen und Können, Gemeinschaftsfähigkeit und Arbeitshaltung, Handlungs- und Urteilsfähigkeit zu unterstützen und Schule zu einem akzeptablen Lebens- und Lernbereich für Kinder und Jugendliche zu machen.

Begründungen des Projektlernens

Üblicherweise wird die Notwendigkeit des Projektlernens sozialisations- und lerntheoretisch begründet (z. B. GUDJONS, 1997, S. 48). EWALD TERHART hat drei gesellschaftliche Gründe und ein wissenschaftliches Argument übersichtlich zusammengestellt, die vorgebracht werden können, wenn es darum geht, offene Lernformen in Schule und Unterricht zu rechtfertigen (TERHART, 1997, S. 174 f.). Mit Blick auf den Wandel gesellschaftlicher Lebensformen und auf die durch Medien für viele eingeschränkten (aber in anderer Hinsicht auch erweiterten) Erfahrungsbereiche bei Kindern und Jugendlichen fordern zur Zeit unisono pädagogische Entscheidungsträger immer wieder ›handlungsorientierte‹ Lernformen für den Schulunterricht,

- um Schule als Sozialisationsfeld umfassend zu nutzen: Neben Wissen und Können sollen auch darüber hinausgehende praktische und soziale Erfahrungen an diesem Ort ermöglicht werden.
- um gegen eine von den Medien stark bestimmte Welt direkte Erfahrungen durch den Umgang mit Dingen zu fördern.[2]
- um Schule und Unterricht grundsätzlich für gesellschaftliche Vorgänge und eine am Leben orientierte Bildung wieder zu öffnen.
- um schulisches Lernen auf Einsichten der Lernforschung aufzubauen und zu berücksichtigen, dass Lernen immer Tätigkeit voraussetzt und als sachbezogenes Tun in sozialen Bezügen zu sehen ist.

[2] Zu Recht weist TERHART auf die Paradoxie dieses Anspruchs hin: Die von ihrem Auftrag her künstliche Institution Schule soll natürliche Erfahrungen vermitteln. Ein anderer Aspekt wird immer übersehen: Wie vieles lernen Kinder (mit Begeisterung) aus der Beschäftigung mit Bilderbüchern, die doch nichts anderes als eine künstliche Vereinfachung der erlebbaren Welt, eine mediatisierte Vermittlung, darstellen? Und: Wann ist gerade die mediale Vermittlung eine sinnvolle Hilfe für das Verständnis komplizierter Vorgänge?

Nicht nur Projektlernen, auch Praktisches Lernen, Offener Unterricht, Freiarbeit, also an Aktivität der Schülerinnen und Schüler orientierte Lernformen, werden seit einigen Jahren als angemessene Antwort auf neuere gesellschaftliche Entwicklungen und auf lerntheoretische Einsichten gefordert. Damit sind Formen schulischen Lernens genannt, die sich in Teilbereichen mit dem Vorgang Projektlernen überschneiden. So zielt das ›Praktische Lernen‹ wie das ›Projektlernen‹ darauf, selbst verantwortetes Lernen zu fördern, Problemlösungen zu verlangen, Lernen mit praktischem Tun zu verbinden und die Herstellung eines Produkts zu verlangen. Das Konzept ›Offener Unterricht‹ dient dazu, die inhaltlich wie methodisch begrenzte Form unterrichtlichen Lernens zu durchbrechen. Schule soll ihre institutionelle Begrenzung verlassen, Themen der Lebenserfahrung vor Ort aufgreifen, diese von den Kindern innerhalb oder außerhalb des Unterrichts bearbeiten oder durch Experten vor der Klasse darstellen lassen. ›Freiarbeit‹ ist eine weitere Form stärker selbstbestimmten Lernens, bei dessen Anwendung die Schüler mit vorhandenen, teilweise auch selbst gestalteten Materialien oder in selbst gewählten Arbeitsbereichen zeitlich begrenzt selbstverantwortlich in der Schule arbeiten. Solches Lernen wird vielfach auch als ›Wochenplanarbeit‹ konzipiert. Die Lernenden sollen erfahren, dass sie für ihr Lernen mitverantwortlich sind. Merkmale der genannten Methoden können in einer echten Projektsituation ebenfalls gelten.

Das Projektlernen erscheint vielen (Fach-)Didaktikern als methodischer Königsweg. So stellen z. B. Mie und Frey wie auch andere Autorinnen und Autoren appellativ fest: »Gegen einseitige Intellektualisierung der Schule, gegen ihre Abkapselung von der Gesellschaft, gegen ein Übermaß an Fremdbestimmung der Schüler« müssen »Lernen durch eigenes Tun und eigene Erfahrungen im Vordergrund [stehen]. Belehrungen und das Nachempfinden der Gedanken anderer sind von untergeordneter Bedeutung« (Mie/Frey, 1990, S. 16). Dabei wird allerdings unterstellt, dass Schülerinnen und Schüler gerade in der Schule die Haltung des Konsumierens aufgeben und Aktivitäten entwickeln wollen, sobald tätiges Lernen angesagt ist. Zugleich wird übergangen, welche Bedeutung ein anleitender Unterricht für die Entwicklung der verschiedenen Fähigkeiten, für den Aufbau eines geordneten Wissens und für die Anregung zu begründetem Urteilen hat. Die Erkenntnis der Lehr-Lern-Forschung, dass anleitende Instruktion wesentlich zum Lernerfolg beiträgt, wird einfach ignoriert.

Gegen einseitige Positionen ist grundsätzlich Skepsis geboten, um im Schulunterricht nicht am eigenen Engagement zu scheitern. Mit unserem Ansatz zu einer Projektdidaktik wollen wir nach theoretischer Bestimmung die Bedeutung des Projektlernens und die Ernsthaftigkeit dieser Lernform, aber auch ihre Grenzen herausstellen. *Projektlernen – so unsere mit anderen Didakti-*

kern übereinstimmende Position – kann das Lehrgangslernen in seinen verschiedenen Formationen sehr wohl bereichern. Es ist zeitweise notwendig, um den vielfältigen Bildungsauftrag der Schule besser zu erfüllen. Gelingen kann es aber nur, wenn daneben ein Lehrgangsunterricht stattfindet, in dem die Grundkenntnisse gesichert werden.

Die Projektdidaktik – eine Theorie des Projektlernens

Mit dem Begriff ›Projektdidaktik‹ (PETRI) ist keine spezielle Didaktik, sondern der eingegrenzte Ansatz einer kritischen, aber konstruktiven Theorie des Lernens durch Projektarbeit unter schulischen Bedingungen gemeint. Sie ist als eine empirisch fundierte Theorie zu entwickeln, um die Möglichkeiten des Projektlernens und seine Bedeutung ebenso wie die in der Sache liegenden Grenzen dieses Lernens aufzuzeigen. GERHARD PETRI hat mit seiner Veröffentlichung eine Möglichkeit gezeigt, wie man untersuchen kann, ob und inwieweit durch ein Lernen in und an Projekten neben Kenntnissen und Fertigkeiten »soziale, personale und funktional-kognitive Lernziele« (PETRI) in dem Maße erreicht werden, wie dies immer behauptet wird. Seinem Vorschlag, die behaupteten Erfolge des Projektlernens auf den Prüfstand zu stellen, ist grundsätzlich zu folgen. Nach der theoretischen Fundierung soll deshalb »eine gewisse Akzentverlagerung der Sicht der Dinge [vorgenommen werden]: weg von der vorwiegend visionären Perspektive, deren Verbreitung den Projektgedanken bereits in hohem Maß populär gemacht hat – hin zu einer mehr realistischen und kritischen, wissenschaftlichen Betrachtungsweise« (PETRI, 1991, S. 178); denn nur diese Sichtweise dient dem Anliegen. Nicht durch Begeisterung, sondern nur durch überzeugende Gründe ist Projektlernen als Bereicherung schulischen Lernens auf Dauer zu legitimieren.

Eine Projektdidaktik könnte dazu beitragen, die realen *Chancen*, die didaktischen *Verflechtungen* und auch die *Grenzen* des Projektlernens klarer als bisher zu erkennen. PETRI hält es deshalb für erforderlich, dass für eine solche Didaktik ein »neue[r] Stil der Forschung und Entwicklung« (1991, S. 177) konzipiert wird. Eine Projektdidaktik kann zwar von den subjektiven Einschätzungen über Lernerfolge ausgehen, muss aber dahin führen, diese nur als Thesen anzusehen, die noch genauer zu untersuchen sind. Auf diese Weise könnten Bedeutung und Nutzen des Projektlernens rationaler bestimmt und in ein vernünftiges Verhältnis zu dem gesellschaftlichen Auftrag von Schule und Unterricht gesetzt werden. Vor allem müsste eine vorurteilsfreie Einschätzung des Verhältnisses erfolgen, das zwischen Lehrgangsunterricht und Projektlernen, zwischen systematischem und situiertem Lernen, zwischen struktur- und problemorientiertem Lernen für eine angemessene Schulbildung unverzichtbar ist; denn: »Es scheint schwierig zu sein, die Schüler ihre Lernaktivitäten weitgehend selbstständig steuern zu lassen und gleichzeitig das Erreichen eines bestimmten Kanons von unverzichtbaren Lernzielen sicher zu stellen« (PETRI, 1991, S. 187). Aus der Einsicht in diese Verflechtung zwischen Projektlernen und unterrichtlichem Lehrgang formuliert PETRI vier leitende Forschungsfragen einer Projektdidaktik (1991, S. 196 f.), die wir als Hinweise auf Defizite der Forschung nennen:

1. Inwieweit werden die behaupteten höherwertigen Lernziele des Projektlernens eigentlich erreicht?
2. Was lernen einzelne Schüler im Projektunterricht?
3. Welche Bedeutung hat kooperatives Lernen für die Schüler?
4. Welchen Nutzen hat ein fächerübergreifendes Projektlernen?

Diese Fragen – so PETRI – werden bislang allenfalls auf der Ebene subjektiver Erfahrung, also durch individuelle Beobachtung und Einschätzung, beantwortet. Ein solches Verfahren ist wissenschaftlich aber unzureichend; Projektlernen muss zu einer anerkannten Methode unterrichtlicher Lernarbeit gerade dadurch werden, dass unterschieden wird, was begründet von dieser Lernform zu erwarten und zu erreichen ist, was unrealistisch und nicht zu verwirklichen ist. Das beginnt schon mit der Forderung nach präzisen begrifflichen Klärungen, die auch die vielfach genannten ›höheren Fähigkeiten‹ wie Flexibilität, Problembewusstsein, Kritikfähigkeit sowie Selbst- und Sozialkompetenz betreffen. Es ist fortzusetzen mit rationalen Feststellungen über schulisches Lernen in den fachbezogenen Lehrgängen, das häufig von Schulkritikern vorschnell abgewertet wird[3].

Theorie und Lehre des Projektlernens als Ziel der Studie

Mit unserem Beitrag können auch wir das von PETRI entworfene (und noch keineswegs ausgeführte) Konzept einer empirisch fundierten Projektdidaktik nicht einlösen. Wir wollen aber nach einer begrifflichen Klärung den Ansatz einer solchen Theorie und Lehre des Projektlernens mit Blick auf die derzeitige Diskussion über schulisches Lernen präzisieren, Hinweise zur Durchführung des Projektlernens geben und auf typische Probleme wie etwa die Leistungsbewertung eingehen. Dabei wollen wir darstellen, was sich nach Erkenntnissen der Lehr-Lern-Forschung über das Projektlernen aussagen lässt. So verstanden, muss der Beitrag zu einer Projektdidaktik folgende Punkte umfassen:

- eine Klärung des Begriffs ›Projektlernen‹,
- eine Übersicht über Ziele des Projektlernens,
- eine Erörterung projektnaher und -ferner Inhalte schulischen Lernens,

[3] Hier zeigt sich die Stärke des Autors: Gründlich weist er nach, welche Bedeutung dem fachbezogenen Lernen zukommt und rückt damit den Anspruch des Projektlernens als andere Seite unterrichtlichen Lernens zutreffend zurecht (vgl. PETRI, 1991, S. 199–201). Ganz anders, aber durchaus vergleichbar, geht WÖLL (1998) vor: Auch er hebt die Bedeutung des systematischen Lernens im Unterricht hervor, bevor er auf die Notwendigkeit und Bedeutung eines selbstbestimmten handelnden Lernens eingeht.

- eine Darstellung der methodischen Struktur des Projektlernens,
- Hinweise und Anregungen zur Bewertung und Benotung von Leistungen innerhalb des Projektlernens,
- einen Bezug des Projektlernens auf die Vielseitigkeit schulischen Lernens,
- eine Zusammenstellung der Ergebnisse empirischer Untersuchungen zum Projektlernen,
- eine Anleitung zur Planung und Einführung des Projektlernens,
- Beispiele zum Projektlernen.

Eine Klarstellung halten wir noch für wichtig: Projektlernen soll als ein Mittel schulischer Bildung neben anderen Konzepten und Methoden des Lehrens und Lernens gelten. Lehrerinnen und Lehrer sollen angeregt werden, Projektlernen an machbaren Aufgaben zu versuchen, wenn sie bestimmte Lernziele wie etwa Planungskompetenz und Selbstständigkeit, Verantwortung und Kooperation sowie die Herstellung eines Produkts fördern wollen. Wir sehen im Projektlernen keine Methode zur Humanisierung des Schulunterrichts, wohl aber einen Ansatz zur Erweiterung schulischen Lernens. Deshalb konfrontieren wir ausgewählte Positionen von Befürwortern und Kritikern miteinander, um die »zwei Seiten der Medaille« schulischen Lernens (BIELEFELDT/EMUNDTS) herauszuarbeiten, die immer wieder als Lehrerzentrierung vs. Schülerorientierung, als Sachorientierung vs. Handlungsorientierung, als Fachunterricht vs. Projektlernen herausgestellt werden.

Im Zentrum unserer Arbeit steht das Interesse, einen Beitrag dazu zu liefern, dass Lehrer, wie schon PETRI treffend formulierte, »einen Unterricht gestalten können, der den Lernenden großen Denk- und Handlungsspielraum gewährt und – neben der Kenntnisvermittlung – in erheblichem Maß zur Förderung der Selbst- und Sozialkompetenz sowie der funktional-kognitiven Fähigkeiten der Schüler beiträgt« (1991, S. 277).

Schlussbemerkung

In diesem Kapitel wurden Positionen zum Projektlernen angesprochen. Zudem wurden Möglichkeiten und Verflechtungen des Lernens in Projekten erörtert. In diesem Sinne sprachen wir von einer ›Didaktik des Projektlernens‹, kurz von einer ›Projektdidaktik‹ (PETRI), zu der mit diesem Text ein Beitrag vorgelegt werden soll.

Fragen:
1. Welche Positionen zum Projektlernen können Sie bereits unterscheiden?
2. Wie ist Projektlernen mit anderen methodischen Verfahren des Schulunterrichts zu verflechten?
3. Beschreiben Sie den Unterschied zwischen Projekttheorie und Projektpraxis.
4. Was ist eine Projektdidaktik?

Literatur

BASTIAN, J./GUDYONS, H./SCHNACK, J./SPETH, M. (Hrsg.): Theorie des Projektunterrichts. Hamburg 1997

SEYDEL, O.: Zum Lernen herausfordern. Das reformpädagogische Modell Salem. Stuttgart 1995

2 Historische Modelle des Projektlernens

Wann immer man Konzepte und Vorhaben zur Schulreform diskutiert oder über Wert und Tragweite unterrichtsmethodischer Neuerungen nachdenkt, lohnt es sich, einen Blick in die Geschichte zu werfen und die Ideen und Vorschläge zu analysieren, die schon einmal in diesem Zusammenhang erörtert und verwirklicht worden sind. Solche Untersuchungen zur Entstehung und Entwicklung pädagogischer Innovationen können natürlich keine Rezepte und Anweisungen zur Lösung aktueller Probleme liefern, dazu wandeln sich Gesellschaft und Erziehung allzu schnell. Aber sie können allgemeine Einsichten hervorbringen und anschaulich die Chancen und Risiken aufzeigen, die sich bei der Implementierung neuer Inhalte und Methoden ergeben.

Folgt man den herkömmlichen Darstellungen, dann beginnt die Geschichte des Projektunterrichts um die Jahrhundertwende, als in den Vereinigten Staaten die ›progressive Erziehungsbewegung‹ neue Maßstäbe setzte und neue Methoden entwickelte (siehe etwa RÖHRS, 1977; KRENZER, 1984; KLIEBARD, 1986). Vor allem fünf Namen werden immer wieder mit ihren Anfängen und Entwicklungen in Zusammenhang gebracht: CHARLES R. RICHARDS, JOHN DEWEY, WILLIAM H. KILPATRICK, ELLSWORTH COLLINGS und NELSON L. BOSSING, wobei jeder der fünf amerikanischen Reformpädagogen einen speziellen Beitrag leistete. Nach der deutschen Geschichtsschreibung, die insbesondere durch die Aufsatzsammlungen von PETER PETERSEN (1935) und GEORG GEISSLER (1952) sowie durch die Studien von KARL ODENBACH (1957), THEODOR SCHWERDT (1959) und WERNER CORRELL (1963) geprägt wurde, war es RICHARDS, der den Begriff ›Projekt‹ in die Pädagogik einführte, DEWEY, der die Projektmethode theoretisch begründete, KILPATRICK, der sie verbindlich definierte, COLLINGS, der sie idealtypisch verwirklichte, und BOSSING, der sie in eine Methode des handwerklichen Tuns umformte. Seit den siebziger Jahren hat sich hauptsächlich unter dem Einfluss von BERNARD SUIN DE BOUTEMARD (1975) und anderen Autoren der Zeitschrift ›betrifft: erziehung‹ (GEISLER, 1976) in der deutschen Projektgeschichtsschreibung eine bemerkenswerte Akzentverschiebung vollzogen. Während man KILPATRICK, der in den Vereinigten Staaten als Hauptvertreter des Projektunterrichts gilt, immer kürzer und oberflächlicher behandelt, stilisiert man DEWEY, dessen Name dort überhaupt nicht mit der ›Projektmethode‹ assoziiert wird, immer mehr zum Vater und Protagonisten der ganzen Bewegung (siehe etwa PÜTT, 1982; HÄNSEL, 1986; BASTIAN/GUDJONS u. a., 1997). Der Darstellungs- und Interpretationwandel kam wohl auch deshalb so schnell und umstandslos zustande, weil DEWEYS Schultheorie in den siebziger Jahren eine Renaissance erlebte und sein Postulat einer ›Erziehung zur Demokratie‹ mit den Zielen und Vorstellungen der neuen bundesdeutschen Reformpädagogen besonders gut übereinzustimmen schien (vgl. APEL, 1974; BOHNSACK, 1976).

Die historische Forschung hat im letzten Jahrzehnt indes große Fortschritte gemacht. Vor allem hat sie sich mit der Frage beschäftigt, wann der Begriff ›Projekt‹ zuerst im pädagogischen Zusammenhang auftauchte und wie er im Laufe der Zeit modifiziert und verändert wurde (KNOLL, 1993a; ihm folgend RYHN, 1994; OELKERS, 1997). Nach den neuesten Erkenntnissen ist die Projektmethode nicht ein Kind der progressiven Erziehung, die am Ende des 19. Jahrhunderts in den Vereinigten Staaten entstand, sondern ein Kind der Architektenausbildung, die am Ende des 16. Jahrhunderts von Rom ihren Ausgang nahm und sich dann über Paris, Karlsruhe und Zürich nach Boston, St. Louis und New York verbreitete. Vereinfacht gesagt, lässt sich die Geschichte der Projektmethode in fünf Phasen gliedern:

1590–1765	Die Anfänge der Projektarbeit an den Schulen für Architektur in Italien und Frankreich
1765–1880	Das Projekt als reguläre Unterrichtsmethode an den kontinentaleuropäischen und nordamerikanischen Bauakademien und technischen Hochschulen
1880–1915	Die Einführung und Verbreitung der Projektmethode im Werk- und Arbeitsunterricht der amerikanischen High undElementary School
1915–1965	Die Neudefinition der Projektmethode durch KILPATRICK, ihr Niedergang und ihre Rückübertragung von Amerika nach Europa
1965–heute	Die Wiederentdeckung der Projektidee in Westeuropa und die dritte Welle ihrer internationalen Verbreitung

Schon an dieser kurzen Übersicht wird deutlich, dass die Geschichte der Projektmethode weit älter und komplexer ist, als in der deutschen Literatur immer wieder angenommen wird. Sie soll und muss hier jedoch nicht in allen Details und Verästelungen nachgezeichnet werden. Dazu kann der interessierte Leser auf die einschlägigen Aufsätze von KNOLL (1991a, 1991b, 1991c, 1992a, 1992b, 1993b) zurückgreifen. Das vorliegende Kapitel wird sich auf die Darstellung und Kritik der drei amerikanischen Projektkonzepte beschränken, die in der Vergangenheit den größten Einfluss ausgeübt haben und die wegen ihres Modellcharakters auch heute noch von höchster Bedeutung sind: das ›lineare‹ Modell von WOODWARD, das ›integrative‹ Modell von RICHARDS und das ›universelle‹ Modell von KILPATRICK. Außerdem kommt DEWEY zu Wort. Er hat zwar explizit keinen eigenen Ansatz entwickelt, aber er nimmt in der gegenwärtigen deutschen Diskussion eine solch exklusive Stellung ein, dass in einem historisch-systematischen Rückblick auf seine Ideen und Vorschläge zur Projektmethode nicht verzichtet werden kann.

2.1 Das lineare Modell von CALVIN M. WOODWARD

Seit ihrer Gründung standen die Bauakademien und technischen Schulen vor der Frage, wie sie ihren Studenten neben der Theorie auch die Praxis der Architektur und Ingenieurkunst vermitteln sollten. Im Laufe der Zeit entwickelten sie ein abwechslungsreiches Programm, das die verschiedensten Methoden und Verfahren vorsah: Vorlesungen, Lehrgänge, Übungen, Praktika, Experimente und – ›Projekte‹ (ausführlicher dazu KNOLL, 1991a). Unter ›Projekten‹ verstanden sie umfangreiche Aufgaben, die den Studenten im höheren Semester gegeben wurden, damit sie am konkreten Beispiel zeigen konnten, was sie in den vorhergehenden Lehrgängen und Übungen gelernt hatten. Bei den Architekturstudenten handelte es sich zum Beispiel um Entwürfe für Brunnen, Kirchen und Paläste, während die Ingenieurstudenten Grundrisse, Aufrisse und Ansichten für Straßen, Brücken und Maschinen anzufertigen hatten. An manchen – vor allem amerikanischen – technischen Hochschulen und Fakultäten mussten die Studenten für ihr Projekt – etwa einen Bohrer, eine Drehbank, eine Schneidemaschine – nicht nur Zeichnungen und Erläuterungen erstellen, sie waren vielmehr verpflichtet, den ganzen Arbeitsprozess zu durchlaufen und vom ersten Entwurf bis zum fertigen Produkt alles allein und selbstständig zu erzeugen.

Das Konzept, wonach die Studenten selbst herstellen sollten, was sie entworfen hatten, besaß offensichtlich einen Fehler: Es verkürzte die Zeit, die ihnen für Studium und Wissenschaft übrig blieb. Dies schien auf die Dauer unannehmbar. Die amerikanischen Hochschullehrer suchten daher nach einer Alternative. Sie kam von CALVIN M. WOODWARD, dem Dekan des O'Fallon Polytechnic Institute an der Washington University in St. Louis (siehe insbes. KNOLL, 1988). WOODWARD vertrat die Ansicht, dass im Zeitalter der Industrie und Wissenschaft nicht nur die Ingenieurstudenten, sondern überhaupt jeder Jugendliche eine technische Grundausbildung erhalten und all die praktischen Fertigkeiten erwerben müsse, die ihn auf die ›wirklichen‹ Aufgaben des Lebens und des Berufs vorbereiteten. WOODWARD schlug deshalb vor, an der Highschool eine handwerkliche Ausbildung verbindlich einzuführen und im Lehrplan dadurch Platz zu schaffen, dass die Schüler anstatt in Latein und Griechisch in technischem Werken (›manual training‹) unterrichtet wurden. Seinen Vorschlag setzte WOODWARD selbst in die Wirklichkeit um, als er 1879 in St. Louis die erste ›Manual Training School‹ gründete.

An der Manual Training Highschool hatten die Schüler täglich drei Stunden technisches Werken. Der Werkunterricht verlief nach dem Vorbild des sog. ›russischen Systems‹, d. h. er verfuhr nach der alten didaktischen Regel, dass das Lernen Schritt für Schritt erfolgen und vom Leichten zum Schwierigen und vom Einfachen zum Komplexen führen müsse. Das russische System bestand nach WOODWARD aus zwei großen Phasen, der ›Instruktion‹ und der ›Konstruktion‹. Zunächst erwarben die Schüler die Grundkenntnisse des technischen Zeichnens und stellten für jede Übung eine Skizze her, die sie in der Schreinerei, Drechslerei, Gießerei, Schmiede oder Schlosserei genau und maßstabsgerecht verwirklichten. Mit WOODWARDS Worten:

> »Die Instruktion in der Werkstatt gleicht dem Unterricht im naturwissenschaftlichen Labor. Der Lehrer führt an Werkbank, Maschine, Esse oder Amboss in Gegenwart der ganzen Klasse die Tagesaufgabe vor. Er gibt alle notwendigen Erklärungen, und gelegentlich benutzt er die Tafel. Falls angebracht, machen sich die Schüler Skizzen und Notizen. Fragen werden gestellt und beantwortet, bis jede Unverständlichkeit beseitigt ist. Dann geht die Klasse an die Arbeit. Der Lehrer gibt – wo nötig – zusätzlich Hilfe. Am Ende der Stunde wird die Arbeit vorgelegt, besprochen und benotet« (WOODWARD, 1887, S. 182).

Die Instruktionsphase sollte die Liebe für »System, Präzision und Plan« wecken. Sie bestand aus einer langen Reihe gestufter Schwierigkeiten. In der Schreinerei zum Beispiel umfasste sie 21 Lektionen und Übungen und reichte vom »Gebrauch des Winkeleisens« über das »Sägen einer geraden Linie« bis zum Anfertigen eines »falschen doppelten Schwalbenschwanzes«. War das »Alphabet« der Werkzeuge und Techniken erlernt und eingeübt, trat der Unterricht in die zweite Phase, die Phase der »Konstruktion«, ein. Nun sollten die Schüler Vorstellungskraft und Erfindungsgabe entwickeln. Sie bekamen Zeit, um ein vollständiges Werkstück herzustellen. WOODWARD sprach vom »ganzen Akt der Schöpfung«, den sie dabei zu durchlaufen hatten: »1. Der Gedanke wird im Geiste entworfen und ausgearbeitet; 2. er wird mehr oder weniger unvollkommen durch Worte, Gebärden, Zeichnungen und Modelle dargestellt; 3. er wird durch tatsächliche Konstruktion vollkommen verwirklicht« (WOODWARD, 1890, S. 206). Nur wenn diese Schritte eingehalten wurden, konnte Lernen stattfinden und das Werkstück gelingen. Wie seine Kollegen von den technischen Hochschulen nannte WOODWARD diese größeren Arbeitsvorhaben ›Projekte‹. Er schrieb:

> »Wenn diese Übungen [im Feilen, Drehen, Bohren] abgeschlossen sind, dürfen die Schüler verschiedene Werkstücke herstellen, in Gruppen oder einzeln. Diese Projekte sollen sorgfältig durchdacht sein. Von allen Teilen sind Detailzeichnungen, für Eisenteile oft auch Gießformen, anzufertigen. Wagenheber, Schnelldrehbänke, elektrische Apparate und kleine Maschinen bieten reichhaltige und interessante Arbeiten, bei denen die Übungen zu immer neuen Formen zusammengesetzt werden können. Die Gefahr ist jedoch groß, dass man zu viel in Angriff nimmt« (WOODWARD, 1887, S. 148).

WOODWARD ließ keinen Zweifel, dass die Konstruktions- oder Projektphase eine Phase der freien Selbsttätigkeit war. »Im Allgemeinen«, sagte er (1890, S. 206), »werden die Übungen vom Lehrer sorgfältig ausgewählt und bewusst geplant. Doch bei passender Gelegenheit und in vernünftigem Maße – nicht zu früh und nicht zu oft – dürfen die Schüler ihre eigenen Pläne entwickeln und durchführen.« WOODWARD hob indes hervor, dass auch bei der Projektarbeit die Freiheit der Schüler nicht unbeschränkt war. Er legte zwei Rahmenbedingungen fest, damit Aufwand und Ertrag im rechten Verhältnis standen:

- Die Projekte dürfen nicht zu lange dauern. WOODWARD veranschlagte dafür etwa zehn Prozent des Werkunterrichts. Mehr Zeit schien ihm unnötig, denn die Projekte waren seines Erachtens nichts anderes als komplexe Übungen, bei denen die zuvor gelernten Prinzipien und Techniken in neuen Verbindungen und Zusammenhängen angewandt wurden.
- Die Projekte dürfen nicht zu einfach und nicht zu kompliziert sein. Die Schüler hatten daher, ehe sie an die Arbeit gingen, dem Lehrer Konstruktionsentwürfe, Zeitpläne und Materiallisten zur Begutachtung vorzulegen. »Kein ›Extra‹ oder ›Projekt‹«, sagte WOODWARD (1887, S. 50), »sollte angenommen werden, das nicht bis ins kleinste Detail durchgesehen ist.«

Die Arbeit am Projekt war das Ziel des Werkunterrichts. Sie stand am Ende von längeren Unterrichtseinheiten und es gab sie als ›Extra‹ für die Schüler, die schnell und genau die gemeinsamen Übungen absolviert hatten. Doch im dritten Jahr kam ihr größte Bedeutung zu. Mehrere Monate lang arbeiteten die Schüler nun einzeln oder in Gruppen an Heizkesseln, Wasserpumpen, Dampfmaschinen. Das ›Projekt der Graduierung‹ war gleichsam ein Gesellenstück und ein Äquivalent zu den Abschlussprüfungen in Englisch, Mathematik und Physik. Im ersten Prospekt der Manual Training School von 1879 hieß es:

> »Bevor er sein Zeugnis erhält, muss der Schüler zur Zufriedenheit der Fakultät der Polytechnischen Schule ein Projekt durchgeführt haben. Das Projekt besteht aus der tatsächlichen Herstellung einer Maschine. Die fertiggestellte Maschine muss von einem vollständigen Satz der Arbeitszeichnungen, nach denen die Maschine gebaut wurde, und von den Formen begleitet sein, die beim Gießen verwendet wurden. Zeichnungen und Formen müssen das Werk der Schüler sein. Das Projekt bleibt im Besitz der Schule« (Prospectus of the Manual Training School, 1879, S. 14).

Die Prüfungsprojekte wurden in den ersten Jahren nach Vorlagen gefertigt. Später verzichtete man auf den Bau großer Maschinen, damit die Schüler ihre eigenen Ideen und Vorstellungen besser zum Ausdruck bringen konnten. WOODWARD wandte sich gegen die immer wieder vorgebrachte Forderung, aus der Schule eine ›Fabrik‹ zu machen und Produkte herstellen zu lassen, die verkauft werden konnten. »Der einzige Artikel, den wir auf den Markt bringen«, betonte WOODWARD (1887, S. 337), »ist der rundum gebildete Junge.« Seine Schüler führten daher nur Projekte durch, die für die Schule oder für den Hausgebrauch bestimmt waren.

Die Arbeit am Projekt bildete den Höhepunkt des technischen Werkens, aber sie in den Mittelpunkt des Unterrichts zu stellen, das lehnte WOODWARD strikt ab. Ihm war die ›Instruktion‹ wichtiger als die ›Konstruktion‹. Um effektiv und wirksam zu sein, erklärte WOODWARD, müsse Werken ›linear‹ und ›systematisch‹ unterrichtet werden, und zwar ›linear‹ insofern, als es in drei nicht umkehrbaren Schritten (Lehrgang, Übung, Projekt) von den ›elementaren Prinzipien‹ zu den ›praktischen Anwendungen‹ führe, und ›synthetisch‹ insofern, als es vom Lernen und Üben einzelner Elemente zum Kombinieren und Konstruieren ganzer Einheiten voranschreite. WOODWARD bezeichnete das Projekt deshalb als eine ›synthetische Übung‹. Von der einfachen Übung unterscheide es sich dadurch, dass es nicht kleinschrittig, sondern komplex angelegt sei und nicht vom Lehrer, sondern vom Schüler bestimmt werde. Wegen seiner Komplexität und anspruchsvollen Struktur könne das Projekt nur am Ende, nicht am Anfang einer Unterrichtseinheit stehen. WOODWARD schrieb:

> »Ohne Instruktion hat der Junge kein Verständnis für die Bedeutung der Reihenfolge und für die Notwendigkeit von Erfahrung im Umgang mit Werkzeugen. Im Projekt auf sich allein gestellt, unternimmt er, auf was er nicht vorbereitet ist. Er gebraucht die falschen Werkzeuge oder die richtigen Werkzeuge auf falsche Weise, und seine Arbeit ist immer schlecht« (WOODWARD, 1905, S. 268).

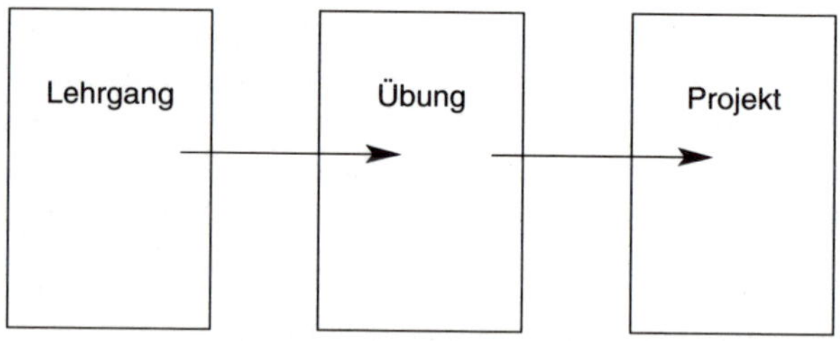

Abb. 1: Lineares Modell nach WOODWARD

Durch unvorbereitete Projektarbeit, argumentierte WOODWARD, lernten die Schüler weder logisches Denken noch vernünftiges Handeln. Man vergeude nur wertvolle Zeit und teures Material. Vor allem aber zerstöre man die Lernmotivation der Schüler und versage ihnen die Befriedigung, die entsteht, wenn sich Erfolg und Wachstum kontinuierlich einstellen. Im Übrigen seien seine Schüler mit ihren 14 bis 17 Jahren alt genug, um den Sinn und Nutzen der Lektionen und Übungen einzusehen und ihr Bedürfnis nach Spontaneität und Selbstverwirklichung für eine Weile aufzuschieben, zumal sie als Heimwerker und Bastler reichlich Gelegenheit hätten, ihre neu erworbenen Kenntnisse und Fähigkeiten zu Hause sofort und eigenständig anzuwenden. Nach WOODWARD konnte sich der Lehrer während der Projektarbeit guten Gewissens als ›Instrukteur‹ und ›Trainer‹ zurücknehmen und sich auf seine Rolle als ›Berater‹ und ›Helfer‹ konzentrieren, denn in den vorhergehenden Lehrgängen und Übungen hatten sich seine Schüler das Wissen und Können angeeignet, das sie zur selbstständigen Durchführung ihrer Projekte benötigten.

In WOODWARDS Projektkonzept gingen die Fächer technisches Zeichnen und Werken eine enge Verbindung ein. Es musste sich indes nicht in einer einzelnen Person oder Gruppe verwirklichen, es konnte sich auch in verschiedenen Klassen und Jahrgangsstufen realisieren. WOODWARDS Kollege THOMAS MATHER zum Beispiel berichtete von einem Projekt, in dem die Schüler arbeitsteilig Geräte und Gegenstände herstellten, die im Physik-, Biologie-, Sport- und Werkunterricht gebraucht wurden, wie etwa ein Terrarium, ein Sprungbrett, ein Labortisch. Die Schülergruppe, von der die Initiative ausging, formulierte ihre Vorstellungen und machte eine Skizze. Dieser Entwurf wurde zur Ausarbeitung an eine Gruppe im technischen Zeichnen weitergegeben. Von dort wanderte das Projekt in die Modellschreinerei, Tischlerei, Gießerei, Schlosserei, bis es als fertiges Produkt zum Ausgangspunkt zurückkehrte. »Verschiedene Klassen waren an der Konstruktion beteiligt«, erläuterte MATHER (1897, S. 282 f.). »Die ganze Schule weiß Bescheid und ist interessiert. Eine Beschreibung und Freihandskizze erscheint eventuell in der Schulzeitung, und das Projekt bleibt in der Schule zur Instruktion für die nachfolgenden Klassen.« Wie WOODWARD suchte MATHER Teamarbeit und Fächerintegration zu fördern, indem er größere Geräte und Maschinen zum Schulgebrauch anfertigen ließ. Doch anders als bei WOODWARD arbeiteten bei ihm die Schüler klassen- und jahrgangsübergreifend zusammen, damit sie früher und öfter Erfahrungen in selbstständiger und kooperativer Projektarbeit sammeln konnten. »Die Ergebnisse, die uns vorliegen«, fügte MATHER (ebd., S. 282) hinzu, »deuten auf einen ausgesprochenen Erfolg hin.«

2.2 Das integrative Modell von CHARLES R. RICHARDS

Dank WOODWARDS unermüdlichem Einsatz gewann technisches Werken rasch Freunde und Förderer. Zwei Jahrzehnte nach der Gründung der Manual Training School hatten Tausende von Jungen und Mädchen an den amerikanischen Oberschulen Unterricht in Tischlern und Schmieden, Flechten und Weben. Technisches Werken war bald so populär, dass es in den neunziger Jahren unter Einfluss des Kindergartens und des Kunsthandwerks auch Eingang in die Elementarschule fand. Konzept und Methode von WOODWARD wurden dort allerdings heftig kritisiert. Eine Reformbewegung entstand. Sie forderte, den Werkunterricht nicht an den Erfordernissen des Studiums und Berufs, sondern an den Interessen und Erfahrungen des Kindes zu orientieren. Schöpferisches Gestalten, hieß es, sei genauso wichtig wie technisches Können. Der Unterricht dürfe nicht einfach systematisch angelegt werden; vielmehr müsse er so aufgebaut sein, dass er von der ›Psychologie des Kindes‹ ausgehe und zur ›Logik des Faches‹ hinführe.

Exponent der Reformbewegung war CHARLES R. RICHARDS, Professor für Manual Training am Teachers College der Columbia University in New York (vgl. KNOLL, 1991b). RICHARDS war der Überzeugung, dass die Methoden und Traditionen des Handwerks den Charakter des Werkunterrichts zu sehr beeinflusst hätten. Dies sei aus erzieherischen und gesellschaftlichen Gründen verkehrt. Manual Training, so RICHARDS, übergehe, dass im Zeitalter der Maschinen und Motoren immer weniger Berufe handwerkliche Fertigkeiten voraussetzten. Es vernachlässige, dass es mit zunehmender Industrialisierung immer schwieriger werde, die sozialen und wirtschaftlichen Zusammenhänge der Produktion zu verstehen. Es berücksichtige auch nicht, dass es mit zunehmender Konsumtion immer wichtiger werde, die Gesetze und Prinzipien der Kunst und des Designs zu kennen. Vor allem aber missachte technisches Werken das Motto, unter dem es angetreten sei: das ›ganze Kind‹ zu erziehen. »Werkunterricht«, betonte RICHARDS (1900, S. 259), »muss das vollkommene Leben des Philosophen zum Ziel haben und dazu beitragen, dass Verständnis und Sympathie für alle grundlegenden Tätigkeiten und Ideale unserer Gesellschaftsordnung geweckt werden.« Für RICHARDS war ›manual training‹ überholt. WOODWARDS Ansatz müsse im Sinne von FRIEDRICH FRÖBEL, WILLIAM MORRIS und JOHN DEWEY, der gerade seinen Bestseller ›School and Society‹ (1900) veröffentlicht hatte, umgestaltet werden. Das Fach brauche einen neuen Namen, einen neuen Inhalt, eine neue Methode. RICHARDS entwickelte um 1900 für alle drei Aspekte Vorschläge und alle drei setzten sich schließlich durch: aus ›manual training‹ wurde ›industrial arts‹, das ›Studium der Werkzeuge und Prozesse‹ wurde zum ›Studium der Handarbeit und Künste‹, und an die Stelle des ›russischen Systems‹ trat die ›natürliche Erziehung‹.

Unter ›natürlicher Erziehung‹ verstand RICHARDS (1891, S. 103) eine Methode, »die den höchsten Grad absichtsvoller Selbsttätigkeit (purposeful self-activity) erregt, indem sie direkt an das Leben und die Interessen des Kindes appelliert.« Damit wies RICHARDS den ›logischen‹ und ›systematischen‹ Ansatz von WOODWARD zurück. Doch ein Element des russischen Systems behielt er bei, nämlich das ›Projekt‹. Er rückte es aber von der Peripherie in das Zentrum des Werkunterrichts und gab ihm gemäß DEWEYS Theorie der ›aktiven Beschäftigungen‹ eine neue Aufgabe. Nun ging es nicht mehr um technische Bildung und berufliche Bewährung, jetzt hießen die Ziele ›Selbstausdruck‹ und ›sozialer Dienst‹. RICHARDS schrieb:

> »Wenn wir in der Schule wirksam auf das Leben in der Gesellschaft vorbereiten wollen, dann ist offensichtlich, dass die Schule so weit wie möglich die Bedingungen reproduzieren muss, mit denen man auch im Leben zu tun hat. Wie Professor DEWEY sagt: ›Der einzige Weg, das Kind auf das soziale Leben vorzubereiten, ist, es am sozialen Leben teilnehmen zu lassen.‹ Unzweifelhaft bietet Werkunterricht besonders praktische Gelegenheiten in dieser Richtung. Wo das Projekt alle inspiriert und im Denken und Handeln zusammenführt, da ist Werkarbeit vielleicht das natürlichste und wirksamste Mittel, Geist und Bedingungen einer Gemeinschaft in die Schule hineinzutragen« (RICHARDS, 1900, S. 256).

Im Gegensatz zu WOODWARD entwarf RICHARDS ein Konzept, das einer ›ganzheitlichen‹ – nicht ›sachbezogenen‹ – Motivations- und Lernpsychologie entsprach. Die Schüler sollten ›natürliche Ganzheiten‹ vor Augen haben, ehe sie sich mit den Teilaspekten beschäftigten; denn nur wenn sie ein Verständnis für die ganze Aufgabe entwickelt hatten, konnten sie Probleme und Schwierigkeiten erkennen und genügend Kraft und Fantasie entfalten, um die Notwendigkeit für Informationen und Fertigkeiten zu erfassen, die erlernt und eingeübt werden mussten, damit sie das Projekt effektiv und erfolgreich zu Ende führen konnten. Dementsprechend plädierte RICHARDS für einen ›integrierten‹ und kindorientierten Ansatz, in dem die Schüler an der Planung und Gestaltung des gesamten Unterrichts mitwirkten und in dem die notwendigen Lehrgänge und Übungen nicht dem Projekt vorgeschaltet, sondern in das Projekt integriert waren. Seine Devise lautete daher ›Instruktion durch Konstruktion‹, nicht ›Instruktion *vor* Konstruktion‹. Wie RICHARDS mit kritischem Blick auf WOODWARDS ›lineares‹ und lehrerorientiertes Konzept erläuterte:

> »Das Durchführen eines Projekts, das der Lehrer geplant hat, mag viel bedeuten. Aber das Durchführen eines Projekts, das der Schüler ausgedacht und geplant hat, bedeutet mehr. Nur auf diese Weise wird der natürliche Zirkel von Fühlen, Denken und Handeln voll verwirklicht. Nur unter dieser Bedingung kann die Befriedigung und Erregung über die eigene Leistung ganz erlebt werden« (RICHARDS, 1900, S. 257). »Wenn wir

das Problem des Werkunterrichts in diesem Sinne aufnehmen, werden wir erkennen, dass eine schöne Sequenz von Schwierigkeiten weniger wichtig ist als die Frage nach Motiv und Bedeutung, die ein Projekt in einem bestimmten Augenblick für die wirklichen Interessen besitzt« (RICHARDS, 1901, S. 102).

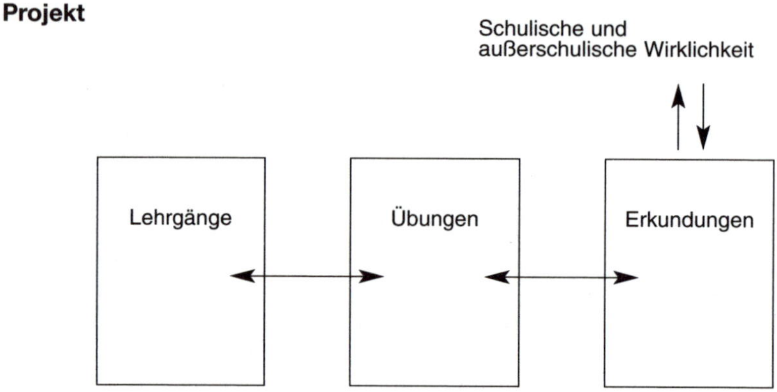

Abb. 2: Integratives Modell nach RICHARDS

Damit sich die Schüler als Verursacher ihres Handelns erfahren und sich mit den Inhalten und Gegenständen ihrer Arbeit identifizieren konnten, sollten sie nach RICHARDS Ziel, Inhalt und Verlauf des Unterrichts von Beginn an mitbestimmen und die Projekte so weit wie möglich selbst ›beabsichtigen‹, ›planen‹ und ›durchführen‹. RICHARDS stellte klar, dass es sich in der Schule nur um Mitbestimmung und Mitgestaltung, nicht um Selbstbestimmung und Selbstverwirklichung handeln konnte. Wie WOODWARD und DEWEY betrachtete er eine schülerzentrierte, d. h. von Belehrung, Lehrplan und Benotung losgelöste Projektarbeit als verfehlt und undurchführbar. Mit seinen Worten:

> »Das Element des Selbstausdrucks (self expression) in den Werkunterricht hineinzubringen, bedeutet nicht, dass man den Schüler uneingeschränkt seinen Launen und Einfällen überlassen soll. [… Es] bedeutet auch nicht, dass der Schüler ganz allein und detailliert Plan und Ausführung entwickeln muss. Man würde zuviel von der unausgebildeten Urteilsfähigkeit kleiner Kinder erwarten, und nur unausgegorene Projekte und unbefriedigende Arbeiten wären die Folge. Aber es sollte immer bedeuten, dass die Gedanken und Gefühle eines jeden wirklich beitragen zu dem Ziel, für das er arbeitet« (RICHARDS, 1901, S. 102).

RICHARDS versuchte das Verhältnis von Schülerfreiheit und Lehrerherrschaft in eine sinnvolle Balance zu bringen. Doch dies ließ sich im integrierten System nicht einfach verwirklichen. Die Stellung des Lehrers war hier weniger eindeutig als im linearen Modell. Hatte der Lehrer bei WOODWARD nacheinander zwei klar erkennbare Rollen gespielt, zunächst in Lehrgang und Übung die des ›Instrukteurs‹, dann im Projekt die des ›Beraters‹, so bestand nun die Gefahr, dass sich beide Rollen tendenziell überlagerten und konflikthaft störten. RICHARDS sah diese Gefahr. Darum wies er dem Lehrer auch im Projektunterricht die Aufgabe zu, die Schüler zu lenken, zu leiten und zu führen, ohne dass er allerdings je in die Pose eines ›Zuchtmeisters‹ oder ›Diktators‹ verfallen dürfe.

Das Projektkonzept von RICHARDS fand Eingang in das ›industrial arts‹-Curriculum der Horace Mann School von Teachers College. Nach der modifizierten Kulturstufentheorie von DEWEY war der Projektunterricht dort so aufgebaut, dass er zuerst die sozialen und wirtschaftlichen Verhältnisse behandelte, unter denen die Naturvölker und Stämme der Frühzeit lebten, ehe er dann die Lebens- und Arbeitsbedingungen in den Hochkulturen und Industriegesellschaften thematisierte. Er kam zur Anwendung, wenn – in der Primarstufe – Themen wie das Leben Robinson Crusoes und King Arthurs, aber auch der Eskimos, Wikinger und Kolonisten besprochen, oder wenn – in höheren Klassen – Lerninhalte wie ›Transportwesen‹, ›Druckkunst‹, ›Kommunikation‹ bearbeitet wurden. Diese Unterrichtseinheiten standen unter der Führung von ›industrial arts‹, doch Fächer wie Geschichte, Geografie, Kunst und Literatur trugen mit wechselndem Anteil zur inhaltlichen Ausgestaltung der Projekte bei. Eine feste Verbindung zu einem bestimmten Fach, wie etwa bei WOODWARD zum technischen Zeichnen, gab es hier allerdings nicht.

Als Beispiel für RICHARDS' integrativen Ansatz sei das ›Indianerprojekt‹ genannt. In einer zweiten Klasse lasen die Kinder das Gedicht ›Hiawatha‹ von LONGFELLOW. Sie besprachen die Gebräuche und Riten der Indianer und besuchten das Naturkundemuseum im Central Park. Dann bauten sie Zelte, schneiderten Kostüme, töpferten Gefäße, um schließlich einen Tag wie Indianer zu leben. Hier wird ein Element sichtbar, das über WOODWARDS Unterrichts- und Projektkonzept hinausweist: Neben den üblichen Lehrgängen und Übungen fanden bei RICHARDS auch Ausflüge und Erkundungen in die nähere Umgebung statt, die mithelfen sollten, Schule und Unterricht zu verlebendigen, Erfahrung und Anschauung der Schüler zu erweitern und ihnen Impulse und Anregungen für ihre Vorhaben und Pläne zu geben. Solch große Projekte wie das Indianerprojekt waren freilich die Ausnahme. Zumeist wurden die Themen am kleinen Modell veranschaulicht. Gruppenarbeit spielte hier wie stets eine wesentliche Rolle. In der Unterrichtseinheit

Wohnen und Bauen etwa wurden Forts, Farmen, Häuser im Sandkasten rekonstruiert und in ihrer natürlichen Umgebung nachgebildet. Beim Bau eines griechischen Tempels, so berichtete RICHARDS, formte jedes Kind aus Ton eine Säule, ein Kapitell, einen Giebel und je ein Segment für Fundament, Wand und Dach. Die schönsten Stücke wurden von den Schülern ausgewählt, in Gips gegossen und zu dem circa einen Meter langen Tempel zusammengesetzt. Am Ende des Schuljahrs fand eine Ausstellung statt, in der die Klassen ihre Produkte und Kunstwerke der Öffentlichkeit vorstellten.

2.3 Das universelle Modell von WILLIAM H. KILPATRICK

Die Projektmethode gewann mit den Jahren immer mehr Anhänger. Aber sie erregte keine Aufmerksamkeit außerhalb des technischen Werkens und der künstlerischen Gestaltung, bis RUFUS W. STIMSON vom Massachusetts Board of Education um 1910 seine Kampagne zur Popularisierung des ›Home Project Plan‹ in der Landwirtschaft begann. Der Plan sah so aus, dass sich die Schüler zunächst theoretisches Wissen – etwa über Gemüse, Obst oder Salat – an der Schule selbstständig aneigneten, ehe sie es dann beim Anbau von Kartoffeln, Erbsen, Birnen, Endivien etc. auf der Farm der Eltern praktisch anwandten. Stimsons Broschüren wurden in Zehntausenden von Exemplaren vom US-Bureau of Education verteilt. Dadurch kamen auch die Lehrer der akademischen Fächer zum ersten Mal mit dem Projektbegriff in Berührung. Plötzlich galt die Projektmethode als die Methode der ›progressiven‹ Erziehung, denn sie schien in exemplarischer Weise die Forderung der modernen Psychologie zu verwirklichen, wonach das Kind nicht ›wie eine Gans‹ mit Wissen voll gestopft werden durfte, sondern ›wie im Leben‹ selbst tätig sein musste, sollte es Initiative, Schöpferkraft und Urteilsfähigkeit entwickeln. Um allgemein anwendbar zu sein, musste die Projektmethode jedoch neu definiert werden. Diese Aufgabe setzte sich insbesondere WILLIAM H. KILPATRICK zum Ziel, der Erziehungsphilosoph und Schüler und Kollege von RICHARDS und DEWEY am Teachers College, Columbia University, als er im Herbst 1918 den Aufsatz ›Die Projektmethode‹ veröffentlichte (eingehend KNOLL, 1993b).

Wie allgemein bekannt, begründete KILPATRICK sein Projektkonzept mit DEWEYS Theorie der Erfahrung. Die Kinder sollten Erfahrungen sammeln und Probleme der sozialen Umwelt bearbeiten, indem sie den ›ganzen Akt des Denkens‹ – vom Begegnen der Schwierigkeit über das Entwerfen eines Plans bis zum Lösen des Problems – durchliefen, um auf diese Weise neue und für Alltag und Leben nützliche Kenntnisse und Fertigkeiten zu erwerben. Kaum jemand weiß jedoch, dass sich KILPATRICK mehr noch als auf die pragmatistische Erfahrungstheorie von DEWEY auf die behavioristische Lernpsychologie von EDWARD L. THORNDIKE berief. Nach THORNDIKES ›Gesetzen des Lernens‹ verschaffte ein Handeln, zu dem eine ›Neigung‹ bestand, ›Befriedigung‹ und wurde eher wiederholt als ein Handeln, das unter ›Zwang‹ erfolgte und ›verärgerte‹. KILPATRICK zog daraus den Schluss, dass die ›Psychologie des Kindes‹ das ausschlaggebende Moment im Lernprozess war. Das Kind müsse sich frei entscheiden können, was es tun wolle, denn in dem Maße, in dem es seinen eigenen ›Absichten‹ und Neigungen nachgehen könne, erhöhten sich sein Wohlbefinden und damit auch sein Lernerfolg.

Diese lernpsychologischen Einsichten fasste KILPATRICK in die Schlagworte ›Freiheit zum Handeln‹ und ›Handeln mit Befriedigung‹ zusammen und legte sie seinem Erziehungs- und Unterrichtskonzept zu Grunde. Dabei knüpfte er nicht am engen, didaktischen, sondern am weiten, allgemeinsprachlichen Gebrauch des Projektbegriffs an. »Das Projekt«, erklärte er, »ist etwas Pro-jektiertes«, etwas »Im-Geiste-Entworfenes« und »Zur-Durchführung-Akzeptiertes«. Es sei von einer »Absicht« geleitet. Was auch immer das Kind unternahm: Singen, Spielen, Lernen, Arbeiten, solange es »absichtsvoll« geschah, handelte es sich um ein Projekt. Kein Aspekt des wertvollen Lebens war ausgeschlossen. KILPATRICK definierte das Projekt daher als »absichtsvolles Handeln aus ganzem Herzen, das in einer sozialen Umgebung stattfindet, oder kürzer [...] als herzhaftes absichtsvolles Tun« (KILPATRICK, 1918, S. 320). »Ich wollte einen Begriff«, erläuterte er in seinem projektpädagogischen Hauptwerk ›Foundations of Method‹ (1925, S. 349), »der auf das hindeutet, was ich als das Wesentliche des Lernprozesses ansehe, nämlich die Einstellung des Lernenden. Die vorzügliche Leistung der Definition durch den Begriff der Absicht besteht ja gerade darin, dass sie die Aufmerksamkeit auf diese für den Lernprozess wesentliche Einstellung richtet.« Um seinen Projektbegriff zu veranschaulichen, führte KILPATRICK unter anderem folgendes Beispiel an:

> »Angenommen ein Mädchen macht ein Kleid. Wenn sie es aus ganzem Herzen erstrebt, wenn sie es plant, wenn sie es selbst anfertigt, dann würde ich sagen, hier haben wir ein typisches Projekt. Wir haben eine Handlung, die absichtsvoll und herzhaft in einer sozialen Umgebung durchgeführt wurde. Dass das Kleidermachen absichtsvoll war, ist eindeutig: die Absicht, einmal gefasst, beherrschte jeden folgenden Schritt und gab dem Ganzen Einheit. Dass das Mädchen mit ganzem Herzen bei der Sache war, zeigte die Anschauung. Dass die Arbeit in einer sozialen Umgebung stattfand, ist klar: andere Mädchen wenigstens sollten das Kleid sehen« (KILPATRICK, 1918, S. 321).

Projekt

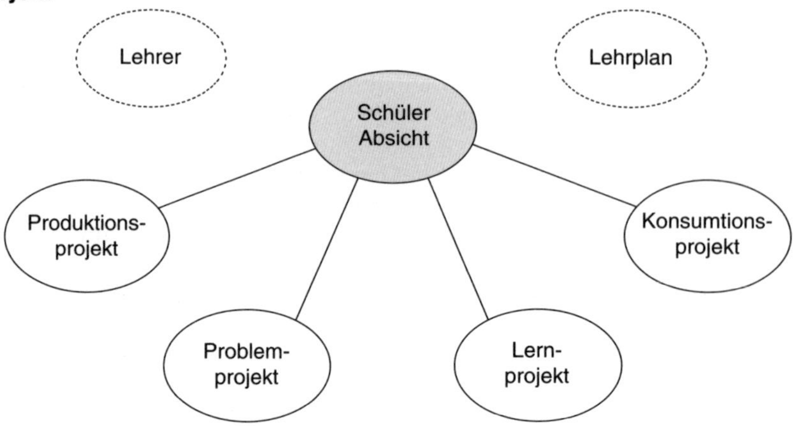

Abb. 3: Projektstruktur nach KILPATRICK

Das ›herzhafte absichtsvolle Tun‹ konnte sich auf vielfältige Art und Weise manifestieren. KILPATRICK entwarf eine Typologie von Projekten, die jede Form des selbstbestimmten Handelns berücksichtigte. Sie umfasste vier Typen und reichte vom Nähen eines Kleides (›Produktionsprojekt‹) über das Lösen einer mathematischen Aufgabe (›Problemprojekt‹) und das Auswendiglernen eines englischen Gedichts (›Lernprojekt‹) bis zum Anhören einer Schallplatte (›Konsumtionsprojekt‹). Damit hatte er – unter neuem Namen und unter neuem Gesichtspunkt – die ganze Palette der herkömmlichen Methoden in seinem Konzept vereint. Guter Unterricht bestand bei KILPATRICK also aus einer permanenten Folge von Projekten, die – wie schon bei WOODWARD und RICHARDS – vier Phasen hatten: ›Beabsichtigen‹, ›Planen‹, ›Durchführen‹ und ›Beurteilen‹. Ideal verlief das Projekt jedoch nur dann, wenn alle Phasen, d. h. auch die des Bewertens und Beurteilens, von den Schülern – und nicht vom Lehrer – initiiert und vollzogen wurden. Denn nur wenn die Schüler die ›Freiheit zum Handeln‹ besaßen und das ›Handeln mit Befriedigung‹ ausführten, konnten sie Selbstsicherheit, Entscheidungskraft und Lebensfreude erwerben – die Eigenschaften also, die KILPATRICK für die Aufrechterhaltung und Weiterentwicklung der Demokratie für unerlässlich hielt. Anders als bei WOODWARD und RICHARDS hatte das Projekt bei KILPATRICK keinen Bezug zu einem bestimmten Fach oder Lernbereich, etwa zum technischen Werken und zum bildnerischen Gestalten. Es war inhaltlich und methodisch völlig offen – ja, es erforderte nicht einmal aktives Handeln: Die Kinder, die ein Theaterstück darboten, führten genauso ein Projekt durch wie die Kinder, die im Zuschauerraum saßen und sich köstlich amüsierten.

Projekt

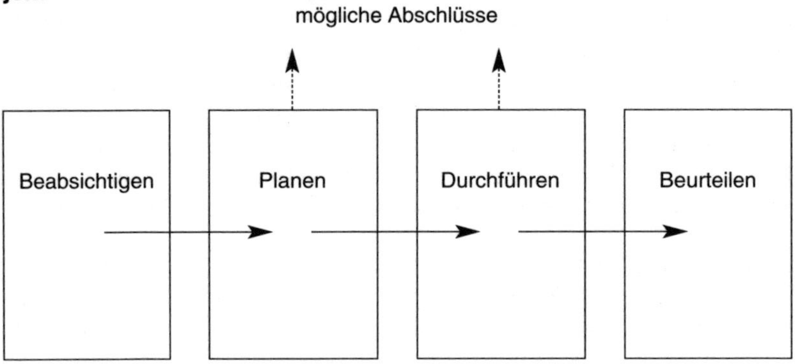

Abb. 4: Projektphasen nach KILPATRICK

Hiermit hatte KILPATRICK ein neues Modell entwickelt, man kann es als ›universell‹ bezeichnen. Jedes Tun des Kindes konnte an jedem Ort, zu jeder Zeit, auf jede Art und Weise zum Projekt werden. Entscheidendes Kriterium war die ›Absicht‹ des Schülers. ›Absicht‹, so KILPATRICK, setze Freiheit und Selbstbestimmung voraus, sie könne nicht zugewiesen werden. »Schwindet die Absicht und besteht der Lehrer trotzdem auf der Vollendung dessen, was begonnen wurde, dann wird aus dem Projekt eine Aufgabe« – bloße Mühe und Arbeit (KILPATRICK, 1925, S. 348). Wenn dies unfrei, zwanghaft, undemokratisch erfolge, sei es am besten, das Projekt abzubrechen, aufzugeben, zu beenden. Das didaktische Dreieck hatte für KILPATRICK mithin keine zentrale Bedeutung mehr. Es war reduziert auf den Schüler und seine Interessen. Lehrer und Curriculum waren an den Rand gedrängt und ebenso peripher wie die Merkmale ›soziale Umgebung‹ und ›weiterführende Aktivität‹. Im Grunde war KILPATRICKS ›Projektmethode‹ gar keine Methode. Sie bezeichnete nicht das Arrangement des Unterrichts durch den Lehrer, sondern die Einstellung des Schülers zu seinem Tun, wobei die momentanen und ›subjektiven‹ und nicht die dauerhaften und ›objektiven‹ Interessen des Kindes die ausschlaggebende Rolle spielten. Was KILPATRICK – im Gegensatz zu WOODWARD und RICHARDS – unter dem Begriff ›Projekt‹ propagierte, war kein spezielles methodisches Verfahren, es war vielmehr ein allgemeines didaktisches Prinzip – das Prinzip der radikalen Schüler- und Kindzentrierung.

KILPATRICK war jedoch nicht nur ein Mann der Theorie, er setzte seine Ideen auch in die Wirklichkeit um. An der bereits genannten Horace Mann School ließ er eine Experimentalklasse einrichten und mit Spielzeug, Werkzeug, Büchern, Pflanzen und Tieren ausstatten. Die Bedingungen dieses Experiments beschrieb er im Rückblick so:

»Ich schlug vor, dass die Klasse überhaupt keinen festen Lehrplan hat, dass der Lehrer uneingeschränkt tun konnte, was er für richtig hielt und dass die Kinder frei waren, zu denken und zu handeln. Die Kinder sollten nicht gezwungen werden, Lesen zu lernen oder vorgeschriebene Rechen- und Rechtschreibaufgaben zu meistern. Es sollte keine Prüfungen geben. Sie sollten nicht anhand eines vorgegebenen Lehrplans benotet oder eingestuft werden. Ich legte nur einen Grundsatz fest: ›Aktivität, die zu weiterer Aktivität führt, ohne zu schaden‹« (TENENBAUM, 1951, S. 226).

Die Bedingungen des Versuchs waren unvereinbar, denn KILPATRICK gab Schülern und Lehrern gleichermaßen das Recht auf Freiheit und Autonomie. Wie dieser Gegensatz in der Unterrichtspraxis aufgelöst wurde, wissen wir aus dem Bericht einer Lehrerin, die das Experiment in der ersten Klasse begleitete. Die Kinder, berichtete FLORENCE MEADOWCROFT (1919), diskutierten über jeden Punkt des Tagesprogramms. Sie besprachen, was sie einzeln oder in Gruppen unternehmen wollten: Welche Geschichte sie hören, welches Lied sie singen, welches Bild sie malen, welche Aufgaben sie lösen wollten. Sie stellten Schulregeln auf und stimmten darüber ab, ob sich ein Kind sozial oder unsozial verhalten hatte. Wenn nötig, griff die Lehrerin klärend und steuernd in die Diskussion ein, aber für gewöhnlich hielt sie sich im Hintergrund und kümmerte sich vor allem darum, wie die Informationen und Materialien beschafft werden konnten, die die Kinder zur Durchführung ihrer Projekte gebrauchten. KILPATRICK war mit Ablauf und Ergebnis des Experiments nicht zufrieden und zog sich auch bald davon zurück. Seiner Meinung nach wurde selbst diese Form des zwangfreien, schülerzentrierten Lernens allzu sehr von Lehrer, Lehrplan und Belehrung geprägt.

Lieber als auf sein eigenes Projekt berief sich KILPATRICK auf das sog. ›Typhusprojekt‹, das sein Doktorand ELLSWORTH COLLINGS in Missouri durchgeführt hatte und das zu den bekanntesten und am meisten zitierten Unterrichtsversuchen der Reformpädagogik gehört. Wie COLLINGS in seiner Dissertation ›An Experiment with a Project Curriculum‹ (1923; dt. in HUBER, 1927; PETERSEN, 1935; KAISER/KAISER, 1977) berichtete, beschlossen elf Schüler der dritten und vierten Klasse aus Sorge um zwei erkrankte Mitschülerinnen, sich mit Infektionskrankheiten zu beschäftigen und vor Ort zu untersuchen, wie Typhus entsteht und wie er verbreitet, verhütet und bekämpft werden kann. Die Grundschüler arbeiteten selbstständig und systematisch. Dank ihrer Forschungen und Aktionen wurden die beiden Mädchen schnell wieder gesund und die Gemeinde nie mehr von Typhus heimgesucht. Die Geschichte, wie COLLINGS sie erzählte und KILPATRICK sie wiedergab, stimmte indes nicht mit der Wirklichkeit überein. Aus anderen Quellen wissen wir, dass die Erkrankung der Mädchen eine reine Erfindung und das Projekt ein sorgfältig geplanter Unterricht war. Der Lehrer bereitete die Stunden vor, indem er Stoff und Thema wählte und überlegte, welche Fragen er stellen, welche Diskussionen er anregen, welche Aktivitäten er vorschlagen sollte, damit die Schüler am Ende auch wirklich über Typhus und infektiöse Krankheiten Bescheid wussten. Von einem Unterricht, der ›frei und selbstbestimmt‹ verlief und das Projektkonzept von KILPATRICK idealtypisch verwirklichte, kann keine Rede sein (grundlegend KNOLL, 1992b; vgl. dagegen SCHWERDT, 1959; SCHREIER, 1986).

KILPATRICKS Projektdefinition bedeutete eine grundsätzliche Abwendung von der Tradition – sie war in der Tat revolutionär. Indem KILPATRICK eine spezielle Methode des praktischen Unterrichts in ein allgemeines Konzept des selbstbestimmten Lernens umwandelte, gab er dem Projektansatz einen völlig neuen Inhalt und fegte jenen Projektbegriff beiseite, der seit WOODWARD und RICHARDS fest im Vokabular der amerikanischen Pädagogik verankert war. Kein Wunder, dass KILPATRICKS Projektkonzept auf heftigen Widerstand stieß. Die Kritik kam von allen Seiten, von ›konservativen‹ Pädagogen (etwa ERNEST HORN, WERRETT W. CHARTERS) ebenso wie von ›liberalen‹ (WILLIAM C. RUEDIGER, SAMUEL C. PARKER) und ›progressiven‹ Pädagogen (BOYD H. BODE, CARLETON WASHBURNE). Selbst sein Kollege und Freund JOHN DEWEY meldete sich zu Wort.

Exkurs: JOHN DEWEY und die Projektmethode

In Deutschland gilt JOHN DEWEY, der Philosoph, Pädagoge und Gründer der Laborschule in Chicago, als der eigentliche ›Vater‹ des Projektunterrichts. Doch diese Ansicht stimmt mit den Tatsachen nicht überein und wird von den amerikanischen Pädagogen und Historikern auch nicht geteilt (siehe etwa CREMIN, 1961; KLIEBARD, 1986; WESTBROOK, 1991). DEWEY hat sich zwar seit dem Jahre 1916 immer wieder zur Projektmethode geäußert und schon vorher indirekt zahlreiche Hinweise und Anregungen zu ihrer Weiterentwicklung gegeben. Diese Anregungen wurden von den Zeitgenossen stark beachtet und produktiv verarbeitet. Wie wir wissen, hatte RICHARDS bereits um 1900 DEWEYS allgemeine Überlegungen zum technischen Werken und praktischen Lernen rezipiert und in sein neues Konzept der integrierten Projektarbeit aufgenommen. Aber DEWEY hat nie – wie die neuere deutsche Geschichtsschreibung es will (SUIN DE BOUTEMARD, 1975; HÄNSEL, 1986; GUDJONS, 1997; SCHILMÖLLER, 1995 u. a.) – eine eigenständige Theorie des Projektunterrichts hervorgebracht. Was er in seinen Schriften ›Wie wir denken‹ (1910), ›Demokratie und Erziehung‹ (1916), ›Erfahrung und Erziehung‹ (1938) und anderswo entfaltete und verbreitete (vgl. BOSSING, 1935; BRUBACHER, 1947; TANNER, 1997), war nicht das Lernen am ›Projekt‹, sondern das Lernen am ›Problem‹. Die ›Problemmethode‹, nicht die ›Projektmethode‹ bildete die konzeptionelle Grundlage für den Unterricht an DEWEYS Laborschule (mehr dazu in SCHÄFER, 1985; KNOLL, 1992a).

An der Laborschule bestand der Unterricht aus sog. ›Beschäftigungen‹, d. h. aus Aktivitäten, die typische Ausschnitte des sozialen Lebens reproduzierten. »Die einzig wahre Erziehung«, erklärte DEWEY (1897, S. 84), »kommt dann zustande, wenn die Kräfte des Kindes durch die sozialen Situationen herausgefordert werden, in denen es sich befindet.« Der Unterricht ging in Chicago daher nicht wie herkömmlich von den abstrakten Fächern und Wissenschaften aus; vielmehr nahm er die konkreten ›Erfahrungen‹ und ›Probleme‹ auf, die die Kinder von außerhalb der Schule kannten und die sie von daher interessierten. Die Probleme und Beschäftigungen konnten mehr praktischer oder mehr theoretischer Natur sein. Sie wurden aber stets so ausgewählt, dass die Schüler nicht in der Lage waren, sie allein auf Grund ihrer Vorerfahrungen zu bearbeiten – im Gegenteil: Die Schüler mussten immer wieder auf Erfahrungen früherer Generationen und das heißt auf Buch- und Fachwissen zurückgreifen, wollten sie die Arbeit zu Ende bringen. Nach DEWEY bildeten die Erfahrungen und Probleme des Kindes den Ausgangspunkt, die Stoffe und Inhalte der Wissenschaften den Endpunkt des Unterrichts. Auf diese Weise konnte sich das Kind mit der Schularbeit identifizieren. Unterricht könne nur gelingen, argumentierte DEWEY (1900, S. 103), wenn er »das Kind dazu führt, ein Problem als sein eigenes zu erkennen, sodass es von sich aus beginnt, eine Antwort zu finden«. Um die Probleme und Themen zu bewältigen, die entsprechend der modifizierten Kulturstufentheorie von DEWEY nacheinander behandelt wurden, mussten die Mädchen und Jungen ›wissenschaftlich‹ vorgehen und die berühmten ›fünf Stufen des Denkens‹ der Reihe nach durchlaufen – vom Erleiden einer Schwierigkeit über das Präzisieren des Problems und das Entwerfen und Durchdenken eines Plans bis zum Lösen der Schwierigkeit (DEWEY, 1910, S. 68 ff.). Methodisch gesehen, bestanden die Beschäftigungen also aus einer Abfolge von theoretischen und praktischen Problemsituationen, die an den Erfahrungen und Interessen der Schüler anknüpfen, ihre Denk- und Urteilsfähigkeit entwickeln und ihr soziales und demokratisches Bewusstsein schärfen sollten.

Unter ›Interessen‹ verstand DEWEY übrigens nicht die spontanen, sondern die dauerhaften Interessen der Kinder. Die dauerhaften Interessen waren das ›uninvestierte Kapital‹, mit dem die Schule arbeiten musste, um Lernen und Wachstum zu fördern. DEWEY unterschied vier Gruppen von Interessen, die seines Erachtens allen Kindern gemeinsam waren: das Interesse am Forschen und Erkunden, das Interesse am sozialen Umgang, das Interesse am künstlerischen Ausdruck und das Interesse am konstruktiven Schaffen. Dementsprechend sprach er auch von ›aktiven‹, ›sozialen‹ und ›konstruktiven‹ Beschäftigungen.

Die ›konstruktiven‹ Beschäftigungen waren nach DEWEY (1916, S. 204) »Tätigkeiten, für die der Gebrauch des Hammers, der Säge, der Feile etc. charakteristisch ist«. Es handelte sich um Arbeiten im technischen Werken, die seit WOODWARDS Zeiten ›Projekte‹ genannt wurden; und tatsächlich benutzte DEWEY diesen Begriff. »Die konstruktiven Beschäftigungen«, schrieb er 1933 (S. 291), »haben in den letzten Jahren zunehmend ihren Weg in das Klassenzimmer gefunden. Sie sind üblicherweise als ›Projekte‹ bekannt.« DEWEY gebrauchte den Projektbegriff im ursprünglichen Sinne, d. h. im Sinne des praktischen, ›konstruktiven‹ Tuns. Bewusst schloss er die anderen Interessen und Beschäftigungen – das Forschen, Erkunden und soziale Handeln – von seiner Projektdefinition aus. Der Gegensatz zu KILPATRICKS Konzept wird hier deutlich: während das ›Projekt‹ bei KILPATRICK eine generelle Methode darstellte, der das ›Problem‹ als Sonderform untergeordnet war, bildete das ›Projekt‹ bei DEWEY – wie bei WOODWARD und RICHARDS – eine spezielle Methode, der das ›Problem‹ als umfassende Kategorie übergeordnet war.

Projekt

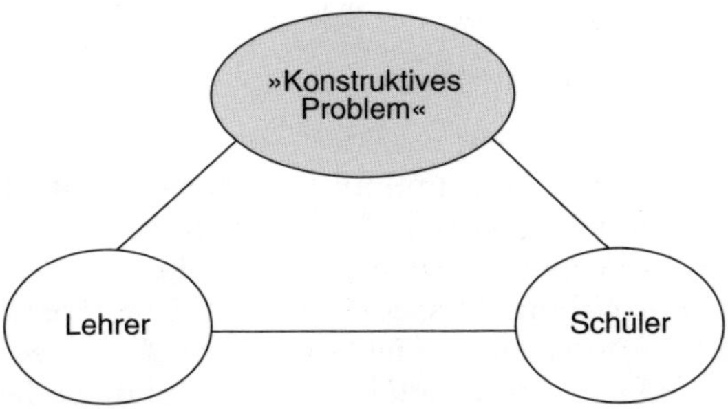

Abb. 5: Projektstruktur nach DEWEY

Dass DEWEY die Projektarbeit als ›konstruktives‹ Tun verstand, wird bestätigt durch den Bericht, den KATHERINE C. MAYHEW und ANNA C. EDWARDS, unter Mitarbeit von DEWEY, 1936 über den Unterricht an der Laborschule vorgelegt haben. In ›The Dewey School. The Laboratory School of the University of Chicago, 1896–1903‹ berichteten MAYHEW und EDWARDS von folgenden ›Projekten‹ der Schüler: ›Möblierung eines Zimmers der Kolonialzeit‹, ›Konstruktion eines Modells von Fort Dearborn‹, ›Anlage einer Farm‹, ›Bau eines Clubhauses‹. Daneben kamen an der Laborschule eine ganze Reihe anderer Methoden zur Anwendung – der Vortrag, die Diskussion, die Erkundung, das Experiment. Vom Lernen am Projekt war nach MAYHEW und EDWARDS nur dann die Rede, wenn die Schüler Modelle oder vollständige Gegenstände des gesellschaftlichen Lebens nach eigenen Vorstellungen, Entwürfen und Plänen konkret herstellten.

In der Tat betrachtete DEWEY das Projekt als eine Methode unter anderen. Er definierte es als ein ›gemeinsames Unternehmen‹ von Schülern und Lehrern, das die ›konstruktiven‹ Interessen der Kinder ansprach, nach dem ›integrativen‹ Modell von RICHARDS ablief und auf die Anfertigung vorweisbarer ›Produkte‹ abzielte. DEWEY stellte vier Kriterien auf, die jedes Projekt, wie jeder andere Unterricht auch, erfüllen musste, damit es als bildend und erzieherisch wertvoll gelten konnte:

- Das Projekt muss das ›Interesse‹ der Schüler finden, d.h. es muss auf ihre Bedürfnisse und Erfahrungen eingehen.
- Das Projekt muss etwas ›Wertvolles‹ im Leben selbst darstellen, d.h. es muss auch vom Standpunkt der Erwachsenen aus wichtig und nützlich sein.
- Das Projekt muss ›komplex‹ angelegt sein, d.h. es darf sich nicht mit ›bloßer Handfertigkeit‹ begnügen, es muss auch und vor allem ›geistiges Wissen‹ vermitteln.
- Das Projekt muss ›Kontinuität‹ besitzen, d.h. es muss eine gewisse Zeit andauern und auf natürliche Weise ins nächste Thema übergehen, sodass sich der Erfahrungshorizont der Schüler fortschreitend erweitert (DEWEY, 1933, S. 291 ff.).

Würden diese Kriterien nicht beachtet und der Versuch gemacht, die konstruktiven Projekte ›spontan‹ und allein von den Schülern ohne Rücksicht auf didaktische Kategorien wie Anspruchsniveau, Reihenfolge und Bildungsgehalt entwickeln zu lassen, dann führe das, so DEWEY, bei allen Beteiligten nur zu Frustration, Enttäuschung und Unzufriedenheit. Die Praxis habe es immer wieder gezeigt. »Viele sogenannte Projekte«, erläuterte DEWEY (1931, S. 86), »sind von solch kurzer Zeitspanne und werden aus solch zufälligen Gründen begonnen, dass die Vergrößerung des Wissens und die Bekanntschaft mit Prinzipien minimal ist. Kurz gesagt, sie sind zu trivial, um bildend zu wirken.« Die von KILPATRICK immer wieder betonte Selbstbestimmung und Selbstorganisation der Kinder spielte bei DEWEY nicht die entscheidende Rolle – im Gegenteil: Der Lehrer stand auch beim Lernen am Projekt nicht am Rande des Unterrichtsgeschehens. Ihn in seiner Position als pädagogischen Leiter, intellektuellen Führer und verantwortlichen Experten für systematische Bildung und Erziehung zu schwächen oder gar entmachten zu wollen, kritisierte DEWEY als ›nur dumm‹ und ›völlig falsch‹. »Der Lehrer«, schrieb er (1933, S. 157), »… [muss] für Pläne und Projekte sorgen, die den Schüler zwingen, vorauszusehen und vorauszudenken«. Die Ausbildung sozialen und demokratischen Verhaltens sei das mittelbare, die Ausbildung wissenschaftlichen und logischen Denkens jedoch das unmittelbare Ziel, auf das der Lehrer mit allen angemessenen Mitteln und Methoden hinzuwirken habe. Das ausschlaggebende Kriterium der Projektarbeit war bei DEWEY daher nicht – wie bei KILPATRICK – die ›Freiheit des Handelns‹, die der

Schüler im Unterricht genoss, sondern – wie bei WOODWARD und RICHARDS – die ›Freiheit des Denkens‹, die sich im ›konstruktiven‹ Tun ausdrückte.

Die Kritik von DEWEY und anderen führenden amerikanischen Pädagogen an KILPATRICKS Projektmethode hatte durchschlagenden Erfolg. Immer seltener wurde der Projektbegriff im weiten Sinne gebraucht. Selbst KILPATRICK beugte sich dem Druck. »Ich entschied«, schrieb er 1950 im Rückblick (zitiert nach KNOLL, 1993b, S. 348), »dass ich einen Fehler gemacht hatte, als ich mein Programm mit dem [Projekt-] Begriff verband, und ich hörte [in den dreißiger Jahren] auf, den Begriff zu gebrauchen, weil er provokativ und zweideutig war.« Deutlicher fiel die auch von DEWEY geäußerte Kritik nicht aus und sie traf den Punkt. KILPATRICKS Projektkonzept war – sprachlich – zweideutig, weil es ein didaktisches Prinzip als Methode bezeichnete; und es war – inhaltlich – provokativ, weil es das Kind zur zentralen curricularen Instanz machte. In der Folge sprach KILPATRICK (1951) einfach von ›Motivation‹, ›Lernbereitschaft‹ oder ›Einstellung‹, wenn er ›herzhaftes absichtsvolles Tun‹ meinte.

2.4 Lehren aus der Geschichte

Versuchen wir am Ende unseres Streifzugs durch die Projektgeschichte ein Fazit zu ziehen und Erkenntnisse und Einsichten zu formulieren, die von allgemeiner Relevanz und weiterführender Bedeutung sind, dann verdienen folgende fünf Punkte besonders hervorgehoben zu werden:

1. Die Projektmethode ist eine Entwicklung im Europa des 17. und 18. Jahrhunderts. Sie gehört in dieselbe Kategorie wie das Experiment der Naturwissenschaftler, die Fallmethode der Juristen, das Planspiel der Offiziere. Denn wie Experiment, Fallmethode und Planspiel hat das Projekt seinen Ursprung in der Professionalisierung einer handwerklichen Tätigkeit. Wie diese entsprach es der Arbeitsweise eines bestimmten Berufs und wurde als spezifische Methode der Baumeister im Rahmen der Verwissenschaftlichung der Architekten- und Ingenieurausbildung von der Handwerkslehre auf die Fach- und Hochschulen übertragen, damit die Studenten schon im Studium lernten, selbstständig zu arbeiten und die in Vorlesungen und Lehrgängen vermittelte Theorie am wirklichkeitsnahen Beispiel anzuwenden. Bestand die Projektarbeit anfangs nur aus dem Entwerfen von Gebäuden, Brücken und Maschinen, wurde sie später so weit gefasst, dass die Studenten ihre Pläne nicht nur entwerfen, sondern auch ganz oder teilweise verwirklichen mussten.

2. Das Projekt wurde in den Vereinigten Staaten als reguläre Methode des Schulunterrichts eingeführt, als die amerikanischen Pädagogen den allge-

meinbildenden Wert des technischen Werkens entdeckten und mit den Inhalten auch die Methoden des Fachs vom College auf die Highschool und später auf die Elementary School übertrugen. Wie Experiment, Fallmethode und Planspiel verlor die Projektmethode allmählich den unmittelbaren Bezug zu seinem Ursprung und wurde zunehmend auch bei größeren Vorhaben im nicht-technischen und nicht-künstlerischen Unterricht eingesetzt.

3. Anfang des 20. Jahrhunderts hatten sich in den Vereinigten Staaten die drei Grundmodelle herausgebildet, die auch heute noch diskutiert und praktiziert werden. Nach dem ›linearen‹ Modell von WOODWARD steht das Projekt am Ende einer Unterrichtssequenz; die Schüler lernen zunächst in Lehrgang und Übung die Fertigkeiten und Kenntnisse, die sie dann im Projekt eigenständig und schöpferisch anwenden. Bei dem ›integrativen‹ Modell von RICHARDS steht das Projekt im Mittelpunkt des Unterrichts; ihm ordnen sich die Lehrgänge und Übungen zu, die zum erfolgreichen Abschluss des Vorhabens notwendig sind. KILPATRICK schließlich vertritt den ›universellen‹ Ansatz; hier ist nicht mehr das praktische, ›konstruktive‹ Arbeiten das ausschlaggebende Merkmal; jetzt kann alles Tun und Lassen als Projekt bezeichnet werden, solange die Schüler ›absichtsvoll‹ und ›herzhaft‹ bei der Sache sind.

4. Aus seiner pragmatistischen Denk- und Erkenntnistheorie heraus entwickelte DEWEY die ›Problemmethode‹. Sie bildete das gemeinsame Fundament für alle Unterrichtsmethoden und gilt in den Vereinigten Staaten bis heute als sein spezifischer Beitrag zur Schuldidaktik. Die ›Projektmethode‹ nahm in DEWEYS Konzeption keinen besonderen Platz ein. Wie bei WOODWARD und RICHARDS war sie bei ihm eine spezielle Methode des ›praktischen Problemlösens‹, die bei der Durchführung ›konstruktiver‹ Pläne und Vorhaben zum Einsatz kam. KILPATRICK definierte das Projekt in bewusster Opposition zu DEWEY und seinen Vorgängern, weil er meinte, er könne durch freie und selbstbestimmte Projektarbeit die Spontaneität, Motivation und Aktivität der Kinder herausfordern und den Erwerb von Wissen, Können und sozialem Verhalten entscheidend fördern. In Wirklichkeit erzeugte er damit aber oft nur die Probleme und Schwierigkeiten, vor denen DEWEY immer gewarnt hatte: die Diskontinuität der Erfahrung, die Trivialität des Handelns und die Vereinzelung des Individuums.

5. In den Vereinigten Staaten konnte sich KILPATRICK mit seiner weiten Projektdefinition nicht durchsetzen. Das Projekt im engen – ursprünglichen – Sinne überstand die Krise der zwanziger Jahre indes unbeschadet. Es existiert dort auch heute noch. Im technischen, naturwissenschaftlichen und landwirtschaftlichen Unterricht der Highschool führen die Schüler regelmäßig Projekte praktisch-konstruktiver Art durch, die – wie ganz am Anfang

bei den Architekten und Ingenieuren – in einer Ausstellung zusammengetragen, von einer Jury begutachtet und mit Preisen und Urkunden ausgezeichnet werden. In den Vereinigten Staaten hat sich daher im Laufe der Zeit auch eine besondere Kategorie der Projektliteratur herausgebildet. Neben den Hilfen für den Lehrer gibt es dort Hefte und Bücher für die Hand des Schülers, die Titel tragen wie ›How to do a Science Project‹ und ›10 000 Ideas for Projects, Reports, and Speeches‹.

Im Spannungsfeld der Merkmale ›Selbstbestimmung‹ und ›Praktische Bestätigung‹ lassen sich die wichtigsten amerikanischen Projektkonzepte so einordnen:

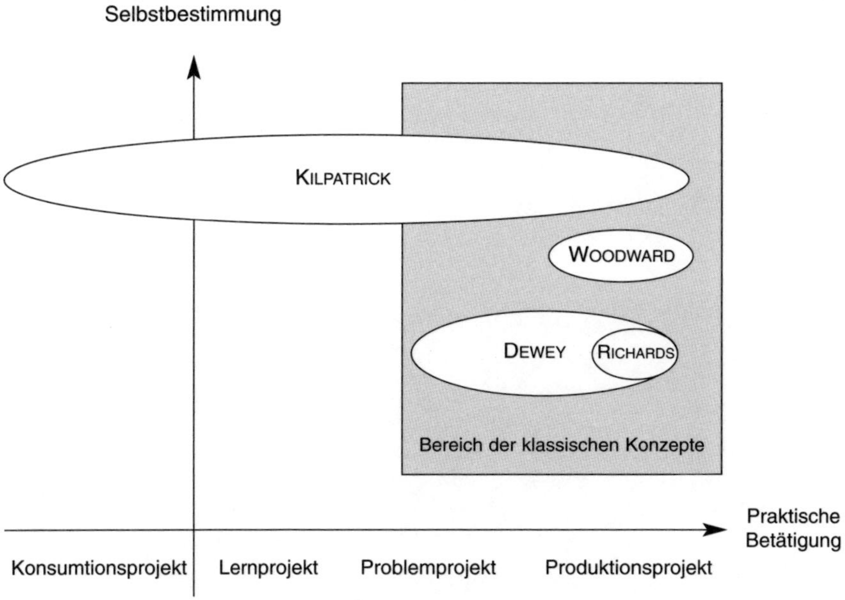

Abb. 6: Übersicht über die wichtigsten amerikanischen Projektkonzepte

Fragen:

1. Wie unterscheidet sich das lineare Modell vom integrativen Modell des Projektlernens?
2. Was verstand KILPATRICK unter einem Projekt?
3. Welche richtigen Erkenntnisse bietet die historische Analyse der Projektmethode?

Literatur

KNOLL, M.: 300 Jahre Lernen am Projekt. Zur Revision unseres Geschichtsbildes. In: Pädagogik 45 (1993a), H 7/8, S. 58–63

OELKERS, J.: Geschichte und Nutzen der Projektmethode. In: HÄNSEL, D. (Hrsg.): Handbuch Projektunterricht. Weinheim 1997, S. 13–29

3 Aktuelle Konzepte des Projektlernens

In Deutschland wurde der Projektbegriff Mitte der zwanziger Jahre bekannt. Er traf hier fast gleichzeitig aus zwei Richtungen ein: zum einen – vermittelt durch deutsche Reformpädagogen – aus den Vereinigten Staaten, zum anderen – vermittelt durch russische Berichte und Übersetzungen – aus der Sowjetunion, wo die Konzepte und Methoden der amerikanischen ›progressiven Erziehungsbewegung‹ gerade große Beachtung fanden (vgl. KNOLL, 1996). Interessant ist nun, dass in Deutschland – wie in der Sowjetunion – nicht die ganze Breite der Projektdiskussion rezipiert wurde, sondern nur der kleine Teil, der durch provokative Thesen und Experimente am Ende für Aufregung und Verwirrung gesorgt hatte. So konnten KILPATRICK und COLLINGS – und in ihrem Gefolge DEWEY – allgemeine Aufmerksamkeit erringen und zu repräsentativen Vertretern der amerikanischen Projektpädagogik avancieren. Tatsächlich konzentrierte sich das Interesse zunehmend auf diese Dreiergruppe. Die Situation war indes paradox: Obwohl KILPATRICKS Projektbegriff in den Vereinigten Staaten abgelehnt wurde, erlebte er in Deutschland Anerkennung; obgleich DEWEY in Wirklichkeit ein Kritiker seines Schülers war, wurde er hier zu seinem Partner ernannt; und obschon COLLINGS sich bei seinem Unterrichtsexperiment ausdrücklich auf KILLPATRICK berief, machte man ihn hier zum Anhänger und Gefolgsmann von DEWEY. Diese Fehlinterpretation beherrschte von Anfang an die deutsche Diskussion, aber erst durch das 1935 von PETER PETERSEN herausgegebene Buch mit dem programmatischen Titel ›Der Projekt-Plan. Grundlegung und Praxis von JOHN DEWEY und WILLIAM HEARD KILPATRICK‹, das auch COLLINGS' ›Typhusprojekt‹ enthielt, wurde das Missverständnis fixiert und gleichsam kanonisiert.

Doch die Beachtung, die der Projektgedanke unter den Pädagogen der Weimarer Republik bekam, war insgesamt nicht allzu groß, zumal er mit zahlreichen einheimischen Konzepten wie dem Gesamtunterricht von BERTHOLD OTTO, der Arbeitsschule von GEORG KERSCHENSTEINER und der freien geistigen Tätigkeit von HUGO GAUDIG konkurrieren musste. Nur wenige Reformpädagogen fühlten sich aufgefordert, den Begriff ›Projekt‹ – oder sein deutsches Gegenstück ›Vorhaben‹ – für ihre eigenen Ansätze zu gebrauchen (vgl. KNOLL, 1984). Zu ihnen gehörten FRITZ KARSEN, OTTO HAASE und ADOLF REICHWEIN. KARSEN, der Leiter der Karl-Marx-Schule in Berlin-Neukölln, betrachtete das ›Projekt‹ als beste Methode, um die Gesellschaft auf eine höhere Stufe der Kultur zu heben; REICHWEIN, der Pädagogikprofessor von Tiefensee, sah das ›Vorhaben‹ als methodisches Kernstück, um die ›selbsttätige Erziehungsgemeinschaft‹ zu verwirklichen; und HAASE, der Direktor der Pädagogischen Akademie in Frankfurt an der Oder, erklärte das ›Vorhaben‹ – neben dem ›Gesamtunterricht‹ und dem ›Training‹ – zur dritten Elementarform des Volksschulunterrichts. Alle drei Pädagogen kannten die amerikanische Diskussion, aber sie blieben der deutschen Tradition verpflichtet, wenn sie dem ›natürlichen Gespräch‹, der ›sachlichen Arbeit‹, dem ›vollendeten Werk‹ einen hohen Stellenwert einräumten.

Nach der nationalsozialistischen Diktatur, die für HAASE Entlassung, für KARSEN Exil und für REICHWEIN Hinrichtung bedeutete, knüpften die bundesdeutschen Pädagogen zunächst an das reformpädagogische Erbe der Weimarer Zeit an. Das ›Vorhaben‹ erlebte eine Renaissance und wurde zum ›Höhepunkt des Schulalltages‹ erklärt. Zugleich suchte GEORG GEISSLER (1952) der PETERSENschen Fixierung auf DEWEY, KILPATRICK und COLLINGS entgegenzuwirken. Er übersetzte das Projektkapitel aus NELSON L. BOSSINGS Standardwerk ›Progressive Methods of Teaching in Secondary Schools‹ (1935), um die älteren Konzeptionen – wie etwa die von RICHARDS und STIMSON – in Deutschland bekannt zu machen und um darauf hinzuweisen, dass KILPATRICKS Projektdefinition unvernünftig weit und von DEWEY und seinen Kollegen auch gar nicht anerkannt sei. BOSSINGS Studie wurde viel zitiert und wie RICHARDS' Ansatz ein fester Bestandteil der (west-)deutschen Projektgeschichtsschreibung (vgl. MAGNOR, 1976; PÜTT, 1982; KRAUTH, 1985). Eine Revision der Überlieferung gelang GEISSLER allerdings nicht – im Gegenteil: führende Erziehungswissenschaftler und Lehrbuchautoren wie ERNST MEYER (1954), KARL-HEINZ SCHWAGER (1955), THEODOR SCHWERDT (1959) und WOLFGANG SCHEIBE (1969) befassten sich allein mit DEWEY, KILPATRICK und COLLINGS, wenn sie über die Projektmethode, ihre Entstehung und Entwicklung sprachen. Auch die Reformpädagogen der sechziger Jahre, die das Projekt zuerst für die neuen Lernbereiche Arbeitslehre und Gesellschaftslehre, dann für die Hochschule und Gesamtschule entdeckten, hielten an dem von PETERSEN verbreiteten Muster fest und verwarfen die älteren deutschen und amerikanischen Konzepte als überholt, rückständig oder gar präfaschistisch. Ohne weitere Prüfung und Forschung verurteilten sie BOSSINGS Projektdefinition als formal und technokratisch und griffen zunehmend auf DEWEYS Erziehungsphilosophie und COLLINGS Schulexperiment zurück, um ihre Vorstellungen von lebenspraktischem Unterricht, sozialem Lernen und demokratischer Erneuerung historisch zu legitimieren, theoretisch zu fundieren und wirkungsvoll zu illustrieren (vgl. etwa REINTGES, 1978; HAHNE/SCHÄFER, 1997). Das Projekt betrachteten sie zumeist als Alternative, nicht als Ergänzung, zum traditionellen Fach- und Buchunterricht. »In einem Satz zusammengefasst«, so JÜRGEN KREFT (1974, S. 684), »ist die Intention des Projektunterrichts die Überwindung des verschulten, von der Lebenspraxis abgeschnittenen, in Fächer aufgespaltenen, entfremdeten und verdinglichten, unfreien und extrinsisch motivierten Lernens durch ein selbstbestimmtes, authentisches (und damit auch intrinsisch motiviertes) Lernen in der Lebenspraxis, durch und für sie.«

Die radikale Idee, die herkömmlichen Lehrpläne, Jahrgangsklassen, Fächereinteilungen, Beurteilungskriterien abzuschaffen und die Schule ganz in Projekten zu organisieren, wie sie etwa von der Initiativgruppe Solingen (1972) vertreten wurde, brachte die Reformer jedoch in Schwierigkeiten. Wie sollten in einem Unterricht, der aus einer Folge von schülerzentrierten Vorhaben und systemkritischen Aktionen bestand, Kontinuität und Zusammenhang erhalten, Wachstum und Fortschritt garantiert bleiben? Wie sollten Kenntnisse systematisch vermittelt, wie Fertigkeiten erlernt und gründlich eingeübt werden, wenn spontane Interessen, subjektive Bedürfnisse und sozialpolitische Ziele die Auswahl der Projekte bestimmen? Diese und ähnliche Fragen beantworteten die Reformer im Laufe der Zeit mit ganz unterschiedlichen Ansätzen. Drei davon: das ›interaktionistische‹ Konzept von BERNHARD SUIN DE BOUTEMARD, das ›curriculare‹ Konzept von KARL FREY und das ›pragmatistische‹ Konzept von DAGMAR HÄNSEL – sind im Folgenden näher dargestellt.

3.1 Die Veränderung der gesellschaftlichen Verhältnisse bei BERNHARD SUIN DE BOUTEMARD

BERNHARD SUIN DE BOUTEMARD, damals Assistent an der pädagogischen Hochschule Oldenburg und Doktorand an der Universität Bielefeld, ist der erste Erziehungswissenschaftler deutscher Sprache, der dem Lernen am Projekt ein ganzes Buch gewidmet hat. In dem – inzwischen fast vergessenen – Werk ›Projektunterricht: Beispiel Religion‹ (1973) versuchte SUIN DE BOUTEMARD auf der Grundlage der pragmatistischen Erfahrungsphilosophie von JOHN DEWEY und auf der Basis des symbolischen Interaktionismus von HERBERT BLUMER eine allgemeine Theorie des Projektunterrichts zu entwickeln. Kurz danach veröffentlichte er zwei – viel gelesene – Aufsätze zur Geschichte und zur Praxis des Projektunterrichts sowie seine – oft zitierte, aber wenig rezipierte – Dissertation ›Schule, Projektunterricht und soziale Handlungsperformanz‹ (1975), in der er noch einmal die wissenssoziologischen und handlungstheoretischen Ansätze von ALFRED SCHÜTZ, PETER BERGER/THOMAS LUCKMANN und JOHN DEWEY intensiv verarbeitete.[4]

Ausgangspunkt für seine Konzeption des Projektunterrichts ist eine grundlegende Kritik der traditionellen Schule. Ähnlich wie ERVING GOFFMAN und IVAN ILLICH sieht SUIN DE BOUTEMARD die Schule als ›paratotale Institution‹ und ›Zwangsanstalt‹, die in einer tiefen Krise steckt und dringend einer Ent-

[4] SUIN DE BOUTEMARD hat sich auch später noch zur Projektarbeit geäußert und in verschiedenen Aufsätzen und Büchern seine These vom Anti-Amerikanismus, Anti-Pragmatismus und Modernisierungsdefizit der alten und der neuen deutschen Reformpädagogik weiter ausgeführt. Siehe etwa SUIN DE BOUTEMARD 1979, 1986, 1993, 1997.

schulung, Humanisierung und Demokratisierung bedarf. Die ›chinesische Mauer‹ der Schule müsse durchbrochen werden, so SUIN DE BOUTEMARD, damit die ›strukturelle Distanz‹ von Erziehungssystem und Gesellschaft überwunden und die ›soziale Isolation‹ von Unterricht und Leben aufgehoben wird. »Soziohistorisch gesehen ist die Krise der Schule ein Reflex auf das Auseinanderfallen von Handeln und Interpretieren, von Leben und Denken, von Arbeit planen und Arbeit ausführen [ein Prozess der Spezialisierung und Differenzierung, der seit der industriellen Revolution besonderes Gewicht erlangte] ... Soll die Dialektik von Handeln und Wissen wieder in ihr Recht eingesetzt werden, dann muss auch der schulische Unterricht auf der elementaren Ebene der Ausbildung personengebundener sozialer Handlungsperformanzkapazität ansetzen« (SUIN DE BOUTEMARD, 1975, S. 235 f.). Die Schule dürfe daher nicht einfach eine Anstalt sein, um von Lehrplänen und Lehrern vorgegebenes Wissen und Können häppchenweise zu vermitteln, vielmehr müsse sie der ›Taylorisierung‹ und ›Zersplitterung‹ des Unterrichts entgegenwirken und »zu einer Operationsbasis [werden], um das alltägliche soziale Leben vor Ort zu erforschen und sich in ihm kritisch zu engagieren« (1976b, S. 26).

Nach SUIN DE BOUTEMARD sollen die Schüler im Unterricht ihre außerschulisch erworbenen Erfahrungen verarbeiten, sodass sie die ›soziale Konstruktion der Wirklichkeit‹ erkennen und Fertigkeiten zu ihrer Bewältigung und Umgestaltung ausbilden können. »Die Schule«, sagt SUIN DE BOUTEMARD (1973, S. 7), »wird zum Ausgangspunkt gemeinsamer, absichtsvoller Expeditionen in die Wirklichkeit und zum Ort der Bearbeitung und Erweiterung von Handlungserfahrung«. Anders als den traditionellen Schulpädagogen geht es SUIN DE BOUTEMARD nicht allein um die Entwicklung von sozialer Handlungs*kompetenz* und um die Aufrechterhaltung des gesellschaftlichen Status quo, vielmehr sei die Ausbildung von sozialer Handlungs*performanz* und die Veränderung des bestehenden Gesellschaftssystems der eigentliche Zweck der Schule. Von einem solchermaßen reformierten Schulsystem gehe ein ›emanzipatorischer Impuls‹ aus, der die Welt in ihrer sozialen Bedingtheit durchschaubar macht, zugleich aber auch Handlungsstrategien vermittelt und einübt, die helfen, jede Form der gesellschaftlichen Entfremdung, Unterdrückung und Ausbeutung zu erkennen und – wenn möglich – sofort zu beseitigen oder abzubauen. Mit den Worten SUIN DE BOUTEMARDS (1975, S. 276): »Der Reichtum des sozialen Lebens, den die Tiefenstruktur sozialer Handlungsperformanz einer Gruppe oder Klasse bietet, stellt dann ein didaktisches Potential und Reservoir dar, um Schule und Unterricht für das Leben der Schüler in der alltäglichen sozialen Welt relevant werden zu lassen.«

Mit der neuen Funktion der Schule, die darin besteht, die Emanzipation der Schüler und die Transformation der Gesellschaft in direkter Auseinandersetzung mit den etablierten Institutionen der sozialen Macht und Kontrolle voranzutreiben, werde auch eine neue Unterrichtsdidaktik und Methodik benötigt. SUIN DE BOUTEMARD findet sie im ›Projektunterricht‹, wie er zu Beginn des 20. Jahrhunderts in den Vereinigten Staaten von JOHN DEWEY und WILLIAM H. KILPATRICK entworfen wurde. Damit stellt sich SUIN DE BOUTEMARD in die Tradition einer – wie er meint – in Deutschland weitgehend ›verdrängten‹ Erziehungswissenschaft ›radikal-demokratischen‹ und ›libertär-sozialistischen‹ Denkens. Der Projektunterricht, sagt er, sei durch die Entwicklungen der industriellen Revolution und die Postulate der französischen Revolution, vor allem aber durch das ›politikgeschichtliche Milieu‹ der Vereinigten Staaten geprägt, das den Einwanderern und Bürgern seit der Zeit der Pilgerväter erlaubt habe, »die Gestaltung ihrer kulturellen, sozialen, politischen, wirtschaftlichen Verhältnisse selber und in gegenseitiger Hilfe in die Hand zu nehmen« (1986, S. 68). Die spezifisch amerikanischen Bedingungen einer »mutualistischen und offenen republikanisch-demokratischen Gesellschaft« (1997, S. 45) hätten DEWEY bewogen, seine pragmatistische Erziehungsphilosophie und eine Schul- und Unterrichtstheorie zu entwerfen, nach der die Schüler »durch wechselseitige Absprache und Verpflichtung ihre Verhältnisse und Beziehungen selber regeln« (1986, S. 68). Wie SUIN DE BOUTEMARD näher erläutert, fußt der Projektunterricht nach DEWEY einerseits zwar auf den realen Erfahrungen der Schüler, zielt aber andererseits – als ›kontrafaktische Idee‹ – auf die Verwirklichung der demokratischen Bürger- und sozialen Menschenrechte ab. »Projektunterricht ist Didaktik und Methodik einer gewaltfreien Veränderung der gesellschaftlichen Verhältnisse. Und wahrscheinlich ist das der tiefere Grund dafür, warum gegenwärtig wieder ein so starkes Interesse an Projekten, Projektstudium und Projektunterricht besteht und der Projektbegriff eine solche Faszination ausübt.« (1973, S. 55)

Im Gegensatz zu seinen Kollegen charakterisiert SUIN DE BOUTEMARD den Projektunterricht nicht durch eine bestimmte Verlaufsstruktur (wie etwa FREY, 1982) oder durch einen differenzierten Merkmalkatalog (wie etwa GUDJONS, 1997). Vielmehr grenzt er ihn im direkten Vergleich mit anderen Unterrichtsmethoden ab. Er unterscheidet dabei idealtypisch drei Grundformen, die er ›Informations-‹, ›Problem-‹ und ›Projektunterricht‹ nennt (1973, S. 48 f.). Während der ›Informationsunterricht‹ interaktiv Fremdwissen weitergebe, vermittle der ›Problemunterricht‹ Fremd- und Eigenwissen, wobei die behandelten Themen, Fragen und Aufgaben – anders als beim Informationsunterricht – im Verlauf der symbolischen Interaktion nicht nur transferiert, sondern auch umstrukturiert und reinterpretiert werden. Der ›Projektunterricht‹, so SUIN DE BOUTEMARD, stelle den umfassendsten der drei Unterrichtsformen dar. Er zeichne sich dadurch aus, dass er über das Vermitteln und Umstrukturieren hinaus auch das Entstehen von Wissens- und Problembeständen in den Prozess der interpretativen Interaktion miteinbeziehe. »Die Interaktion und das in ihrem interpretativen Prozess entstandene Wissen«, erläutert er (ebd., S. 49), »beruhen [beim Projektunterricht] nicht nur auf gedanklich vermittelten Operationen, sondern bestehen im persönlichen und antizipatorischen Handeln. Der soziale Bezug zur Praxis wird nicht nur analytisch vorgestellt, sondern erlebt und erfahren«. Während sich der Informations- und der Problemunterricht also auf das Weitergeben und Verarbeiten von *Sekundär*erfahrungen beschränkt, geht es beim Projektunterricht vor allem um das Generieren, Interpretieren und Implementieren von *Primär*erfahrungen. Nach SUIN DE BOUTEMARD ist der Projektunterricht die höchste Form des Unterrichts und steht damit an der Spitze der von ihm entwickelten Methodenhierarchie.

Das Lernen am Projekt ist ein komplexes Gebilde. SUIN DE BOUTEMARD (1973, S. 109) sieht es durch zwei ›interdependente Grundtypen‹ bestimmt, die er ›Expedition‹ und ›Kurs‹ nennt. Aufgabe der ›Expedition‹ sei es, sagt er, die Schüler in die schulische und außerschulische Umwelt hinauszuschicken, um dort Erfahrungen und Materialien zu sammeln, die sie dann zurück im Klassenzimmer interaktiv und interpretierend verarbeiten. Der ›Kurs‹ habe dagegen die Funktion, die Expedition inhaltlich und organisatorisch vorzubereiten, sie ad hoc durch fachspezifische Lehrgänge und problemverarbeitende Unterrichtsgespräche zu begleiten und sie schließlich durch Abstrahieren, Klassifizieren, Supplementieren der gemachten Erfahrungen und gewonnenen Erkenntnisse nachzubereiten. »Insofern«, erläutert SUIN DE BOUTEMARD (ebd.) seine Ausführungen, »schreiben wir dem ›Kurs‹, als der einen Grundform des Projektunterrichts, und der ›Expedition‹, als der anderen Grundform des Projektunterrichts, eine wechselseitig kritische Funktion im Ganzen des Projektunterrichts zu. … Durch die multiplen symbolischen Interaktionen [innerhalb der Projektgruppe und mit Personen außerhalb von Schule und Unterricht] ist die Verselbstständigung der ›Expedition‹ vom ›Kurs‹ und umgekehrt eingeschränkt, wenn nicht gar aufgehoben, ohne dass der eine Grundtyp mit dem anderen vermischt wird. Ungetrennt und zugleich unvermischt bilden ›Expedition‹ und ›Kurs‹ als die beiden unterrichtsorganisatorischen und didaktischen Grundtypen die Einheit des Projektunterrichts.«

Liest man die Darlegungen SUIN DE BOUTEMARDS genauer, dann kann man neben Expedition und Kurs noch eine dritte Grundform ausmachen, wenn er sie auch nicht in seine Systematik aufgenommen hat. Die Rede ist von der ›Aktion‹. SUIN DE BOUTEMARD führt den Begriff im Rahmen einer Diskussion über die »Distanz zwischen Lernen und politischem Handeln« ein und erklärt (1973, S. 16, S. 59), dass diese Distanz durch den Projektunterricht überwunden werden kann und um der »Veränderung der gesellschaftlichen

Verhältnisse« willen auch überwunden werden muss. Der Projektunterricht, schreibt er (ebd., S. 15), »wird die alltägliche Wirklichkeit nicht nur als Kon-Text, also über Medien oder empirische Problemerhebungen, in den Unterricht hineinnehmen. Er wird vielmehr direkt an der empirischen alltäglichen Wirklichkeit der Schüler teilhaben als ›Aktion und Expedition‹«. Danach lässt sich die ›Aktion‹ als eine weitere Grundform des Projektunterrichts auffassen. Wie die Expedition führt die Aktion in die schulische und außerschulische Welt hinaus, jedoch nicht, um die Welt zu erklären und zu verstehen, sondern um sie zu verändern und zu verbessern. SUIN DE BOUTEMARD hat damit ein Modell des Projektlernens vorgelegt, das über die Ansätze von WOODWARD, RICHARDS und DEWEY weit hinausgeht: Die Schüler dürfen ihre an der Wirklichkeit gewonnenen Erfahrungen und Erkenntnisse nicht erst später als Erwachsene, sondern sofort und unmittelbar zur Überwindung und ›Transzendierung‹ des politischen und gesellschaftlichen Status quo einsetzen.

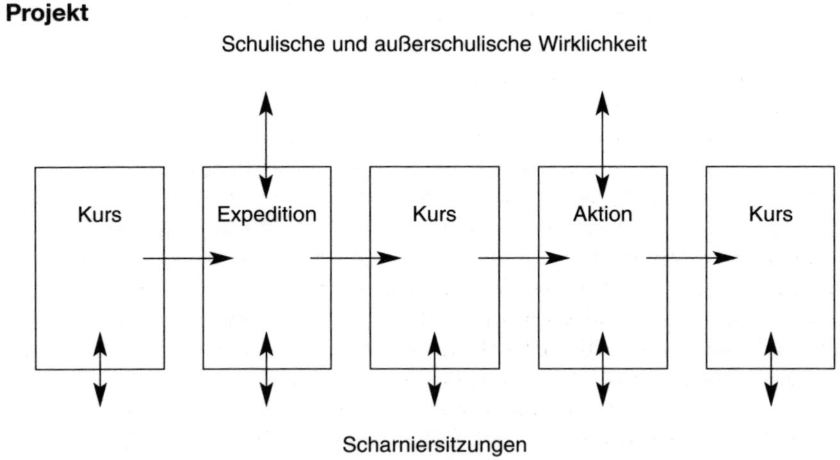

Abb. 7: Projektverlauf nach SUIN DE BOUTEMARD

SUIN DE BOUTEMARD hat sein ›aktionistisches‹ Modell weiter ausgearbeitet und anhand der Abenteuer- und Spielplatzpädagogik eine ›Typologie‹ von fünf Projekten entworfen, die er etwas unklar als ›sensomotorisches Projekt‹, ›Funktionsprojekt‹, ›zweckgerichtetes Projekt‹, ›Rollenprojekt‹ und ›Gruppenprojekt‹ bezeichnet (1973, S. 110 f.). Zugleich hat er anhand verschiedener wissenssoziologischer und erkenntnistheoretischer Ansätze eine ›Methodik‹ des Projektunterrichts entwickelt, die aus sieben Elementen oder Phasen besteht und vom ›Thematisieren‹ und ›Problematisieren‹ über das ›Regelbilden‹, ›Entscheiden‹ und ›Planen‹ bis hin zum ›Simulieren‹ und ›Erproben‹

reicht (ebd., S. 62 ff.). Ein weiteres und bei seinen amerikanischen Vorgängern noch nicht vorhandenes Element sind die so genannten ›Scharniersitzungen‹ (1976b, S. 30 f.). Sie werden regelmäßig oder bei Bedarf anberaumt und haben vielfältige Aufgaben. Einerseits dienen sie dazu, organisatorische Fragen und inhaltliche Probleme zu klären; andererseits erlauben sie, Ereignisse und Begebenheiten zu besprechen, die sich außerhalb des Unterrichts zugetragen, und Konflikte und Beziehungsprobleme zu bearbeiten, die sich innerhalb der Gruppe ergeben haben.

In seinem Aufsatz ›Projektunterricht – wie macht man das?‹ vertritt SUIN DE BOUTEMARD (1976b) die Ansicht, dass an der ›Konstruktion und Organisation‹ des Projektunterrichts Schüler und Lehrer gleichermaßen beteiligt sind. Er veranschaulicht seine These, indem er am Beispiel der Themenfindung drei Möglichkeiten der Schülerpartizipation erörtert. Das Projektthema die Schüler selbst auswählen zu lassen, argumentiert er, liefere sie »den gesellschaftlich vermittelten und entfremdeten Verengungen ihres Horizonts« aus; ihnen ein Thema mittels curricularer oder anderer normativer Vorstellungen aufzuzwingen, unterwerfe sie »einem verdinglichten Konzept des Lernens und Lehrens« (ebd., S. 32). Daher plädiert SUIN DE BOUTEMARD für einen dritten Weg zwischen Schüler- und Lehrplanorientierung. Er spricht in diesem Zusammenhang von einer ›bezugsrahmenorientierten Themenfindung‹ und meint damit ein Verfahren, in dem ein ›intentionaler Bezugsrahmen‹ – also ein bestimmter Lernbereich – vorgegeben ist, der dann in einem Prozess des ›wechselseitigen Aushandelns‹ von Schülern und Lehrern konkretisiert und in einem ›frei vereinbarten Vertrag‹ – dem sog. ›Projektvertrag‹ – fixiert wird. Auf diese Weise würden die Schüler weder ›bevormundet‹ noch in ihrer ›gesellschaftlich beschädigten Identität und entfremdenden Horizontverengung‹ belassen. »Unter Berücksichtigung des ›gemeinsam geteilten‹ Bezugsrahmens«, erklärt SUIN DE BOUTEMARD, »entwerfen die Schüler *ihr* Projekt«, das sich durchaus »in Übereinstimmung mit Dimensionen eines Curriculums befinden« kann (ebd., S. 32). Die Freiheit der Schüler ist damit etwas weiter gefasst als bei RICHARDS und DEWEY. Sie werden als vernünftige Personen ernst genommen und bestimmen die Projekte inhaltlich und methodisch mit. Gegen ihren Willen kann keine Entscheidung gefällt werden. Dadurch verändert sich nach SUIN DE BOUTEMARD auch die Rolle des Lehrers. Er praktiziert nicht nur einen demokratischen, partizipatorischen Erziehungsstil, er übernimmt außerdem neue Aufgaben, zum Beispiel die des Schutzes, wenn die Schüler bei Umfragen, Interviews oder Flugblattaktionen unbedacht mit Bürgern und ›Instanzen der sozialen Kontrolle‹ in Konflikt geraten. Der Lehrer, sagt SUIN DE BOUTEMARD, müsse problematische Situationen antizipieren und sie im Vorfeld mit den Schülern durchspielen. Gegen gefährliche Vorhaben und kontraproduktive Verhaltensweisen habe er ›sozialen Widerstand‹ zu leisten – nicht um die Schüler zu ›unterwerfen‹, sondern um ihnen ›soziale Kompetenz‹ und Handlungssicherheit zu verschaffen (ebd., S. 28). Wie in der traditionellen Schulpädagogik ist der Lehrer bei SUIN DE BOUTEMARD ›Anwalt‹ der Kinder und Vertreter ihrer ›objektiven Interessen‹, aber er ist darüber hinaus – und im Gegensatz zu DEWEY und RICHARDS – auch ihr ›Trainer‹ und ›Verbündeter‹, um sie bei der Verwirklichung ihrer systemkritischen Projekte und beim Aufbau einer humanen und demokratischen Gesellschaft zu unterstützen.

SUIN DE BOUTEMARDS Bedeutung für die bundesdeutsche Projektpädagogik ist kaum zu überschätzen. Er hat mit der Rezeption des symbolischen Interaktionismus eine anspruchsvolle Theorie und einen grundlegend neuen Gedanken in die Diskussion eingebracht. Vor allem aber hat er – zusammen mit anderen Vertretern einer ›kritischen Didaktik‹ (vgl. etwa KREFT, 1974; KOST, 1977) – bereits diskutierte Ideen und Argumente aufgenommen, gebündelt und so verstärkt, dass sie Allgemeingut wurden und bis heute vielen bundesdeutschen Pädagogen als Maßstab und Richtschnur dienen.

3.2 Die Bildung des Individuums bei KARL FREY

Ende der siebziger Jahre wurde der Projektunterricht intensiver denn je diskutiert. Es erschienen unzählige Artikel (siehe etwa SCHÄFER, 1988) und etliche Monografien (LAUBIS, 1976; SCHWEINGRUBER, 1979; STRUCK, 1980; PÜTT, 1982), zudem zahlreiche Aufsatzsammlungen, die sich dem Lernen am Projekt fach-, stufen- oder schulspezifisch widmeten (WEBER, 1973; TYMISTER, 1975; KAISER/KAISER, 1977; MÜNZIGER, 1977; STACH, 1978 u. a.). Doch es war erst KARL FREYS Buch ›Die Projektmethode‹ von 1982, das den Durchbruch schaffte und in kürzester Zeit den pädagogischen Markt beherrschte. Inzwischen liegt der Band in achter, mehrfach überarbeiteter Auflage vor und ist bis heute das Standardwerk zum Thema geblieben. Das Geheimnis seines Erfolgs ist leicht zu erklären. Das Buch ist in verständlicher Sprache geschrieben und verbindet ein eingängiges theoretisches Konzept mit einem historischen Überblick und vielen praktischen Beispielen, Anregungen und Hinweisen, die verschiedensten Wissenschaftszweigen wie der Lernpsychologie, Kommunikationstheorie, themenzentrierten Interaktion und Evaluationsforschung entstammen.[5] Als Direktor des Instituts für die Pädagogik der Naturwissenschaften in Kiel hat FREY weitere erfolgreiche Bücher zum Projektler-

[5] FREY gehört zu den wenigen Pädagogen, die ein genuines Interesse an der Erforschung der Geschichte der Projektmethode haben (FREY, 1998, S. 33 ff.). Auf seine Initiative hin und unter Förderung der Deutschen Forschungsgemeinschaft und des Schweizerischen Nationalfonds konnte ein Autor des vorliegenden Buches in die Vereinigten Staaten, aber auch nach Frankreich und Italien reisen, um dort in einschlägigen Archiven und Bibliotheken ein ausgedehntes Quellenstudium zu betreiben. Dafür sei KARL FREY auch an dieser Stelle herzlich gedankt.

nen herausgegeben: ›Physik in Projekten‹ (mit KLAUS MIE, 1992), ›Chemie in Projekten‹ (mit WOLFGANG MÜNZINGER, 1992), ›Biologie in Projekten‹ (mit URS JÜDES, 1993).

In seinem Buch spricht FREY von der ›Projekt*methode*‹ und nicht – wie seit den siebziger Jahren üblich – vom ›Projekt*unterricht*‹. Er stellt sich damit bewusst in die Nachfolge von WILLIAM H. KILPATRICK. Wie dieser versteht er das Lernen am Projekt als einen ›Weg‹, der institutionell nicht auf Schule und Hochschule beschränkt ist, sondern auch in der beruflichen Fort- und Weiterbildung und in der freien Jugend- und Erwachsenenarbeit beschritten werden kann, also überall dort, wo es um Bildung, Ausbildung, Selbstbildung geht. In der Tat ist ›Bildung‹ der zentrale Begriff, den FREY für das Projektlernen in Anspruch nimmt. Er verwendet ihn freilich nicht im Sinne der geisteswissenschaftlichen Didaktik, wonach Lehrplankommissionen und Prüfungsausschüsse darüber befinden, welche Inhalte, Gegenstände, Verfahren besonderen Bildungsgehalt besitzen und daher von Schülern, Studenten, Kursteilnehmern gelernt, geübt, studiert werden müssen. FREY betont hingegen, dass die verbindliche, autoritative Festlegung der Stoffe und Methoden ›von oben‹ weder Wachstum noch Bildung garantieren könne. Dabei bezieht er sich auf die von ihm entwickelte ›allgemeine Curriculumtheorie‹, die im Kern nichts anderes sei als eine neue ›allgemeine Theorie der Bildung‹. »Die Curriculumtheorie legt sich nicht auf Gegenstände und vorgefasste Ziele bildenden Tuns fest«, schreibt FREY (1995, S. 24). »Sie gewinnt die Vorstellung von Bildung auch nicht als Interpretation von abgelaufenen Ereignissen. Sie sagt dagegen: alles kann Bildung werden‹. Denn es gebe keinen ›Satz von Zielen‹, keinen ›Satz von Gegenständen‹, den alle Menschen dieser Welt gleichermaßen als wissens- und als lernenswert ansehen. »Der einzige Weg«, erklärt FREY (ebd., S. 25), »über den Bildung bestimmt werden könnte, ist die Entstehung der Bildung – genauer die Art und Weise, wie es zu dem kommt, was man Bildungsveranstaltung oder an deren Ende Bildung nennen könnte. Oder als Formel: die Qualität der Generierung von beabsichtigten Lehr- und Lernsituationen.« Nur wenn die Betroffenen zur ›curricularen Instanz‹ ihres eigenen Bildungsweges werden und an der Entstehung und Gestaltung ihrer Vorhaben und Pläne selbst führend beteiligt sind, dann könne wirklich Bildung stattfinden.

FREY schlägt daher für das Lernen am Projekt ein Verfahren vor, das er den ›idealen Curriculumprozess‹ nennt. Die an Projektarbeit interessierten Schüler, Studenten, Erwachsenen schließen sich zu einer Gruppe zusammen und entwickeln gemeinsam mit ihren Lehrern und Leitern einen auf ihre aktuellen Bedürfnisse, Neigungen und Fähigkeiten zugeschnittenen ›Bildungs-‹ oder ›Betätigungsplan‹. Nach FREY müssen sie bei der Ausarbeitung und Verwirklichung des Curriculums verschiedene ›Konstitutionselemente‹

beachten, genau gesagt vier an der Zahl, die dazu beitragen sollen, ihr Tun aus der Routine und Gewohnheit herauszuheben und es so zum ›bildenden Handeln‹ zu machen:

- die ›Zielorientierung‹, d.h. die Teilnehmer treten in einen Dialog ein und legen sich auf allgemeine Normen und Werte wie Solidarität, Autonomie, Verantwortung, die Menschenrechte fest, um ein Klima des friedlichen und produktiven Miteinanders zu schaffen.
- die ›Interaktion in einem vorher vereinbarten Rahmen‹, d.h. die Teilnehmer verständigen sich über die speziellen Ziele, Inhalte, Methoden ihres Bildungsprozesses sowie über die konkreten Regeln und Kriterien, nach denen sie das beschlossene Projekt planen und durchführen wollen.
- die ›situative Distanz‹, d. h. die Teilnehmer unterbrechen die Projektarbeit in regelmäßigen Abständen, um über die erreichten Fortschritte und die aufgetretenen Probleme nachzudenken. Bei dieser ›Metainteraktion‹ sind neben Reden und Diskutieren auch andere ›Formen menschlichen Ausdrucks‹ wie Meditation, Kontemplation, Gefühlsäußerungen, körperliche Betätigungen zugelassen.
- die ›spezifische Reflexion‹, d.h. die Teilnehmer beschäftigen sich auf höherer Ebene sozusagen ›meta-metainteraktionistisch‹ mit ihrem Projekt. »Das Spezifische an der Reflexion«, erläutert FREY (1995, S. 29), »besteht darin, dass sie sich nicht von den anderen drei Elementen löst. Sie darf ihnen nicht widersprechen. Dieses vierte Element garantiert ein minimales Bewusstsein im curricularen Prozess. Es besagt, dass die Entwicklung von Lernsituationen aus mehr als Spontaneität und bloßem guten Willen besteht.«

Die vier Konstitutionselemente sollen, so FREY, den Entscheidungsprozess transparent machen und die Auseinandersetzung über Stoffe und Verfahren offen gestalten, damit alle am Projekt Beteiligten ihre Interessen und Vorstellungen zwanglos einbringen können und nicht der Stärkste der Klasse oder die Mächtigste der Clique einfach bestimmt, was nun tatsächlich getan und unternommen werden soll. Dieser Prozess des gemeinsamen Überlegens und Planens soll nach FREY in eine tragfähige Vereinbarung münden; d.h. am Ende der Beratung darf kein fauler Kompromiss, muss aber auch kein absoluter Konsens stehen. »Bildung«, schreibt FREY (1995, S. 88), »kommt nicht durch Interessenausgleich zustande, eher schon durch ein verstehendes Nachvollziehen und Aushandeln zwischen den Beteiligten.« Je intensiver das eigene Tun beraten, erörtert, ausgehandelt und auf diese Weise »persönlich und sachmotiviert zu einer ›aus ganzem Herzen gewollten Tätigkeit‹ wird«, desto höher sei der Grad der curricularen Legitimation und Bildung, die das Projekt erzeugt (ebd., S. 67).

Der ideale Curriculumprozess, wie ihn FREY in seinem Buch ›Theorien des Curriculums‹ (1971) und in seinem Skript ›Pädagogik‹ (1990) ausführlich beschrieben hat, gibt in der Tat die ausschlaggebende Begründung für das Projektlernen ab. »Die Projektmethode«, definiert FREY (1995, S. 14 f.), »ist ein Weg zur Bildung. Sie ist eine Form der lernenden Betätigung, die bildend wirkt. *Entscheidend ist dabei, dass sich die Lernenden ein Betätigungsfeld vornehmen, sich darin über die geplanten Betätigungen verständigen, das Betätigungsgebiet entwickeln und die dann folgenden Aktivitäten im Betätigungsgebiet zu einem sinnvollen Ende führen. Oft entsteht ein vorzeigbares Produkt.*« In seiner Definition macht FREY keine stofflichen oder inhaltlichen Vorgaben. »Grundsätzlich«, schreibt er (1995, S. 63), »sind alle Erscheinungen unseres Lebens sowie der natürlichen und hergestellten Umwelt würdig, Gegenstand einer Projektinitiative zu werden. Das heißt aber auch, dass die Projektinitiative nicht offenkundig sozial oder ökologisch oder sonst wie problemhaltig sein muss.« Wie bei KILPATRICK und seinem ›universellen‹ Modell kann bei FREY prinzipiell jede Idee, jedes Thema, jedes Ereignis, jedes Phänomen zum Projektinhalt werden: die Rokokofassade gegenüber dem Schulhaus ebenso wie ein Goethe-Gedicht, ein Windkraftwerk oder »das Gefühl des Schülers M., stets ein Außenseiter zu sein« (ebd., S. 73). Das einzige Kriterium, durch das sich das Projekt nach FREYS Vorstellungen von anderen Unterrichtsmethoden unterscheidet, ist die Art und Weise, wie sich der Prozess der Bildung vollzieht; das heißt konkret, dass die Lernenden im Projekt nicht einen vorgegebenen Lehrplan oder Lehrgang absolvieren, sondern dass sie selbst nach gemeinsam festgelegten Regeln und Normen ihr eigenes Curriculum aushandeln, entwickeln, legitimieren und verwirklichen. Anders als für viele seiner bundesdeutschen Kollegen spielen deshalb für FREY auch Merkmale wie ›Umweltbezug‹, ›Gesellschaftsrelevanz‹, ›Interdisziplinarität‹, ›Produktorientierung‹ keine wesentliche Rolle. Ist der Umgang mit Werkzeugen, Texten, Materialien nur kurz und oberflächlich, so FREY, dann ist – pädagogisch gesehen – selbst die auffälligste Darbietung, die ansehnlichste Vorführung, die blendendste Ausstellung ein Misserfolg. »Das Entscheidende an der Projektmethode ist nicht, dass am Schluss ein hergestelltes Produkt (Theateraufführung, Dokumentation, Gerät usw.) vorliegt, sondern dass diese Herstellung in einer bildenden Weise geschieht« (ebd., S. 71).

Den Ablauf eines Projekts gliedert FREY in fünf Abschnitte. Er bezeichnet sie als ›Projektinitiative‹ (Einbringen von einem oder mehreren Vorschlägen), ›Projektskizze‹ (Auseinandersetzung mit den gemachten Anregungen und Angeboten), ›Projektplan‹ (Ausarbeitung des gewählten Vorhabens), ›Projektdurchführung‹ (verstärkte Aktivität und Verwirklichung des Vorhabens) und ›Projektbeendigung‹ (durch bewussten Abschluss, durch Rückkopplung zur Projektinitiative oder durch Auslaufenlassen). Dieses ›Grundmuster‹ soll nicht mechanisch und gedankenlos angewandt werden. FREY spricht daher nicht von Stufen, Schritten oder Phasen, die durchlaufen werden müssen, sondern von ›Komponenten‹, die eine flexible und individuelle Gestaltung des Projekts ermöglichen sollen, zumal die Geschichte des Herbartianismus eindrucksvoll gezeigt habe, dass das Überbetonen solcher Schrittfolgen nicht nur einen lahmen und eintönigen Unterricht hervorbringe, sondern in höchstem Maße den intendierten Bildungs- und Lernprozess selbst gefährde.

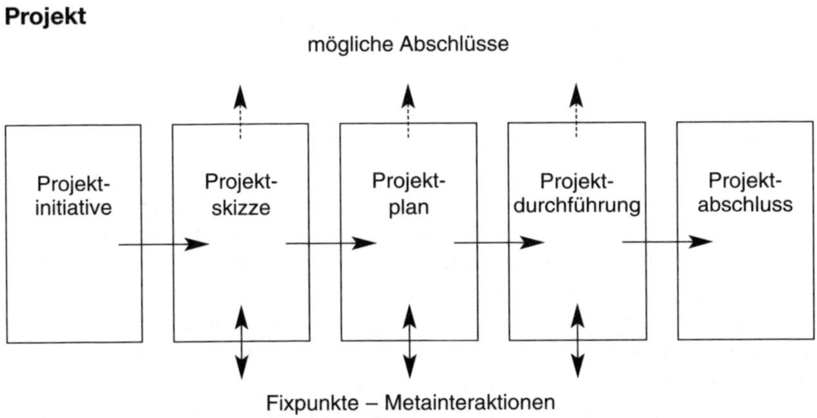

Abb. 8: Projektverlauf nach FREY

FREY geht allerdings über das im Kern seit RICHARDS bekannte Artikulationsschema hinaus, indem er den von SUIN DE BOUTEMARD vorgetragenen Gedanken der ›Scharniersitzung‹ aufnimmt und auf zwei Komponenten verteilt. Die eine Komponente nennt er ›Fixpunkt‹, d. h. eine Auszeit, die dazu dient, um Termine abzustimmen, Informationen auszutauschen und organisatorische Fragen zu klären. Die zweite Komponente ist die schon erwähnte ›Metainteraktion‹, d. h. eine Auszeit, um die Zielvorstellungen, Verfahrensregeln, Projektaktivitäten zu überprüfen und die Schwierigkeiten zu besprechen, die als ungelöste Sachfragen oder als akute Beziehungsprobleme den Projekt- und Lernfortschritt hemmen. Fixpunkte und Metainteraktionen werden bei FREY – wie bei SUIN DE BOUTEMARD – immer dann eingeschoben, wenn die Lernenden aus inhaltlichen, organisatorischen oder persönlichen Gründen eine Pause zum Nachdenken und Reflektieren für notwendig erachten. Meint die Gruppe indes, ergänzt FREY, dass die Probleme sich nicht lösen lassen oder dass das Unternehmen seinen Zweck erfüllt hat oder dass die Arbeit sinnlos, ineffektiv, langweilig geworden ist, dann kann und darf sie das Projekt vorzeitig abbrechen und beenden. Mit der Bestimmung, das Projekt müsse nicht zu Ende geführt werden, wenn die Gruppenteilnehmer es nicht wollten, stellt sich FREY abermals in die Tradition von KILPATRICK. Wie dieser betrachtet er die Selbstbestimmung der Lernenden als zentrales

Moment der Projektarbeit. Doch anders als KILPATRICK erkennt er die Gefahr, die sich damit verbindet. Manche Gruppen, so FREY, missbrauchten die Abschlussklausel und beriefen sich auf die Möglichkeit zum Ausstieg, um Mängel der Planung, Organisation und Durchführung oder um Defizite der Motivation, Beständigkeit und Anstrengungsbereitschaft zu überspielen. FREY gesteht: »Wie dem abzuhelfen ist, weiß ich nicht« (1995, S. 146). Und versonnen fügt er hinzu: Wenn mit einem Abbruch bildende Einsichten und Erfahrungen verbunden seien, dann habe selbst ein unzeitiges Ende doch noch etwas Positives bewirkt.

FREY selbst hat keine Projekttypologie entwickelt. Gelegentlich unterscheidet er zwischen zwei Projektarten, zwischen dem ›aktivitätsorientierten‹ und dem ›produktorientierten‹ Projekt. Unter Ersterem versteht er Vorhaben wie ›Ist Rauchen schädlich?‹ und ›Warum sind Menschen aggressiv?‹, unter Letzterem Unternehmungen wie ›Wir bauen ein Motorboot‹ und ›Wir machen einen Stadtplan für Behinderte‹. Wichtiger ist jedoch eine andere Unterscheidung. FREY kommt immer wieder auf sie zurück. Er spricht von der ›Hochform‹ des Projekts, wenn die Teilnehmer frei und selbstbestimmt über Inhalt und Methode ihres Vorhabens befinden; und er spricht von ›projektartigem Lernen‹, wenn sie nur zwei oder drei der sieben Komponenten berücksichtigen. In der von FREY mitherausgegebenen Buchreihe über naturwissenschaftliche Projektarbeit wird diese Unterscheidung aufgenommen und unter dem Stichwort ›Projektunterricht‹, ›projektorientierter Unterricht erster Reduktion‹ und ›projektorientierter Unterricht zweiter Reduktion‹ weiter ausdifferenziert und systematisiert (z. B. MÜNZINGER/FREY, 1986, S. 15). Diese Einteilung hat ihren besonderen Reiz. Indem FREY die (ursprünglich wohl von PETER BONN entwickelte) Stufung nach Komplexität und Schwierigkeitsgrad übernimmt, kann er ein wesentliches Anliegen seines Konzepts verdeutlichen, nämlich sein Bestreben, den Lehrern und Pädagogen die Angst vor den hohen Ansprüchen und Risiken der Projektarbeit zu nehmen und sie zu ermutigen, es einmal selbst mit der Projektmethode oder einer Vorform zu versuchen und einmal selbst das alte reformpädagogische Postulat einzulösen, wonach sich der Lehrer als Wissensvermittler und Unterrichtsplaner immer mehr entbehrlich und schließlich ganz überflüssig macht.

3.3 Die Höherentwicklung von Individuum und Gesellschaft bei DAGMAR HÄNSEL

DAGMAR HÄNSEL, Professorin für Schulpädagogik an der Universität Bielefeld und profiliert durch Bücher zur Lehrerbildung und Freinet-Pädagogik, brachte 1986 den Band ›Das Projektbuch Grundschule‹ heraus. Der Band, inzwischen in der 5. Auflage, umfasst zum einen eine Reihe von Beiträgen, in denen Wissenschaftler und Lehrer von Reform- und Kooperationsschulen über ihre Erfahrungen und Versuche mit Projektarbeit berichten. Zum anderen enthält er einen einleitenden Aufsatz, in dem die Herausgeberin unter dem markanten Titel ›Was ist Projektunterricht, und wie kann er gemacht werden?‹ ihre Gedanken und Überlegungen zu einer Theorie und Praxis des Projektlernens darlegt. Die Arbeiten von WILLIAM H. KILPATRICK und HARTMUT VON HENTIG hätten sie stark beeindruckt, bekennt HÄNSEL dort (1986, S. 16). Aber DEWEYS pädagogisches Hauptwerk ›Demokratie und Erziehung‹ von 1916 habe sie ›fasziniert‹ und ›begeistert‹ und ihre Vorstellungen von Unterricht und Projektarbeit entscheidend geprägt. »In diesem Text, in dem der Projektbegriff nicht einmal vorkommt, habe ich die umfassendste und für mich befriedigendste Antwort auf die Fragen, was Projektunterricht ist und wie er gemacht werden kann, gefunden« (ebd.).[6] HÄNSELS Aufsatz erzeugte Wirkung und hat die DEWEY-Rezeption spürbar angeregt. Im Wesentlichen unverändert ist der Aufsatz auch in den beiden anderen von ihr herausgegebenen Bänden ›Das Projektbuch Sekundarstufe‹ (mit HANS MÜLLER, 1988) und ›Handbuch Projektunterricht‹ (1997) erschienen.

Nach HÄNSEL befindet sich die Projektpädagogik in einem beklagenswerten Zustand. Trotz jahrzehntelanger Diskussion habe sie weder eine ›allgemein geteilte Begrifflichkeit‹ noch ein ›allgemein geteiltes Verständnis in der Sache‹ entwickelt (1997, S. 54). In der Bundesrepublik herrsche ein didaktisch und schultheoretisch höchst unbefriedigender ›Wirrwarr‹ an Definitionen und Vorstellungen, die das Projektkonzept theoretisch und praktisch über- bzw. unterforderten. Vor allem zwei Gruppen von Projektautoren macht HÄNSEL für die unerquickliche Lage verantwortlich. Um den Projektbegriff eindeutig zu bestimmen, stelle die eine Gruppe mehr oder weniger umfangreiche ›Merkmalkataloge‹ zusammen, wie zum Beispiel HERBERT GUDJONS (1997), der ›Selbstorganisation‹, ›gesellschaftliche Praxisrelevanz‹, ›Produktorientierung‹, ›Interdisziplinarität‹ etc. als die zehn essentiellen Merkmale des Projektunterrichts ansehe. Die andere Gruppe konstruiere mehr oder weniger detaillierte ›Stufen- und Phasenmodelle‹, wie zum Beispiel KARL FREY (1982), der die sieben Komponenten ›Projektinitiative‹, ›Projektskizze‹, ›Projektplan‹ etc. als die notwendigen Phasen für ein gelungenes Projekt betrachte. Beide Definitionsversuche hätten in eine ›Sackgasse‹ geführt und erhebliche Probleme erzeugt. So kritisiert HÄNSEL das Stufenmodell, weil dort der zu bearbeitende Inhalt nach Belieben ausgewählt und das Projekt auf das ›Wie‹, d. h. auf eine bloße ›Methode‹ des Unterrichtens

[6] HÄNSEL erliegt hier einem Irrtum. DEWEY hat auch schon in ›Demokratie und Erziehung‹ den Projektbegriff gebraucht und in diesem Zusammenhang WOODWARDS Projektvorstellung kritisiert. Siehe DEWEY, 1916, S. 205 und KNOLL, 1992b, S. 92.

und Lernens reduziert werde. Und den Merkmalkatalog kritisiert sie, weil dort der Projektunterricht als ein ›Phänomen‹ der Schul- und Unterrichtswirklichkeit verschwinde. Einerseits gerate er zu einem ›abstrakten Ideal‹, das der ›schlechten Realität‹ gegenüberstehe, andererseits werde er zu einem ›diffusen Veränderungsprinzip‹, das die schlechte Realität zu überwinden suche. HÄNSEL (1986, S. 19) folgert: »Jenes in der Unterrichtswirklichkeit nicht vorfindbare Ideal wird dann mit dem Begriff des Projektunterrichts, das Prinzip, nach dem Unterricht verändert werden soll, mit dem Begriff des projektorientierten Unterrichts umschrieben. In der Logik der Bestimmung des Projektunterrichts durch Merkmalkataloge liegt, dass *kein* (vorfindbarer) Unterricht Projektunterricht ist und zugleich *jeder* Unterricht als (mehr oder weniger) projektorientierter Unterricht gelten kann.« Dies sind treffende, ja treffliche Bemerkungen, die jede Projekttheorie berücksichtigen und jeder Projektpädagoge beherzigen sollte. Doch HÄNSEL weiß, dass auch sie nicht ohne formale Festlegungen auskommt. »Die Kritik, die hier formuliert wurde«, schreibt sie (ebd., S. 21), »besagt nicht, dass es überhaupt überflüssig sei, Merkmale und Stufen des Projektunterrichts zu identifizieren. Sie besagt vielmehr, dass dies nur auf dem Hintergrund einer umfassenden Bestimmung des Projektunterrichts geleistet werden kann.« Ihre Forderung nach einem Konzept, das ›umfassend‹ und ›didaktisch‹ wie ›praktisch folgenreich‹ ist, habe DEWEY mit seiner erfahrungsorientierten Erziehungs- und Schultheorie exzellent erfüllt.

In einer ausführlichen Darstellung und Interpretation von ›Demokratie und Erziehung‹ (1916) – und unter der gelegentlichen Heranziehung kleinerer Arbeiten wie ›Der Ausweg aus dem pädagogischen Wirrwarr‹ (1931) und ›Erfahrung und Erziehung‹ (1938) – arbeitet HÄNSEL die nach ihrer Meinung zentralen Gedanken des Unterrichts- und Projektansatzes von DEWEY heraus. Das Ergebnis ihrer Bemühungen lässt sich in fünf Punkten zusammenfassen:

- Die – von DEWEY so genannte – Projektmethode hat ein doppeltes, nämlich ein pädagogisches und ein politisches Ziel. Pragmatistisch auf Handeln und Veränderung angelegt, erstrebt sie – unter dem Stichwort ›Erziehung‹ – die ›Höherentwicklung des Individuums‹ und – unter dem Stichwort ›Demokratie‹ – die ›Höherentwicklung der Gesellschaft‹.
- Die Projektmethode ist nicht einfach ein Mittel, um bestimmte Unterrichtsinhalte weiterzugeben oder bestimmte Erziehungsziele zu erreichen; vielmehr ist sie sowohl ein Ziel als auch ein Mittel der Erziehung und umfasst damit prinzipiell alle Momente der Schule und des Unterrichts.
- Die Projektmethode kennt keine Ziele und Inhalte, die den Beteiligten vorgegeben werden und ihnen äußerlich bleiben; vielmehr verwirklicht sie sich in der ›konkreten Tätigkeit‹ von Lehrern und Schülern und in dem

›gemeinsamen Versuch‹, Unterricht und Lernen als erzieherisches ›Experiment mit der Wirklichkeit‹ zu gestalten.

- Die Projektmethode geht von lebendigen ›Situationen‹ aus und thematisiert ›echte Probleme‹, d. h. Probleme, die an den gegenwärtigen ›Erfahrungen‹ und ›Interessen‹ der Schüler anknüpfen und zu den besten ›Einsichten‹ und ›Wahrheiten‹ der Wissenschaften hinführen.
- Die Projektmethode verfährt nach dem Vorbild der ›experimentellen Methode‹ der Naturwissenschaften. Sie zeichnet sich dadurch aus, dass sie ›Denken und Handeln‹ miteinander verbindet, ›praktische Folgen‹ zeitigt und die bekannten ›fünf Phasen‹ der Logik und der Forschung durchläuft: Erkennen einer Schwierigkeit, Erstellen eines Plans, Untersuchen des Problems, Erarbeiten einer Lösung, Erproben des Ergebnisses.

HÄNSEL hebt hervor, dass DEWEY häufig missverstanden und zu Unrecht mit Auffassungen in Zusammenhang gebracht wurde, die einer Pädagogik der unverbindlichen ›Freiheit‹ und ›Selbstbestimmung‹ nahe standen. Auch beim Projektlernen habe DEWEY immer auf die Notwendigkeit von Planung und Organisation hingewiesen und sich wiederholt gegen eine ›spontane Improvisation‹ des Unterrichts, gegen eine ›ausschließliche Orientierung am Kinde‹ und gegen eine ›Aufhebung der Führungsrolle des Lehrers‹ gewandt. »DEWEY insistiert darauf«, schreibt HÄNSEL (1986, S. 30), »dass der neue Lernprozess *Unterricht* ist, … [und dass der Lehrer] sich mit seiner Verantwortung nicht aus dem Lernprozess zurückziehen und seine Rolle der des Schülers gleichsetzen darf.«

Den Projektansatz von DEWEY, wie sie ihn versteht, nimmt HÄNSEL als Grundlage für ihr eigenes Konzept. Sie definiert dabei das Lernen am Projekt auf doppelte Weise. Einerseits stelle der Projektunterricht »eine besondere Form praktischer pädagogischer Tätigkeit von Lehrern und Schülern dar, in der die Höherentwicklung von Mensch und Welt stattfindet«, andererseits bezeichne er »eine besondere Form der Gestaltung praktischer pädagogischer Tätigkeit, nämlich ihre Gestaltung als pädagogisches Experiment mit der Wirklichkeit, das die Höherentwicklung von Mensch und Welt zum Gegenstand und Ziel hat.« (1986, S. 31 f.) HÄNSEL legt ihre Definition also breit an, wobei sie zwischen einer ›inhaltlichen‹ und einer ›methodischen‹ Ebene unterscheidet. Projektunterricht, erläutert sie (ebd., S. 33), lasse sich »inhaltlich« bestimmen als »Unterricht, in dem Lehrer und Schüler ein echtes Problem in gemeinsamer Anstrengung und in handelnder Auseinandersetzung mit der Wirklichkeit zu lösen suchen, und zwar besser, als dies in Schule und Gesellschaft üblicherweise geschieht,« und er lasse sich »methodisch« bestimmen als »Experiment mit der Wirklichkeit, das … Schule und Gesellschaft durch praktisches pädagogisches Handeln erziehlich zu gestalten sucht«. Für HÄNSEL ist dieser ›Doppelcharakter‹, wonach das Lernen am Projekt sowohl ›Unterricht‹ als auch ›Experiment‹ darstellt, das spezifische Merkmal des Projektunterrichts.

HÄNSELS Projektbegriff enthält einige Aspekte und Vorstellungen, die neu sind und in dieser Form weder bei DEWEY noch bei FREY oder SUIN DE BOUTEMARD auftauchen. So bezieht HÄNSEL das eine Projektziel ›Höherentwicklung des Menschen‹ nicht nur – wie üblich – auf die Schüler, sondern auch auf die Lehrer. Eindringlich fordert sie die Lehrerinnen und Lehrer aller Schularten auf, sich wie Schüler als lernende und entwicklungsbedürftige Wesen zu sehen und den Projektunterricht als Anlass und Chance zu nehmen, um ihre persönlichen Einstellungen und sozialen Verhaltensweisen zu verändern und ihre fachlichen Kenntnisse und professionellen Kompetenzen zu erweitern. Projektunterricht ist deshalb für HÄNSEL nicht bloß eine Form der tätigen Erziehung und Bildung von Schülern, er ist darüber hinaus ein Mittel der selbstständigen »Lehrerentwicklung« und – als »Gegenstand der Kooperation und Reflexion im Kollegium« – ein Mittel der selbstverantworteten »Schulentwicklung« (1997, S. 9). Neu und überraschend ist auch die Aufgabe und Bestimmung des zweiten Ziels: die ›Höherentwicklung der Welt‹. Wie etwa bei SUIN DE BOUTEMARD werden bei HÄNSEL im Projekt Probleme und Erfahrungen der sozialen Wirklichkeit thematisiert, untersucht, gelöst. Doch im Gegensatz zu SUIN DE BOUTEMARD schätzt HÄNSEL die Möglichkeit der praktischen Anwendung der Untersuchungsergebnisse und vor allem die Möglichkeit der tatsächlichen Veränderung der gesellschaftlichen Verhältnisse durch Projektarbeit als äußerst gering ein. Es sei eine gefährliche ›Illusion‹ zu denken, schreibt sie mit kritischem Blick auf DEWEYS ›falschen Optimismus‹ und COLLINGS' fragwürdiges ›Typhusprojekt‹ (1986, S. 37 f.), dass die Schüler im Projektunterricht Lösungen für soziale Probleme finden und verwirklichen, die die Erwachsenen außerhalb der Schule selber noch nicht gefunden und realisiert hätten. Projektunterricht ist für HÄNSEL mithin nur in der Theorie ein Instrument der Gesellschaftsveränderung; in der Praxis beschränkt er sich darauf, ›Perspektiven‹ aufzuzeigen und den Lehrern und Schülern die Überzeugung und Befriedigung zu vermitteln, dass sie das gewählte »Problem im Projektprozess selbst besser bearbeitet« haben, »als es in der gesellschaftlichen Wirklichkeit oder in der Wirklichkeit des ›Normalunterrichts‹ bearbeitet zu werden pflegt« (ebd., S. 42).

Neben der ›Höherentwicklung von Mensch und Welt‹ enthält der Projektbegriff noch eine dritte Aufgabenbestimmung. »Der Projektunterricht«, so HÄNSEL (1986, S. 32), »hat nicht nur, wie jeder andere Unterricht auch, einen bestimmten Gegenstand, ein Ziel und eine besondere methodische Gestalt, sondern er hat zugleich auch immer sich selbst, genauer: die geplante Veränderung und Überwindung von Unterricht durch Unterricht zum Gegenstand.« Um diesen Aspekt näher zu umreißen und das Projekt im Kontext

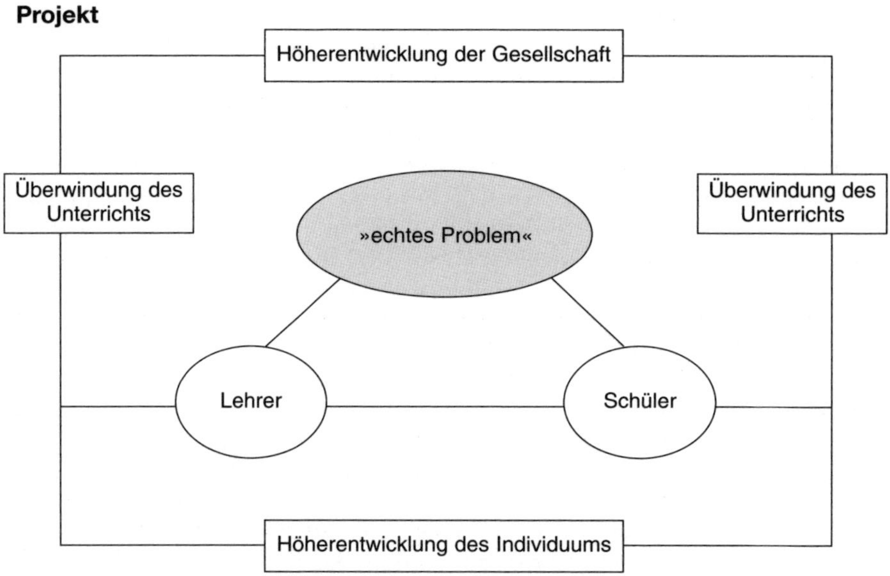

Abb. 9: Projektstruktur nach HÄNSEL

der Unterrichtsmethoden genauer zu verorten, bezieht sich HÄNSEL zunächst auf WOLFGANG KLAFKI, der vier ›Grundformen‹ des Unterrichts unterscheide: ›Lehrgang‹, ›Training‹, ›Thema‹ und ›Projekt‹. HÄNSEL verändert KLAFKIS Systematik dann jedoch, indem sie Lehrgang, Training und Thema unter dem Begriff ›Normalformen‹ zusammenfasst und dem Projekt als ›Grenzform‹ gegenüberstellt. Projektunterricht, erläutert sie, »ergänze« nicht nur den »Normalunterricht«, er »zerstöre« ihn auch, weil er »ihn in Frage stellt und im und durch Unterricht zu überwinden« sucht. Als »Grenzform« sei er immer in doppelter Weise vom Scheitern bedroht. »Er scheitert, wenn er seine unterrichtsverändernde und -überwindende Zielsetzung verliert, und er scheitert, wenn ihm sein Ziel, Unterricht zu sein, verloren geht« (ebd., S. 36). Projektunterricht ist für HÄNSEL demnach keine unterrichtliche Grundform wie jede andere. Er bilde, sagt sie, notwendigerweise die »Ausnahme«, weil er ein »Experiment mit der Wirklichkeit zum Zwecke ihrer erziehlichen Veränderung« darstellt und weil er – anders als Lehrgang, Training und Thema – vom Lehrer die Anerkennung und Umsetzung einer ganz bestimmten pädagogischen Philosophie, und zwar der pragmatistischen Erziehungs- und Unterrichtsphilosophie von DEWEY, verlangt (ebd., S. 37).

Der theoretische Anspruch, den HÄNSEL mit dem Lernen am Projekt verbindet, ist hoch. Projektunterricht, verkündet sie, erstrebe die Veränderung von Mensch und Welt und mache die »Utopie einer humanen Schule und Gesellschaft konkret« (1986, S. 33). Doch wie sieht es mit der Praxis aus? Entsprechend ihrer Unterscheidung von ›inhaltlicher‹ und ›methodischer‹ Ebene geht HÄNSEL dieser Frage in zwei Schritten nach. Auf der ›inhaltlichen‹ Ebene, die sich mit dem Projekt als ›Unterricht‹ beschäftigt, beschreibt sie Beginn und Verlauf des Projekts und beruft sich dabei auf DEWEYS Stufen des Denkens und Forschens, deren Zahl sie allerdings von fünf auf vier reduziert: (1) Auswählen eines echten Problems, (2) Entwickeln eines gemeinsamen Plans, (3) tätiges Auseinandersetzen mit dem Problem, (4) Überprüfen der gefundenen Lösung in der Wirklichkeit (1986, S. 40 ff.). Wie bei DEWEY kommen hier ›wirkliche Probleme‹ der Schüler in das ›Labor‹ des Projektunterrichts, um dort mittels der ›experimentellen Methode‹ untersucht und für eine verbesserte Lebenspraxis aufbereitet zu werden. ›Chef‹ des Labors ist – bei DEWEY wie bei HÄNSEL – unbestritten der Lehrer. Der Lehrer sei es, schreibt HÄNSEL, der im Allgemeinen das Projekt initiiere und konzipiere. Er suche nach echten Problemen, nach anregenden Situationen, nach herausfordernden Handlungsformen und wache darüber, dass Regeln eingehalten, Arbeitspläne befolgt, Lernziele erreicht werden. Auch wenn die Initiative und Planung nicht von den Schülern ausgehe, auf jeden Fall müsse das Projekt jedoch mit ihnen besprochen und ausgearbeitet werden, damit sie es als gemeinsames Unternehmen akzeptieren, unterstützen und durchführen können. Nach HÄNSEL ist es Aufgabe der Lehrer, den Projektentwurf so ›geschmeidig‹ und ›flexibel‹ anzulegen, dass sie ohne Weiteres in der Lage sind, die Vorschläge und Anregungen der Schüler aufzunehmen und zu berücksichtigen. »Lehrer«, kritisiert sie die Vertreter einer »radikalen« Kindorientierung, »können auch im Projektunterricht nicht ihre Lehrerrolle abstreifen und zu gleichberechtigten Partnern der Schüler werden, schon allein deshalb nicht, weil sie und nur sie das Recht haben, die Problemauseinandersetzung wieder abzubrechen« (ebd., S. 41). Die Lehrer sind bei HÄNSEL also nicht – wie bei FREY – nur Berater, Helfer, Moderatoren, sondern sie bleiben – wie bei DEWEY – vor allem Führer, Lenker und Leiter, die im Projektunterricht freilich einen mehr informellen, sozial-integrativen Erziehungsstil praktizieren, als sie es üblicherweise im Normalunterricht tun.

Handelt es sich bei der ›inhaltlichen‹ Ebene um Überlegungen, die das Projekt als ›Unterricht‹ betreffen und seine ›didaktische‹ Gestaltung berühren, so liegt der Akzent bei der ›methodischen‹ Ebene auf Betrachtungen, die mit dem Projekt als ›Experiment‹ zusammenhängen und ›metadidaktischer‹ Art sind. Das Wesen des von HÄNSEL so genannten ›pädagogischen Experiments mit der Wirklichkeit‹ besteht nun darin, dass die Lehrer im Projekt den ›geplanten Versuch‹ unternehmen, Mensch und Welt höher zu entwickeln und Unterricht und Schule erziehlich zu gestalten; dabei gehen sie von der Vorstellung aus, dass ihr eigenes Handeln für den beabsichtigten individuellen und gesellschaftlichen Wandel von entscheidender Bedeutung ist.

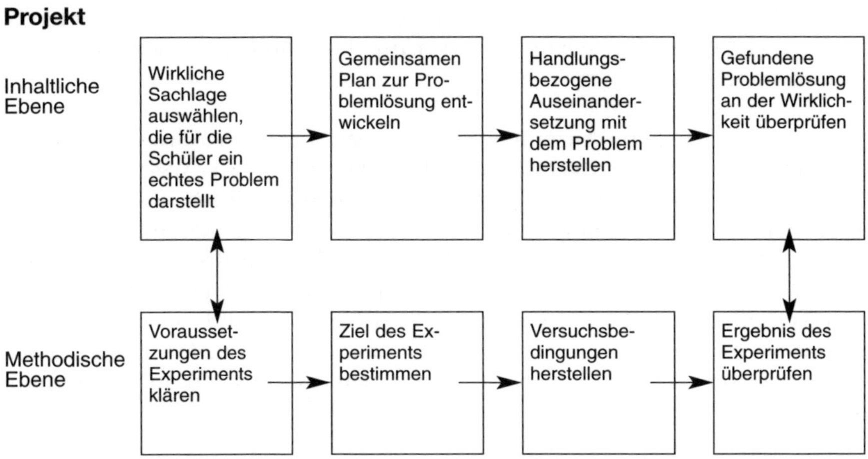

Abb. 10: Projektverlauf nach HÄNSEL

»Lehrer müssen sich deshalb im Projektprozess nicht nur fragen, was die Schüler (und sie mit ihnen) über ein bestimmtes Problem lernen sollen, sondern auch, inwiefern sie sich als Lehrer im und durch Projektunterricht verändern wollen« (1986, S. 43). Um diesen Aspekt zu konkretisieren, erstellt HÄNSEL ein Programm der ›metadidaktischen Reflexion‹, das sich in dieser Form, nämlich als konstitutiver und integraler Teil des Projektunterrichts, bei keinem der anderen Autoren findet. Wie die didaktische folgt auch die metadidaktische Reflexion den Phasen der ›experimentellen Methode‹: (1) Klären der Voraussetzungen des Experiments, (2) Bestimmen des Ziels, (3) Herstellen der Versuchsbedingungen, (4) Überprüfen des Ergebnisses des Experiments (ebd., S. 43 ff.). Parallel zur Planung, Durchführung und Nachbereitung des eigentlichen Projekts machen sich die Lehrer also Gedanken, ob und inwieweit sie mit der projektspezifischen Erziehungsphilosophie DEWEYS übereinstimmen, ob und inwieweit sie den institutionellen ›Schonraum‹ des Projektunterrichts – etwa in Bezug auf Lehrplan, Stundeneinteilung, Notengebung – nutzen wollen, ob und inwieweit sie die geplante Einführung der neuen Lern- und Arbeitsbedingungen tatsächlich verwirklichen und – schließlich – ob und inwieweit sie sich selbst, ihre Ansichten, Einstellungen und Verhaltensweisen verändert haben bzw. ob und inwieweit sich der nachfolgende ›Normalunterricht‹ – etwa in Bezug auf Schülerkenntnis, Arbeitshaltung, Klassenklima – weiterentwickelt und verbessert hat. HÄNSEL weiß, dass die Ergebnisse der metadidaktischen Reflexion und des pädagogischen Experiments oft genug bescheiden ausfallen. Dies ist für sie jedoch kein Grund, die ›Utopie‹ einer durch Projektunterricht zu erreichenden ›humanen Schule und Gesellschaft‹ aufzugeben – im Gegenteil: auch wenn diese Utopie mit dem Abschluss des Experiments wieder zerfällt, schreibt HÄNSEL (1986, S. 33), »schafft sie doch für das Handeln in der Praxis eine neue Perspektive«.

HÄNSEL hat viele neue Akzente gesetzt und mit ihrem Projektkonzept einen Ansatz zur Schul- und Gesellschaftsreform vorgestellt, der weithin Anklang findet. Viele Lehrerinnen und Lehrer fühlen sich von ihrem Konzept angesprochen, weil sie dort einerseits, wie es ihrem Berufsverständnis entspricht, als Agenten des individuellen und des sozialen Fortschritts ernst genommen werden, und weil sie andererseits im Projektunterricht selbst aber letztlich nur Verhaltensweisen einsetzen müssen, die sie aus Studium und Referendariat als handlungsorientierten, sozial-integrativen Erziehungsstil kennen und nach ihrem Selbstverständnis im Großen und Ganzen auch schon seit Jahren praktizieren.

3.4 Stand der gegenwärtigen Diskussion

Der Projektbegriff wird in der deutschsprachigen Literatur sehr unterschiedlich definiert. Diese – alte – These hat sich einmal mehr bestätigt. Die Unterschiede, wie sie sich in den hier vorgestellten Konzepten zeigen, sind offensichtlich – man betrachte nur die drei zentralen Fragestellungen, die uns im vorliegenden Kapitel immer wieder beschäftigt haben:

- Die Frage des Ziels: KARL FREY postuliert als oberstes Ziel des Projektlernens die ›Bildung‹ des Individuums, während BERNHARD SUIN DE BOUTEMARD durch Projektunterricht vor allem die ›Veränderung der gesellschaftlichen Verhältnisse‹ intendiert. DAGMAR HÄNSEL wiederum versucht beide Ansätze miteinander zu verbinden und spricht von der ›Höherentwicklung von Mensch und Welt‹, die sie mit Projektarbeit erreichen will.
- Die Frage des Inhalts: Bei FREY kann jede ›Erscheinung des Lebens‹ zum Gegenstand des Projektlernens werden, sei sie nun mehr theoretischer oder mehr praktischer Natur. SUIN DE BOUTEMARD und HÄNSEL fordern hingegen, dass die Projekte stets ›Wissen *und* Tun‹, ›Denken *und* Handeln‹ enthalten, wobei SUIN DE BOUTEMARD über HÄNSEL hinausgeht, wenn er verlangt, dass der Projektunterricht nicht nur soziale ›Handlungs*kompetenz*‹, sondern auch soziale ›Handlungs*performanz*‹ vermitteln soll.
- Die Frage der Schülerbeteiligung: Während FREY den Gruppenmitgliedern in allen Angelegenheiten des Curriculums und des Projektverlaufs freie Hand lässt und dem Gruppenleiter nur die Rolle des ›Moderators‹ und ›Beraters‹ zugesteht, beharrt HÄNSEL auf der vollen Verantwortung des Lehrers, der allerdings die Ideen und Vorschläge der Schüler ›flexibel‹ in seinen Projektentwurf mit aufnimmt. Jetzt ist es SUIN DE BOUTEMARD,

der die Mittelposition einnimmt und mit dem Verfahren des ›wechselseitigen Aushandelns‹ eine echte Balance zwischen Schülerzentrierung und Lehrerzentrierung herzustellen sucht.

Bei aller Unterschiedlichkeit gibt es dennoch eine Gemeinsamkeit.[7] Alle drei Autoren vertreten einen Projektbegriff, der – sei es unter dem Aspekt des schülerorientierten oder des handlungsorientierten, sei es unter dem Aspekt des politischen oder des allgemeinbildenden Lernens – erheblich weiter und erheblich weniger praxis- und produktbezogen ist als der Begriff, den die Klassiker der amerikanischen Projektmethode einschließlich DEWEY entwickelt haben.

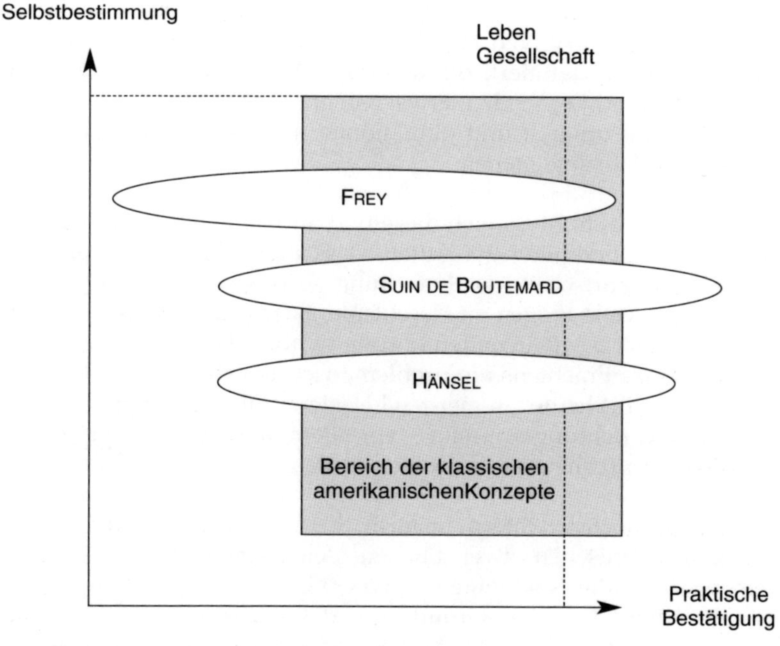

Abb. 11: Übersicht über die wichtigsten deutschen Projektkonzepte

Mit den Konzepten von FREY, HÄNSEL und SUIN DE BOUTEMARD ist das Spektrum der deutschen Projektdiskussion natürlich nicht erschöpft. Es gibt noch eine ganze Reihe von Büchern und Aufsätzen, die seit Mitte der achtziger

[7] Die Unterschiedlichkeit der Konzeptionen rührt nicht zuletzt daher, dass die drei Autoren verschiedene Bezugsgruppen vor Augen haben, wenn sie sich mit der Verwirklichung des Projektunterrichts beschäftigen. Vereinfacht kann man sagen: HÄNSEL orientiert sich an Grundschülern, SUIN DE BOUTEMARD an Sekundarschülern und FREY an Erwachsenen.

Jahre erschienen sind und manch interessanten Gedanken und Vorschlag enthalten (siehe etwa KOST, 1984; DUNCKER/GÖTZ, 1984; SCHIRLBAUER, 1986; HEIDORN, 1987; ZIMMER, 1987; CHOTT, 1990; PETRI, 1991; WARNKEN/KLEIN-NORDHUES, 1991; ADL-AMINI, 1994; HACKL, 1994; SCHÜMER, 1996; VOß/ZIEGENSPECK, 1999). Insbesondere sei auf die vielen Arbeiten von HERBERT GUDJONS/JOHANNES BASTIAN (1986, 1990, 1997) hingewiesen, die – so könnte man sagen – einen ›synthetischen‹ Ansatz vertreten und in ihrer Konzeption des Projektunterrichts als Instrument der demokratischen ›Unterrichtsreform und Schulentwicklung‹ versuchen, sowohl die Erziehungsphilosophie von DEWEY als auch die pädagogischen und politikgeschichtlichen Überlegungen von HÄNSEL und SUIN DE BOUTEMARD zu berücksichtigen. GERHARD WÖLL (1997) beschreitet einen anderen Weg. Er greift nicht nur auf DEWEYS ›Theorie der Erfahrung‹, sondern auch und vor allem auf JÜRGEN HABERMAS' ›Theorie des kommunikativen Handelns‹ zurück, wenn er das Projekt als eine Unterrichtsform definiert, die aus dem ›Verständigungsprozess zwischen Lehrenden und Lernenden‹ erwächst, ›instrumentelles‹ und ›kommunikatives Handeln‹ umfasst und ›Situationen‹ thematisiert, die im Dienste der ›bildenden Erfahrung‹ stehen.

So interessant und aufschlussreich diese und andere Beiträge auch sind, sie können nicht darüber hinwegtäuschen, dass nur in wenigen Fällen von einem wirklichen Fortschritt der Forschung gesprochen werden kann und dass noch immer viele Fragen zu Geschichte, Begriff und Struktur des Projektunterrichts einer befriedigenden Lösung harren. Die fünf Positionen und Thesen, die meines Erachtens am problematischsten sind und die deutsche Projektdiskussion bis heute am meisten belasten, sollen im Folgenden – weil grundlegend und richtungsweisend – vor allem an dem Konzept von SUIN DE BOUTEMARD besprochen und kritisiert werden.

1. Das Projekt als höchste Unterrichtsform: SUIN DE BOUTEMARD und viele seiner Kollegen vermischen zwei Ebenen der Argumentation. Einerseits beschreiben sie – in der Nachfolge von WOODWARD und RICHARDS – das Projekt als eine ›Methode‹ oder ›Grundform‹ des Unterrichts, die – offenbar gleichwertig – neben anderen Methoden und Grundformen wie Lehrgang, Übung, Problemunterricht existiert. Andererseits bestreiten sie diese Gleichwertigkeit und schätzen den Projektunterricht weitaus höher ein als den übrigen Unterricht. In der Nachfolge von KILPATRICK definieren sie das Projekt als ein ›universelles‹ didaktisches Konzept, das alle möglichen Unterrichtsformen einschließt und umgreift. Der Projektunterricht, wie SUIN DE BOUTEMARD, aber auch andere ihn konzipieren, ist inkonsequent und widersprüchlich, denn er ist sowohl ein spezifisches Verfahren, mit dem sich bestimmte Inhalte bearbeiten lassen, als auch ein generelles Prinzip, an dem sich der gesamte Unterricht orientieren muss, will er in pädagogischer und

in politischer Hinsicht als wertvoll und wünschenswert gelten (vgl. KOST, 1977). SUIN DE BOUTEMARD erkennt diesen Widerspruch, löst ihn aber nicht auf und konstatiert lediglich einen didaktisch-methodischen ›Doppelcharakter‹, der schließlich dazu führt, dass das Projekt an der Spitze einer Hierarchie von Unterrichtsformen steht, in der es zugleich höchste Methode und oberstes Prinzip darstellt. Diese Stilisierung des Projektunterrichts zur besten und letztlich einzig richtigen Form des Unterrichts ist theoretisch nicht zu legitimieren, aber auch praktisch nicht zu verantworten, bringt sie doch die Lehrer in eine schwierige Lage, die zwar mit den Zielen und Absichten des Projektunterrichts übereinstimmen, aber aus nahe liegenden institutionellen, zeitökonomischen und didaktischen Gründen traditionell unterrichten müssen und traditionell unterrichten wollen.

2. Das Projekt als Methode der demokratischen Schul- und Gesellschaftsreform: Wie SUIN DE BOUTEMARD ordnen viele Projektautoren den verschiedenen Unterrichtsformen bestimmte Erziehungsziele zu. Sie machen dies auf indirekte, wertende Art und Weise. Indem sie den Projektunterricht mit dem hohen Anspruch der individuellen und gesellschaftlichen Emanzipation verknüpfen, qualifizieren sie den anderen Unterricht als zweitklassig ab. Denn nach SUIN DE BOUTEMARD, HÄNSEL und anderen tragen die traditionellen Methoden wie Lehrgang, Training, Problemunterricht lediglich zur Aufrechterhaltung des unterrichtlichen ›status quo‹ und zur Stabilisierung des politischen ›Systems‹ bei. So wird der Projektunterricht nicht nur über die anderen Unterrichtsformen erhoben, er wird auch zur einzigen und wahren Methode, die einer sozialen und demokratischen Gesellschaft angemessen ist. Zugleich wird er unangreifbar und immun gegen jegliche Kritik. Welcher vernünftige Mensch kann denn gegen Freiheit, Mitbestimmung, Gerechtigkeit sein? Welcher Lehrer, welche Lehrerin will denn nicht zur Selbstständigkeit, Mündigkeit, Demokratie erziehen, zumal die Verfassungen, die Schulgesetze, die Lehr- und Bildungspläne sie dazu ausdrücklich verpflichten? Mit der engen Koppelung von Erziehungszielen und Unterrichtsmethoden stehen die Projektautoren nicht in der Nachfolge von DEWEY, sondern in der Nachfolge von KILPATRICK, der als Erster das Lernen am Projekt mit der Erziehung zur Demokratie gleichsetzte. Doch eine solche Gleichsetzung verkennt den Sachverhalt. Ohne Zweifel können auch die anderen Methoden des Unterrichts wie Vortrag, Diskussion und Spiel zum kritischen Denken, verantwortlichen Handeln, sozialen Verhalten beitragen. Und dass der Projektunterricht sein Ziel der direkten demokratischen Schul- und Gesellschaftsreform durchaus verfehlen kann, davon wird noch weiter unten zu berichten sein.

3. DEWEYS Erziehungsphilosophie als Basis der Projekttheorie: Von praktisch allen Projektpädagogen wird JOHN DEWEY als ›Vater‹ der Projektmethode angesehen. Der Grund für diese Annahme liegt in der engen Beziehung, die

die deutschen – nicht die amerikanischen – Autoren zwischen DEWEY und KILPATRICK herstellen. Aus der Tatsache, dass KILPATRICK sich als Schüler DEWEYS betrachtete, ziehen sie – in der Nachfolge von PETER PETERSEN – den Schluss, dass KILPATRICK die Erziehungsideen seines Lehrers übernahm und dass DEWEY die Unterrichtsvorstellungen seines Schülers teilte. Wie oben dargestellt, ist beides nicht der Fall. Die Fehlinterpretation kann sich nur deshalb so hartnäckig halten, weil sich die deutschen Vertreter des Projektunterrichts bloß oberflächlich mit den Büchern und Aufsätzen befassen, die ihre Protagonisten zum Thema veröffentlicht haben. So übersehen sie zum Beispiel, dass das projektpädagogische Hauptwerk der amerikanischen progressiven Erziehung nicht DEWEYS ›Democracy and Education‹ (1916), sondern KILPATRICKS ›Foundations of Method‹ (1925) ist und dass DEWEY nicht eine Theorie der ›Projektmethode‹, sondern eine Theorie der ›Problemmethode‹ entwickelte. Selbst die in vieler Hinsicht ausgezeichnete Studie von REINHARD SCHILMÖLLER (1995; etwas weniger ausgeprägt bei SPETH, 1997) über DEWEYS Erfahrungsbegriff und Projektvorstellung hat – wie die Arbeiten von SUIN DE BOUTEMARD, HÄNSEL, BASTIAN/GUDJONS und anderen – drei, letztlich fatale, methodische Fehler:
(1) Sie beschränkt sich auf die wenigen in Deutsch erschienenen Schriften – damit kommt DEWEY nur in oft unzulänglicher Übersetzung und nicht in seiner ganzen Breite zu Wort;
(2) sie vernachlässigt die amerikanische Primär- und Sekundärliteratur – damit verzichtet sie darauf, DEWEY im Kontext seiner Zeit und auf der Grundlage der englischsprachigen Forschung zu interpretieren; und
(3) konzentriert sie sich auf DEWEYS allgemeinpädagogische Überlegungen – damit lässt sie weitgehend die Textstellen außer Acht, in denen sich DEWEY explizit auf Projektarbeit und technisches Werken bezieht.

4. Die Vernachlässigung des linearen Modells: In dem Moment, in dem SUIN DE BOUTEMARD den Projektunterricht als Methode betrachtet und vom Informations- und Problemunterricht abgrenzt, eröffnet er sich die Chance, das Projekt im Sinne von WOODWARD als Teil eines ›linearen‹, mehrstufigen Modells zu verstehen. Nach dem ›linearen‹ Modell werden durch Lehrgang und Übung zunächst die Kenntnisse und Fertigkeiten vermittelt, die die Schüler dann in ›Expedition‹ und ›Aktion‹ relativ unabhängig vom Lehrer praktisch umsetzen können. Das didaktische Potential, das sich SUIN DE BOUTEMARD damit erschließt, erkennt und nutzt er allerdings nicht. Wie alle seine bundesdeutschen Kollegen beschränkt er sich auf die Vorstellung und Ausarbeitung des schwerer zu realisierenden ›integrierten‹ Modells, wie RICHARDS es entwickelt hatte. Lehrgänge, Kurse, Übungen finden dort während des Projektunterrichts, nicht vor der eigentlichen Projektarbeit statt. Die konzeptionelle Beschränkung SUIN DE BOUTEMARDS, HÄNSELS und anderer ist bedauerlich. Denn das ›lineare‹ Modell bietet – ähnlich wie die

Facharbeit, das Schülerexperiment, die Problemaufgabe – eine ausgezeichnete Voraussetzung dafür, dass die Schüler ihre Projekte weitgehend selbstständig entwerfen und durchführen können. Hier ist der Lehrer wirklich nur der ›Helfer‹ und ›Berater‹, der Fragen beantwortet und Impulse, Anregungen, Empfehlungen gibt, und nicht der ›Instrukteur‹ und ›Bremser‹, der den Taten- und Aktionsdrang der Schüler dauernd kanalisieren und stoppen muss, mit dem häufig frustrierenden und demotivierenden Hinweis, dass dieses und jenes erst gelernt, geübt, geplant werden müsse, ehe das Projekt tatsächlich begonnen und verwirklicht werden könne.

5. Die geschichtlichen Voraussetzungen des Projektunterrichts: Den Ursprung des Projektgedankens mit der ›industriell-politischen Doppelrevolution‹ und mit dem ›politikgeschichtlichen Milieu‹ der Vereinigten Staaten in Verbindung zu bringen, wie SUIN DE BOUTEMARD und andere dies machen, klingt zwar interessant und einleuchtend, verfehlt aber dennoch den Punkt. Unterrichtsmethoden entstehen nicht auf Grund allgemeiner gesellschaftlicher Verhältnisse und abstrakter politischer Anliegen, sie werden vielmehr im Kontext konkreter sozialer Interessen und spezifischer didaktischer Bedürfnisse entwickelt, die dann eventuell durch politische Argumente und Überlegungen zusätzlich abgesichert und legitimiert werden. Das Experiment der Naturwissenschaften wurde zum Beispiel von der Hochschule auf die Schule übertragen, als die Biologie, Physik und Chemie zu eigenständigen Unterrichtsfächern avancierten und sachadäquat vermittelt werden sollten. Ähnlich erging es dem Projekt. Es kam in die Schule, als mit dem Werk- und Technikunterricht die spezifische Methode der Architekten- und Ingenieurausbildung mit übernommen wurde, damit die Schüler an einem größeren praktischen Vorhaben selbstständig das anwenden konnten, was sie zuvor in theoretischen Lehrgängen und Übungen gelernt hatten. Anstatt die methodenbezogene historische Literatur zu studieren, berücksichtigen SUIN DE BOUTEMARD und seine Anhänger nur allgemeingeschichtliche Überlegungen wie KILPATRICKS Gedanken des hohen ›Bedürfnisses nach Integration‹ in der amerikanischen Einwanderungsgesellschaft, TURNERS These vom ›freiheitlich-egalitären Leben an der Grenze‹ und TOCQUEVILLES Hinweis auf das ›zivilreligiöse Motiv des aktiven Handelns‹ in den Vereinigten Staaten, um ihre Vorstellung vom politischen Charakter und vom amerikanischen Ursprung des Projektunterrichts zu belegen.

Fragen:
1. Wie wurde die Projektmethode in Deutschland rezipiert? Welche Fehlschlüsse bestimmten die Rezeptiongeschichte?
2. Welche Verfahren empfehlen deutschsprachige Autoren zur Durchführung des Projektlernens?
3. Warum erweist sich die Vernachlässigung des integrativen Modells zum Projektlernens als nachteilig?

Literatur

KNOLL, M.: Die Rezeption der ›Projektidee‹ in der schulpädagogischen Literatur. In: Pädagogisches Handeln, 3. Jg., H 1/2, 1999, S. 119–127

KOST, F.: Projektunterricht und ›Kritische Didaktik‹. In: MOSER, H. (Hrsg.); Probleme der Unterrichtsmethodik. Frankfurt 1977, S. 133–162

WÖLL, G.: Handeln: Lernen durch Erfahrung. Handlungsorientierung und Projektunterricht. Baltmannsweiler 1998

4 Grundlegung des Projektlernens

In diesem Kapitel wird Projektlernen bestimmt und gegenüber anderen Methoden des Unterrichtens abgegrenzt. Welche speziellen Merkmale charakterisieren das Projektlernen? Welche Ziele soll die Anwendung der Projektmethode zu erreichen helfen? Welche Modelle und Typen des Projektlernens sind in der Diskussion, welche sind gängige Praxis? Welche Phasen des Projektlernens sind sinnvoll?

In der historischen Erörterung haben wir bereits gezeigt, welche Gründe zur Legitimation des Projektlernens angeführt wurden und in welchen Zusammenhängen Projektlernen genutzt werden sollte. Jetzt geht es darum, die Methode ›Projektarbeit‹ herauszustellen.

4.1 Begriffsbestimmung

Was ist, was gilt als ein Projekt? Die vorliegenden Definitionen und die praktischen Interpretationen vermitteln eine schillernde Vielfalt. Deshalb untersuchen wir zur näheren Bestimmung vorliegende Definitionen ebenso wie praktische Interpretationen. Dann wird es möglich, Projekt und Projektlernen näher zu bestimmen.

4.1.1 Was versteht man unter Projektlernen?

Wer dieses Gebiet der Unterrichtstheorie betritt, findet eine Fülle von Positionen, die gegenwärtig die Diskussion über Projektarbeit bestimmen und beeinflussen. Vom Lernen durch Projekte erhoffen sich viele Didaktiker eine deutliche Verringerung der Schwierigkeiten, die den Alltag der schulischen Sozialisation gegenwärtig bestimmen. In vorliegenden Veröffentlichungen wird deshalb Projektarbeit immer wieder als jene Methode des Lernens in Schule und Unterricht herausgestellt, durch die die Aktivität der Lernenden, ihre Selbstständigkeit und damit Selbst- und Mitbestimmung im Unterricht eindrucksvoll gefördert, ihr Interesse an schulischem Lernen erhöht und damit Disziplinprobleme reduziert werden können. Zugleich soll Projektlernen dazu beitragen, die künstliche Zersplitterung der wahrnehmbaren Welt durch den schulischen Fachunterricht zu reduzieren, ganzheitliches Lernen zu fördern, die zeitlichen Unterbrechungen der traditionellen Lernorganisation zu überwinden und an die Stelle eines angeleiteten und geführten Lernens die selbstbestimmte Erarbeitung von teilweise selbst gewählten Aufgaben zu setzen. In neueren Richtlinien und Lehrplänen wird Projektunterricht als selbst reguliertes Lernen an fachübergreifenden Themen ausdrücklich empfohlen, dies vor allem, um die Entwicklung sog. Schlüsselqualifikationen wie Teamfähigkeit, Handlungskompetenz, Ausdauer, Anstrengungsbereitschaft usw. zu fördern.

An ausgewählten Umschreibungen zum Begriff ›Projektunterricht‹ lassen sich Übereinstimmungen und Gegensätze bei der Bestimmung des Projektlernens aufzeigen.

Ein Projekt ist »eine bedeutsame Tätigkeit, die Aufgabencharakter hat, von den Schülern in natürlicher Weise geplant und ausgeführt wird, die Verwendung physischer Mittel in sich begreift und die Erfahrung bereichert« (Dolch mit Bezug auf Bossing, 1965, S. 112).

Bei Projektunterricht handelt es sich »um eine Art der Unterrichtsgestaltung, die den Kindern und Jugendlichen Gelegenheiten bieten möchte, auf Grund eigener Bedürfnisse oder Entscheidungen in bedeutsam erlebten Zusammenhängen nicht nur zuverlässig angeeignete Kenntnisse, sondern darüber hinaus noch funktionale, dynamische Fähigkeiten zu erwerben, die für eine sinnerfüllte und erfolgreiche Lebensführung im privaten, beruflichen und gesellschaftlichen Bereich wichtig sind« (PETRI, 1991, S. 7).

Projektunterricht ist »ein umfassendes Modell handlungsorientierten Lehrens und Lernens« (GUDJONS, 1997, S. 104).

»Ein Projekt stellt den gemeinsam von Lehrern, Schülern, hinzugezogenen Eltern, Exper-

Projektunterricht ist ein Modus des Erfahrungslernens, ein »Beitrag zum Abbau innerschulischer Lernverengungen« (DUNCKER/GÖTZ, 1988).

»Projektunterricht (PU) ist ein Versuch, mit den Schülerinnen eine andere Unterrichtsform zu realisieren, die aber in der gängigen Schulorganisation (Stunden, Fächer, Klassen ...) nicht zum Tragen kommen kann. PU schließt z. B. außerschulische Lernorte mit ein sowie Personenkreise, die als Expertinnen zur Lerngruppe kommen oder von ihr vor Ort besucht werden. Ziel des PU ist in erster Linie, dass Schülerinnen das Lernen lernen« (HUTH, 1986, S. 9).

»Projektunterricht stellt ... eine besondere Unterrichtsform dar, deren Ziel neben einem *pädagogischen* immer auch ein *politisches, gesellschaftsbezogenes* ist« (JÜRGENS, 1994, S. 124).

Ein Projekt ist jene »Organisationsform schulischen Lernens, die den Schülern Mit- und Selbstbestimmung ermöglicht bei der Wahl der Inhalte und Unterrichtsthemen, Festlegung

ten usw. unternommenen Versuch dar, Leben, Lernen und Arbeiten derart zu verbinden, dass ein gesellschaftlich relevantes, zugleich der individuellen Bedürfnis- und Interessenlage der Lehrer und Schüler entsprechendes Thema oder Problem innerhalb und außerhalb des Klassenzimmers aufgearbeitet werden kann« (H. MEYER, 1987, I, S. 143 f).

der Unterrichtsziele, Bestimmung der Methoden bei der Durchführung, Erarbeitung der Probleme und Ergebnisse, Beurteilung der geleisteten Arbeit«. Bei der Projektmethode handelt es sich »letztlich um eine andere Art von Unterricht, die sich aus den Zielsetzungen einer demokratischen (nicht-technokratischen) Schule und einem demokratischen nicht-hierarchischen) Rollenverständnis von Lehrenden und Lernenden herleitet« (BONN, 1974, S. 472).

Projektlernen – das zeigt schon die Gegenüberstellung weniger Definitionen – wird aus verschiedenen Perspektiven und aus unterschiedlichen Interessen bestimmt. Generell lassen sich zwei Positionen unterscheiden: Die einen betrachten die Projektarbeit als eine methodische Grundform schulischen Lernens, als ein spezielles Verfahren neben weiteren Formen des Lernens; die anderen heben das Außergewöhnliche dieses Verfahrens hervor und betonen die Verpflichtung zu politischer Bildung als Grundlage jeden Projektunterrichts.[8] Die einen sehen darin eine Methode schüler- und handlungsorientierten Lernens; die anderen betrachten die Projektarbeit als Mittel zur Höherentwicklung von Gesellschaft und Individuum: Sie richten an das Projektlernen höchste Erwartungen.

Für viele Didaktiker ist dieses Verfahren des Lernens eine aus pädagogischen Überlegungen wünschenswerte Ausweitung des traditionellen Unterrichts. Für sie steht im Mittelpunkt das Ziel, schulisches Lernen durch Selbstorganisation und Erfahrungslernen zu erweitern, es schülerbezogener und handlungsorientiert zu praktizieren. Sie wollen neben den fachlichen Aufgaben Probleme aus dem Erfahrungsbereich der Lernenden aufgreifen und aktuelle gesellschaftliche Fragen in den Erfahrungshorizont der Lernenden bringen. In der Projektarbeit sollen die Schüler dann selbst Lösungen suchen, erproben, beurteilen und sich über ihr Lernen Gedanken machen. Der aktive Umgang mit einer Aufgabe soll das selbstverantwortliche Lernen fördern und die Entwicklung ›funktionaler sowie dynamischer Fähigkeiten‹ (PETRI) anregen. Für diese Autoren gilt eine pragmatische Einschätzung der Möglichkeiten, die Projektlernen bietet. Sie betrachten es als eine

[8] Eine informative Übersicht bei PETRI, 1991, S. 15–17

spezielle Methode des unterrichtlichen Lernens, als einen Beitrag zur vielseitigen Bildung junger Menschen und sehen in ihm eine notwendige Erweiterung des schulischen Lernangebots, ein Mittel zur zeitgemäßen Reform des Unterrichts.

Eine kleinere Gruppe didaktischer Autoren hofft, mit Projektlernen eine grundlegende Veränderung der schulischen Sozialisation zu bewirken. Sie sehen diese Lernform als Mittel, das organisierte Lernen aus den institutionellen Zwängen zu lösen, es zu entschulen, die Abhängigkeiten des täglichen Umgangs und den Leistungszwang aufzuheben. Für sie bietet das Projektlernen die ›bessere Alternative zum Bestehenden‹ (WARNKEN, 1990, S. 337), eine Möglichkeit, einen humaneren Unterricht durch diese Form des Lernens zu erreichen. Sie gehen davon aus, dass dadurch langfristig eine Bereitschaft geweckt wird, die als widersprüchlich erlebten gesellschaftlichen Verhältnisse zu verändern. Deshalb betonen sie die Verbindung des Projektlernens mit politischem Lernen. Projektlernen soll zu Handlungskompetenz in gesellschaftlichen Situationen führen. Die Erwartungen sind hoch. Deutlich, geradezu pathetisch, drückt dies KLAUS HEIPCKE aus: »Zweck der Projektarbeit [ist es], den Entwurf zur Gestaltung eines menschenwürdigen Lebens und zur Bewahrung der Erde zu wagen« (1998, S. 11).

Trotz der Unterschiede zwischen diesen Ansichten bleiben Übereinstimmungen. Generell eint die zitierten Positionen, dass Projektlernen ›Leben, Lernen und Arbeiten‹ (MEYER) an solchen Aufgaben verbinden soll, die gesellschaftlich wichtig und für die Lernenden bedeutsam sind.

Projektmethode – Projektarbeit – Projektlernen

Neben dem verbreiteten Begriff ›Projektunterricht‹ findet man in der einschlägigen Literatur weitere Bezeichnungen wie ›Projekt‹, ›Projektarbeit‹ und ›Projektmethode‹, dann aber auch als Weiterführung (und Einschränkung) ›Projektorientierter Unterricht‹, ›Projektförmiger Unterricht‹ sowie ›Lernen in Projekten‹. Die zuletzt Genannten fallen dadurch auf, dass sie eine unterrichtliche Organisationsform bezeichnen, die mit dem ›Projektlernen‹ zu tun hat und Elemente der Projektmethode in andere Formen schulischen Lernens integriert. ›Projektarbeit‹ scheint wie ›Projektlernen‹ das Typische dieses Lernens zu treffen. Die Begriffe unterstreichen die Aktivität der Lernenden an einer Aufgabe, ihr Bemühen um eine Lösung des gestellten Problems. Dagegen steht der Begriff ›Projekt‹ für das Vorhaben, für die Aufgabe. Schließlich sind die Begriffe ›Projekttag‹ und ›Projektwoche‹ oder ›Kurz‹- und ›Langprojekte‹ zu nennen, die das Projektlernen an eine bestimmte Zeit innerhalb des Schuljahres binden. Sie kreisen in der Regel um Themen und Aufgabenstellungen, die fachspezifische schulische Aufgaben ergänzen. Viele Autoren sehen in diesem Fall von zeitlich befristeten alternativen Lernveranstaltungen Formen eines ›entschulten‹ Lernens vor allem deshalb, weil organisatorische Grenzen des Unterrichts aufgehoben sind.

Mit dem allgemein verwendeten Terminus ›Projektunterricht‹ haben wir Schwierigkeiten. Er ist unpräzise; denn mit dem Begriff ›Unterricht‹ wird allgemein eine Form des systematisch organisierten Lehrens und Lernens bezeichnet, in der die Rollen und Funktionen der Beteiligten durch Lernziele, durch eine Artikulation der Lehr-Lern-Situation und durch unterrichtliche Methoden festgelegt werden. Davon soll sich das schulische Projektlernen durch eine Öffnung dieser Bindungen und durch andere Zielsetzungen, wie z. B. Selbstbestimmung des Lernens und Herstellung eines Produkts, unterscheiden. Gleichzeitig drückt der Begriff ›Projektunterricht‹ aber auch etwas für jeden Unterricht Typisches über die didaktische Qualität dieser Lehr-Lern-Form aus, das HERBERT GUDJONS so umreißt: »Projektunterricht muss ernst zu nehmender Unterricht sein, nicht Spielwiese für frustrierte Schüler und ausgebrannte Lehrer« (GUDJONS, 1997, S. 73). Damit ist – wie schon bei DEWEY – ein didaktischer Anspruch formuliert, auch wenn die Realität des schulischen Projektlernens immer wieder anders aussieht.

Um deutlich zu machen, dass bei der Arbeit an und in einem Projekt die Selbstorganisation des Lernens anzustreben ist, wogegen in traditionellen unterrichtlichen Situationen normalerweise stärker angeleitetes Lernen vorherrscht, bevorzugen wir die Begriffe *›Projektlernen‹* und *›Projektarbeit‹* anstelle von ›Projektunterricht‹, auch wenn im vorliegenden Text, der Sprachform anderer Autoren und Autorinnen folgend, notgedrungen die geläufigen Begriffe gelegentlich verwendet werden müssen. ›Projektlernen‹ wird, wie auch ›Projektarbeit‹, als Oberbegriff benutzt. ›Projektmethode‹ sehen wir dagegen als Begriff zur Bezeichnung eines Verfahrens, das wir als ›Phasen des Projektlernens‹ umschreiben.

4.1.2 Praktische Interpretationen – Umsetzungen der Projektidee in schulische Aktivitäten

Surft man im Internet von Schule zu Schule und untersucht Berichte über durchgeführte Projekte, dann stößt man auf verschiedenste pragmatische Vorstellungen von Projektlernen. Als Projekte werden Kurse und Lehrgänge (vor allem in Anwendungsbereichen des PC, aber auch in Sprachen, Geschichte und Naturwissenschaften, Kochen/Backen, Tanzen etc.) angeboten. Diese Lehrgänge unterscheiden sich vom Lehrgangsunterricht durch das Lernangebot und die methodische Organisation. Sie finden nicht mehr in der Schulklasse unter den eingewöhnten Bedingungen statt. Ihre Teilnehmer haben die gestellte Aufgabe gewählt. Die methodische Organisation ist offener und lässt mehr Freiraum für das, was die Schüler zur Sache beitragen und wie sie diese Aufgabe durchführen wollen. Das verringert den sonst typischen Lerndruck, hat aber unterschiedliche Folgen: Man findet die arbeitswütige ebenso wie die Kräfte sparende Lerngruppe.

Diese projektorientierten Lehr-Lern-Situationen bieten zwar eine Entlastung von der Regelmäßigkeit des Schulunterrichts, bilden aber sonst den Berichten zufolge immer einen Lehrgang mit selbstbestimmten Übungsphasen unter Führung eines Projektleiters. Das kann auch nicht anders sein, weil die Projektaufgaben zu ihrer Durchführung grundlegende Kenntnisse voraussetzen. Wie soll man eine Webseite einrichten, wenn man nur gute Absicht und Interesse, aber keine genaueren Vorkenntnisse mitbringt? Wie soll man einen Bericht über den Zustand des regionalen Waldes anlegen, wenn man kein Wissen über Schädigungsmerkmale, über deren Ursachen, über die notwendigen Messverfahren usw. besitzt? So starten diese Projekte konsequenterweise zunächst mit Kurzkursen durch Experten, die in vielen Fällen von den Lehrern vorgeschlagen werden. Das Projekt mutiert zu einer anderen Form des unterrichtlichen Lehrgangs: Schulunterricht einmal auswärts, in einer anderen Umgebung, durch eine andere Person, didaktisch aber der darstellenden Lehrform verpflichtet.

Andere Projektangebote betreffen z. B. mathematische Einzelprobleme (›Lösung von Gleichungssystemen mit Lernsoftware‹) oder spezielle Fragen anderer Fächer. Auch hier dominiert ein Kurssystem, allenfalls als eine lockerere Form der Arbeitsgemeinschaft besonders Interessierter. Daneben findet man Anwendungen und Übungen zu lehrgangsmäßig behandelten Gebieten, die als Projekte ausgewiesen werden. Ein weit verbreitetes Beispiel ist die ›Einrichtung einer schuleigenen Homepage‹. Damit übernehmen einige Schüler unter der Anleitung ihrer Informatiklehrer ohne Zweifel eine wichtige Aufgabe. Sie stellen in vielstündiger, kooperativer Arbeit ein Produkt her, das der Öffentlichkeit präsentiert wird und für die Schule von Wert ist. Insofern sind auch Kriterien des Projektlernens erfüllt. Aber am Anfang steht ein Unterricht, der als ›reine Wissensvermittlung‹ bezeichnet werden muss. Die Akteure erwerben durch gezielte Instruktion das Rüstzeug zur Ausführung der Projektaufgabe.

Häufig finden auch Veranstaltungen statt, die man als Erlebnis- oder Vergnügungsprojekte bezeichnen kann. In diesen Bereich fallen jene Tätigkeiten innerhalb des Schullebens, die zwar wichtige Erfahrungen vermitteln, vorrangig aber dem affektiven Lernen durch Spiel oder Unterhaltung dienen. Das sind zwar keine Projekte, wohl aber wichtige, projektartige Aktivitäten mit großer Verbreitung, wie z. B.: ›Wir backen Brot‹. ›Wir machen einen Tanzkurs‹. Diese Veranstaltungen sind für das Schulleben bedeutsam. Zwar erfüllen sie den ursprünglichen Projektgedanken eines ernsthaften Lernens an einer wichtigen Aufgabe nicht, aber sie dienen dazu, dem Schulleben Glanz und Attraktivität zu verleihen. Sie sind also für die schulische Sozialisation von Bedeutung. Das zeigen auch jene Veranstaltungen innerhalb einer Projektwoche, durch die Jugendlichen ungewöhnliche Erfahrungen, z. B. durch Klettern unter Anleitung, und somit ein neues Selbstwertgefühl vermittelt werden sollen. Die Veranstalter verbinden damit in der Regel erzieherische Absichten und verstehen ihr Angebot als sozialpädagogische Stütze der schulischen Sozialisation.

Aus diesen Analysen wird eines deutlich: In der Praxis schulischen Lernens erfolgt Projektlernen meistens durch eine Kombination verschiedener unterrichtlicher Lehr- und Lernformen, die zwischen Lehrgang, Übung und freieren Arbeitsformen streuen. Verallgemeinernd lässt sich festhalten, dass durchgängig eine anregende Form unterrichtlichen Arbeitens, wenn sie über den Klassenunterricht hinausgeht, als Projekt bezeichnet wird. Sie unterscheidet sich vom üblichen Klassenunterricht vor allem dadurch, dass die Klasse als soziale Einheit aufgelöst, dass der Lehr- und Stundenplan aufgehoben und dass in kleineren Gruppen vielfach arbeitsteilig erkundet und gearbeitet wird. Die projektorientierten Lernformen basieren in den meisten Fällen auf einer vorgängigen Instruktion durch Experten; bisweilen bestehen sie sogar nur aus einer Reihe derartiger Instruktionen. Die Selbsttätigkeit der Schüler wird durch Lehrer oder außerschulische Experten angeregt.

4.1.3 Begriffliche Präzisierung: Projektlernen

Bisherige Aussagen zusammenfassend sprechen wir von ›Projektlernen‹, um damit ein spezielles Verfahren schulischen Lernens neben Lehrgangsunterricht und Übung zu bezeichnen. Projektlernen ist dadurch charakterisiert, dass Schülerinnen und Schüler mit den Lehrern eine sie interessierende Projektaufgabe festlegen und dann weitgehend selbstverantwortlich an einer Lösung dieser Aufgabe arbeiten. Wenn sie die Projektaufgabe mit oder ohne Anleitung und Hilfe durch Lehrer oder andere Fachleute durch eine praktische Arbeit abgeschlossen haben, reflektieren sie über ihre geleistete Lernarbeit, über ihr Vorgehen, die Schwierigkeiten, die Erfahrungen mit den Lösungen, die Vorteile und Mängel der sozialen Arbeitsform. Noch ein Charakteristikum kommt hinzu: Projektlernen findet dann statt, wenn die unterrichtlichen Rahmenbedingungen wie Zeittakt, Stundenplan, Fachunterricht zurückgedrängt, wenn die Schüler- sowie die Lehrerrolle anders als im Lehrgangs- oder Klassenunterricht bestimmt werden und wenn für notwendige Erkundungen auch über die Grenzen des schulischen Lernorts hinausgegangen werden kann. Wir halten im Übrigen hier HACKLS Definition für zutreffend: Die Projektmethode ist nicht das Ideal eines alternativen schulischen Lernens, sondern »eine spezifische Verfahrensweise, die sich durch bestimmte operative Merkmale von anderen Verfahrensweisen unterscheidet« (1994, S. 154).

Im Einzelnen lässt sich unser Verständnis von Projektlernen so umreißen:

- Das *Projekt* ist ein *größeres Vorhaben*, in dem eine von Schülern und Lehrern gemeinsam beschlossene Aufgabe praktisch, konstruktiv und möglichst eigenständig bearbeitet wird.
- *Projektlernen* bezeichnet *die selbst zu verantwortende Lernarbeit* an einer wichtigen Aufgabe, von der Planung des Projekts bis zur Überprüfung des Erreichten.
- Für das Projekt sind zwei Kriterien ausschlaggebend: (1) die *Selbstbestimmung* (Schülerorientierung) und (2) die *praktische Betätigung* (Handlungs- und Produktorientierung) der Lernenden. Mehr Bedingungen sind nicht notwendig.
- Wir unterscheiden zwischen *Projekten im engen Sinn* und *Projekten im weiten Sinn*. Von einem *Projekt im engen Sinn* ist zu sprechen, wenn Schüler nach vorangegangener Instruktion ein eingegrenztes Problem konstruktiv lösen, wenn sie mit Vorkenntnissen an einer eindeutig bestimmten Aufgabe arbeiten. Um ein *Projekt im weiten Sinne* handelt es sich, wenn eine praktische Aufgabe von erheblichem Umfang zu bewältigen ist, deren Ablauf nicht im Einzelnen vorhersehbar ist und die zu ihrer Ausführung in mehrere Schritte unterteilt werden muss.
- Ein wichtiges Ziel des Projektlernens ist die *Anwendung erworbenen Wissens und Könnens* in einem selbstständigen, möglichst kreativen Sinne.
- Projektlernen ist eine *Unterrichtsmethode unter anderen*. Es ergänzt das Methodenrepertoire des Lehrers, ohne an der Spitze einer Hierarchie von Unterrichtsmethoden zu stehen.
- Projektlernen *verbindet methodisches Lernen mit offenem Erfahrungslernen*, bietet Schülerinnen und Schülern Gelegenheit, sich mit schulischen und außerschulischen Problemen produktiv und eigenverantwortlich auseinander zu setzen.

4.1.4 Schlussbemerkung

Vieles spricht dafür, das Projektlernen als besondere Form schulischen Lernens, als eine abschließende Hochform zu sehen. Sie wird eingesetzt, um selbst reguliertes Lernen zu ermöglichen und zu fördern und Können durch praktische Arbeit zu entwickeln. Projektlernen kann in einem engen und in einem weiten Sinn praktiziert werden. Es ist eine methodische Großform neben Lehrgang und Übung.

Fragen:

1. Warum ist es sinnvoll, auf den Begriff ›Projektunterricht‹ zu verzichten und an seiner Stelle von Projektlernen, Projektarbeit oder Projektmethode zu sprechen?
2. Nenne Sie zentrale Ziele des Projektlernens!

Literatur

KAISER, A./KAISER F. J. (Hrsg.): Projektstudium und Projektarbeit in der Schule. Bad Heilbrunn 1977

GUDJONS, H.: HandlungsorientierterUnterricht. In: KECK, R.W./SANDFUCHS U. (Hrsg.): Wörterbuch Schulpädagogik. Bad Heilbrunn 1994a, S. 144–145

GUDJONS, H.: Projektunterricht. In: KECK, R.W./SANDFUCHS U.(Hrsg.): Wörterbuch Schulpädagogik. Bad Heilbrunn 1994b, S. 249–250

4.2 Merkmale des Projektlernens

Projektlernen unterscheidet sich von anderen methodischen Großformen des schulischen Lernens durch typische Merkmale: Es ist eine Lernform, bei der Schülerinteressen berücksichtigt, die Bearbeitung konkreter Probleme vorgesehen und Produkte hergestellt werden sollen. Schüler-, Handlungs- und Produktorientierung sind die spezifischen Merkmale, die ein Projektlernen gegenüber anderen Formen schulischen Lernens charakterisieren.

In Projekten sollen wirkliche Aufgaben formuliert und bearbeitet werden können. Dabei sollen die Lernabsichten der Schüler berücksichtigt werden. Im Idealfall sollen die Lernenden nach eigenen Interessen Themen und Aufgaben vorschlagen oder sogar formulieren. Man sollte erst dann von einem Projekt sprechen, wenn damit eine Form schulischen Lernens bezeichnet wird, bei der Schülerwünsche berücksichtigt, ein allgemein interessierendes Problem aufgegriffen und die Verpflichtung zu einer produktiven Lösung eingegangen wird. Solches Lernen soll nicht, kann aber durchaus an die Systematik schulischer Lernfächer gebunden sein. Die offene Problemstellung soll Schülerinnen und Schülern die Gelegenheit geben, die Aufgabe mit eigenen Fähigkeiten möglichst sachgerecht zu lösen. Dabei werden vorzeigbare Ergebnisse angestrebt, die für Schüler eine persönliche Bedeutung haben oder bekommen können: der sanierte Teich, die erbaute Wetterstation, die Sammlung für krebskranke Kinder in Russland, die Lärmmessung an der Hauptstraße, die Übersicht über frühere Lebensformen am Ort – solche und ähnliche Aufgaben sollen, wenn sie in der Schul- oder Jahrgangsgemeinschaft beschlossen wurden, geplant, ausgeführt, dokumentiert und als Ergebnis reflektiert werden. Die Dokumentation erfüllt einen doppelten Zweck: Erstens dient sie zur Präsentation des Geleisteten, zweitens trägt sie dazu bei, den Lernprozess mit seinen Erfahrungen, Schwierigkeiten und Erfolgen zu überdenken. So kann die fertig gestellte Arbeit, kann das Werk begutachtet und der Arbeitsprozess überdacht werden. ›Was lernen wir aus den Erfahrungen bei der Anlage des Schulteiches?‹ ›Welche Aufgaben kommen nun auf uns zu?‹ ›Welche Konsequenzen ziehen wir aus der missglückten Schülerzeitung?‹

Der besondere didaktische Ansatz lässt sich in drei charakteristischen Merkmalen ausdrücken, die für jedes Projektlernen gelten:

- Schülerorientierung,
- Handlungsorientierung,
- Produktorientierung.

Diese Merkmale bilden das Skelett des Projektlernens. Projekte sollten sich stärker auf Schülerinteressen beziehen, als dies Lehrgänge tun. Sie sollen an

Fragen der Kinder und Jugendlichen ansetzen. Das wieder kann Anlass für die aktive Auseinandersetzung mit der Aufgabe werden. Dass dann zur Lösung der Aufgabe etwas hergestellt werden soll, macht die Besonderheit dieses Lernens aus. Zwar kann auch in einem unterrichtlichen Lehrgang etwas produziert werden – eine Lochkamera, das Modell einer Burg o. Ä. –, aber beim Projektlernen soll der Produktionsvorgang weitgehend in die Verantwortung der Lernenden übertragen werden. Wir erörtern nun die Bedeutung der Merkmale im Einzelnen.

4.2.1 Die konstitutiven Merkmale

(1) **Schülerorientierung.** Schülerorientierung steht schlagwortartig für eine didaktische Perspektive, bei der die Lebenssituation der Schüler ebenso wie ihre Lernvoraussetzungen und Interessen stärker berücksichtigt und eine höhere Beteiligung an der Planung und Vorbereitung schulischen Lernens erreicht werden sollen. Dahinter steckt das Interesse an einer inneren Schulreform, die durch offenere Lehr- und Lernformen erreicht werden soll. EINSIEDLER/HÄRLE bezeichneten schon 1976 den schülerorientierten Unterricht als »ein Element der freisetzenden Erziehungsprozesse« (1976, S. 13). Damit unterstrichen sie den Gegensatz zwischen abhängigem und selbstbestimmtem Lernen, indem sie betonten: »Schülerorientierter Unterricht ermöglicht Selbstbestimmung, macht den Schüler so weit wie möglich zum Subjekt und nur so weit wie nötig zum Objekt des Lernprozesses« (ebd., S. 14). In einem schülerorientierten Unterricht werden Schüler zwar als zum Lernen verpflichtete Subjekte angesehen, aber ihnen werden Freiräume dazu eingeräumt, vielseitig zu lernen und vor allem die zeitliche Verteilung dieses Lernens mitzubestimmen. Man darf aber nicht übersehen: Schülerorientierung ist auch ein Grundsatz jedes gekonnten Frontalunterrichts, in dem Phasen selbst regulierten Lernens an vorgegebenen Aufgaben vorgesehen sind.

An anderer Stelle verdeutlicht EINSIEDLER diese Position, indem er auf die Tatsache verweist, dass aller Unterricht immer zwischen Rezeptivität und Spontaneität der Lernenden, zwischen Fremd- und Selbstbestimmung, zwischen Planungsvorgaben und Mitplanung der Lernenden stattfindet. Schülerorientierter Unterricht zeichnet sich dadurch aus, dass er »zu den jeweils zweitgenannten Polen tendiert« (1976, S. 172).

Wenn nun Schülerorientierung das Merkmal eines Unterrichts ist, in dem nicht auf Anleitung und Verpflichtung verzichtet wird, was ist dann typisch für diese Form? Schon die historischen Beispiele zur Projektmethode zeigen es: Zwar werden die Aufgaben von den Lehrern gestellt, für die Planung und Durchführung der Projekte sind aber die Schüler in einem Ausmaß verantwortlich, wie es im Lehrgangsunterricht nicht sein kann. Es ist also die stärkere Beachtung der Wünsche und Interessen von Lernenden, verbunden mit dem Freiraum, eigene positive wie negative Erfahrungen im Lernen zu machen. Das passt zur Charakteristik des Projektlernens: Im Idealfall schlagen Schüler ein Thema vor, planen die Erarbeitung (Lösung, Gestaltung) der Aufgabe mit Lehrern und anderen Experten, versuchen die Lösung auszuführen und überlegen über Erfolg oder Misserfolg.

Schülerorientierung funktioniert nur, wenn die Ergebnisse der Lehr-Lern-Forschung berücksichtigt werden. Diese deuten nämlich darauf hin, dass vor allem leistungs- und lernfähige Kinder/Jugendliche in der Lage sind, in offeneren Lehr-Lern-Situationen mit der größeren Selbstständigkeit produktiv umzugehen. Die leistungsschwachen, oft auch ängstlichen bzw. unsicheren Schüler erreichen bessere Lernerfolge, wenn sie unter Anleitung lernen. Ein anderes Faktum darf nicht übersehen werden: Wie auch unsere Schülerbefragungen zum Thema ›Guter Unterricht aus Schülersicht‹ erkennen lassen, erwarten Schüler immer wieder einen übersichtlichen, gut strukturierten, anregenden, vom Lehrer gestalteten Unterricht. Das fördert das Verstehen und entlastet![9]

Mit dem Schlagwort ›Schülerorientierung‹ meinen wir also eine Richtung didaktischen Handelns, bei der Selbsttätigkeit und Mitbestimmung der Lernenden stärker gefordert und deren Interessen sowie Lernfähigkeiten weitgehend berücksichtigt werden. Im Projektlernen kann das der Fall sein. Gleichzeitig teilen wir die Position von HILBERT MEYER, der ›Schülerorientierung‹ als »eine konkrete Utopie« (1987, I, S. 216) bezeichnet und damit auf mögliche Richtungen einer wünschenswerten breiten didaktischen Entwicklung verweist. Das bedeutet aber auch, dass die Berücksichtigung von Schülerinteressen nur die eine Seite schulischen Lernens sein kann; die andere muss das Lernen nach Lehrplanvorgabe, die Bearbeitung anspruchsvoller Probleme, sein. Zudem ergeben sich weitere Spannungsmomente: Wie verträgt sich Schülerorientierung mit Produktorientierung? Welche Ansprüche sind an Schülerprodukte zu richten? Wann wird der Sachanspruch wichtiger als etwa unangemessene Schülerinteressen beim Umgang mit Materialien?

(2) **Handlungsorientierung.** Handlungsorientiertes Lernen gilt derzeit als zentrales Ziel unterrichtlichen Lernens. Gemeint ist damit eine Form weitgehend selbstständigen Lernens an vorliegenden oder selbst gewählten Aufgaben im unterrichtlichen Bereich. HERBERT GUDJONS bezeichnet Handlungsorientierung als ein »Unterrichtsprinzip ..., das es Schülern ermöglicht, sich mit Sachen, Menschen und Problemen eigentätig und soweit es geht – selbst-

[9] Das stimmt im Übrigen mit den Erkenntnissen überein, die WEINERT/HELMKE nach ihren Studien zum unterrichtlichen Lernen vorlegen.

ständig unter Einbeziehung möglichst vieler Sinne lernend auseinander zu setzen« (1994a, S. 144). Lernpsychologisch wird ein solcher Unterricht z. B. durch eine Theorie vertreten, in der Denken als verinnerlichtes Handeln interpretiert wird. So arbeitet HANS AEBLI als drei (von zwölf) Grundformen des Lehrens heraus: (1) ›einen Handlungsablauf erarbeiten‹, (2) ›eine Operation aufbauen‹, (3) ›einen Begriff bilden‹ (AEBLI, 1983). »Etwas aufbauen, durcharbeiten, verinnerlichen« (ebd.) sind Stationen auf dem Weg, vom Handeln über die interne Verarbeitung der Information zur Bildung von Begriffen zu gelangen.

Handlungsorientierung verlangt Kopf- und Handarbeit.
Eine weitläufige, aber zugleich ›vorsichtige Formulierung‹ gibt HILBERT MEYER. Handlungsorientierter Unterricht, so seine Festlegung, ist »ein ganzheitlicher und schüleraktiver Unterricht, in dem die zwischen dem Lehrer und den Schülern vereinbarten Handlungsprodukte die Organisation des Handlungsprozesses leiten, sodass Kopf- und Handarbeit der Schüler in ein ausgewogenes Verhältnis zueinander gebracht werden können« (MEYER, 1987, I, S. 214). Er spricht also von ›Handlungsorientierung‹, um Schüleraktivität, Produktorientierung und Ganzheitlichkeit des Lernens als tragende Grundsätze des Unterrichts herauszustellen. In diesem Unterricht sollen Schüler die Chance erhalten, ihre eigenen Vorstellungen stärker zu verwirklichen, als sie dies in einem vom Lehrer angeleiteten Unterricht können. Handlungsorientierter Unterricht besteht immer neben »langen Phasen lehrgangsmäßig organisierten Unterrichts« (ebd., S. 215). Er steht nur für die eine Seite schulischen Lernens und kann nicht darüber hinwegtäuschen, dass Schule mit der Handlungsorientierung nur eine unter anderen Bildungs- und Erziehungsaufgaben erfüllt.

Handlungsorientierung steht in der didaktischen Diskussion derzeit für selbstbestimmtes Lernen. Dass Lernende, um Aufgaben zu lösen und sich Wissen anzueignen, selbst tätig sein müssen, ist eigentlich trivial anzumerken. Dass dies aber in Lernumgebungen erfolgen soll, in denen Lernende bisheriges Wissen anwenden und mit neuen Einsichten verbinden sollen, ist nicht selbstverständlich. Grundsätzlich gilt, dass Schülerinnen und Schüler Problemstellungen mit ihren Kenntnissen bearbeiten und erläuternde Angaben der Lehrer berücksichtigen. Durch die Lösung der gestellten Aufgabe erwerben sie Wissen und Können, indem sie Elemente schon vorhandenen Wissens neu gruppieren, Strategien des Vorgehens einsetzen, Lösungen erproben und überprüfen. So verstanden, ist schulisches Lernen ein »aktiver und konstruktiver Prozess« (GRÄSEL, 1997, S. 33), vor allem dann, wenn in komplexen Lernumgebungen – wie sie etwa Simulationen oder außerschulische Lernfelder darstellen – kooperativ Lösungen erarbeitet werden. Handlungsorientierung kann als der durchgängige Grundsatz solchen Lernens verstanden werden. Dass daneben auch Beobachtungs- und Verstärkungslernen wirksam sind, darf jedoch nicht übersehen werden.

Handlungsorientierung kann in den verschiedensten Methodenkonzepten verwirklicht werden, im Projektlernen, im aufgabenorientierten Lernen, im sog. Leittextlernen, im Planspiel, in der Freiarbeit, im Vorhaben (vgl. PETERßEN, 1999, S. 143), ja sogar in einem entsprechend gestalteten problemorientierten Unterricht. Die Grenzen dieses Grundsatzes zum unterrichtlichen Lernen liegen dort, wo Lernende überhaupt erst lernen müssen, mit Materialien, Experimentiergeräten, Quellen und Dokumenten, oder mathematischen Problemen umzugehen. Hier wird es notwendig, dass Wahrgenommenes aufmerksam rezipiert, beobachtet und erklärt wird, ehe abschließend das Verfahren reflektiert wird.

(3) **Produktorientierung**. Die Lernenden verpflichten sich, durch praktische Arbeit ein vorzeigbares Werk herzustellen. In diesem Punkt unterscheidet sich Projektlernen am meisten von einem Lernen im Lehrgang. Das angefangene Projekt wird nur durch die Fertigstellung der Arbeit beendet. Die neue Bemalung der Pausenhalle, der wieder hergestellte Schulteich, die funktionierende Bio-Gas-Anlage, die Theateraufführung oder die Schulzeitung – erst das vorliegende Produkt bildet den Abschluss des Projektlernens.[10] Das Produkt ist der Ausweis der Arbeit; es ist aber nicht der einzige Beleg für die Leistung, die die Projektgruppe erbracht hat.

Die Verpflichtung, das Projektlernen mit einem vorzeigbaren Produkt zu beenden, bedeutet eine Einschränkung der Themen für das Projektlernen. Die Aufgaben müssen praktische Ausführungen überhaupt zulassen. Die Lösung des Problems soll nicht nur beschrieben, sie muss auch nach der Planung ausgeführt werden, um die Qualität der Ausführung an dem vorliegenden Produkt zu überprüfen.

Wenn man Schülerorientierung dem Merkmal ›Selbstbestimmung‹ und Handlungsorientierung dem Merkmal ›Praktische Betätigung‹ zuordnet, dann steht Produktorientierung als zentrales Charakteristikum des Projektlernens. Das gebaute Boot, das fertig gestellte Gewächshaus, die produzierte Schülerzeitung – das sind sichtbare Produkte des Projektlernens. Zusätzlich erwarten wir allerdings von durchgeführter Projektarbeit auch bildende Auswirkungen: ein Mehr an Sozial- und Handlungskompetenz, an Team- und Urteilsfähigkeit.

---

[10] Wenn in dieser Verpflichtung einige Projektpädagogen einen unzumutbaren Zwang des Lernens erblicken, dann verzichten sie auf ein gerade heute sehr wichtiges Erziehungsmittel.

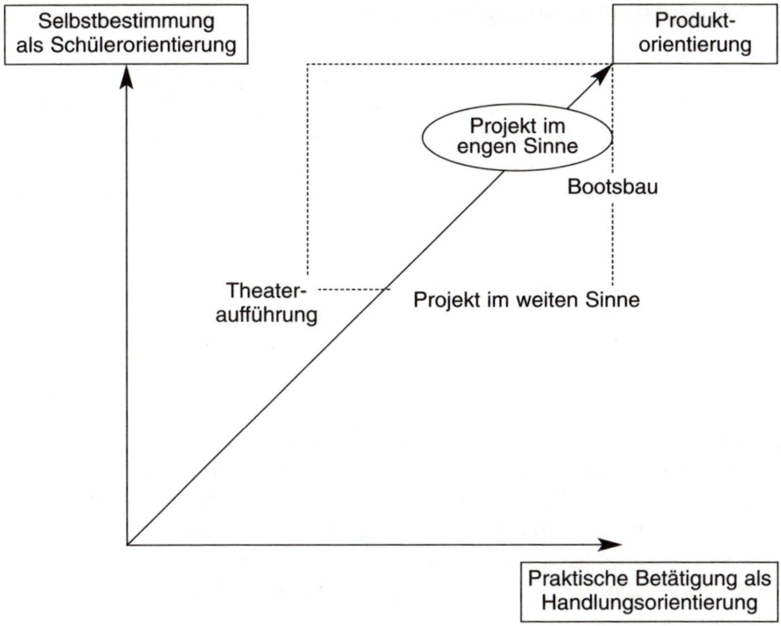

Abb. 12: Projektlernen zwischen Schüler-, Handlungs-, Produktorientierung

4.2.2 Schlussbemerkung

Von anderen Formen schulischen Lernens unterscheidet sich Projektlernen durch drei Merkmale, durch Schüler- und Handlungsorientierung sowie durch Produktorientierung. Vor allem die Produktorientierung ist ein typisches Merkmal dieser schulischen Lernform. Erst wenn ein vorzeigbares Ergebnis vorliegt, diskutiert und bewertet wurde, ist das Projekt erfolgreich beendet.

Fragen:

1. Welche drei Merkmale müssen für ein Projektlernen erfüllt sein?
2. Aus welchen Gründen ist es sinnvoll, auf das Merkmal ›Produktorientierung‹ nicht zu verzichten?

Literatur

Peterßen, W.: Handlungsorientiertes Lernen. In: Peterßen, W.: Kleines Methoden-Lexikon. München 1999, S. 142–151

4.3 Modelle des Projektlernens

Drei Grundmodelle des Projektlernens lassen sich aus der historischen Analyse ableiten: das lineare, das integrative und das aktionistische Modell. Beispiele schulischen Projektlernens zeigen, dass unterschiedliche Mischformen praktiziert werden, wobei eine Kombination von Lehrgangsunterricht und Projektlernen verbreitet ist. Vielfach wird eine Projektform favorisiert, die aus einer Verbindung des integrativen mit dem aktionistischen Modell besteht.

In der Praxis wird Projektlernen immer wieder in zwei gleichrangigen Grundformen und einer dritten Sonderform realisiert, (1) nach dem linearen, (2) nach dem integrativen oder (3) nach dem aktionistischen Modell. Das erste (in der deutschen Diskussion vernachlässigte) Modell erleichtert die Einführung der Projektidee im traditionellen Fachunterricht und macht es möglich, die Schüler in der Projektphase eigenverantwortlich arbeiten zu lassen. Das zweite Modell hat die Besonderheit, dass der Lehrer an verschiedenen Punkten der Projektarbeit steuernd eingreifen muss, weil es immer wieder an notwendigem Wissen und Können fehlt. Das dritte (an COLLINGS´ Typhusprojekt orientierte) Modell verlangt öffentliche Wirksamkeit über Ausstellung und Aufführung hinaus und ist daher nur selten anwendbar.

4.3.1 Die lineare Form

Wenn vorher im Unterricht erworbene Kenntnisse zur selbstständigen Lösung einer Aufgabe angewandt werden, können wir von einem Projektlernen nach linearem Modus sprechen. Idealtypisch gilt folgender Verlauf:

- Im Lehrgangsunterricht werden grundlegende Kenntnisse angeeignet.
- Das erworbene Wissen und Können wird durch Übungen verfestigt.
- Die Schüler wenden ihr Können nun auf eine (umfangreichere) Aufgabe an. Sie stellen in eigener Verantwortung ein Produkt her.

Beispiele für diese Form der Projektarbeit finden sich vor allem bei eindeutig umgrenzten Aufgaben. ›Wir bauen eine Dampfmaschine‹. ›Wir legen ein Gemüsebeet im Schulgarten an‹. ›Wir bepflanzen den Schulteich neu‹. Bevor die Aufgabe gestellt wird, werden Grundkenntnisse im Unterricht über das Gebiet erarbeitet. Lehrer und Schüler besprechen die Aufgabe, lesen im Unterricht Texte dazu, arbeiten möglicherweise virtuell. Die Schüler bearbeiten Arbeitsblätter, stellen evtl. bereits Einzelteile her, so vor allem bei komplexen technischen Aufgaben. Die Lehrer bereiten also die spätere selbstständige Projektarbeit durch einen gründlichen Unterricht vor. WOODWARD hatte bereits das entsprechende Konzept entwickelt:

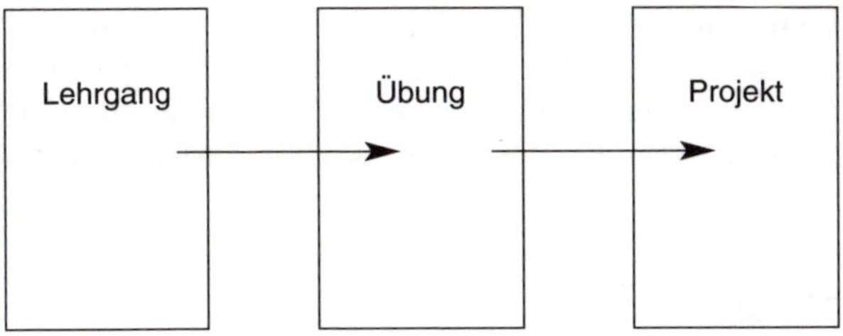

Abb. 13: Lineares Modell des Projektlernens

Nach Lehrgang und Übung sollten die Schüler Entwürfe für die zu lösende Aufgabe vorlegen und schließlich das ›Projekt‹ selbstständig ausführen.

Beispiel[11]: Die Platonischen Körper als Heißluftballone
Im Physikunterricht des 8. Schuljahres lernen die Schüler den Auftrieb, im Unterricht des 9. Schuljahres die Gasgesetze kennen. In Mathematik werden die Platonischen Körper behandelt. Allen ist das Prinzip des Heißluftballons bekannt. Die Schüler sollen nun versuchen, in verschiedenen Gruppen die fünf Platonischen Körper in Heißluftballone umzusetzen und diese Ballone dann aufsteigen zu lassen. Die entscheidende Frage lautet: Wie groß muss der Ballon sein, damit er fliegt. Mit den erworbenen Grundkenntnissen muss die Lösung gefunden werden. Die Prüfung der Ergebnisse erfolgt bei einem Simultanstart während einer Schulpause.

Das Projektlernen besteht bei diesem Beispiel darin, Wissen und Können zur Lösung einer Aufgabe selbstständig anzuwenden und zu erproben. Bei dieser Organisationsform bildet der Lehrgangsunterricht immer die Grundlage, um systematisches und geordnetes Wissen sowie Können zu sichern. Das Projektlernen schließt sich an das Lehrgangslernen an, allerdings aus unterschiedlichen Gründen:

(1) Projektlernen erfolgt, um das im Lehrgang Gelernte *anzuwenden*.
Beispiel: Im Politikunterricht werden die bevorstehenden Landtagswahlen aufgegriffen. Thematisiert wird nach Absprache mit der Mathematiklehrerin das Verfahren der Wahlprognose. Erarbeitet werden die statistischen Grundlagen für die Erstellung einer Prognose. Im anschließenden Projekt sollen Schülergruppen dieses Wissen anwenden: Sie erstellen eine Prognose für den Wahlausgang.
(2) Projektlernen wird angeschlossen, um die erarbeitete Thematik zu *vertiefen*. Beispiel: Im Biologieunterricht wird das Ökosystem See erarbeitet. Projektgruppen sollen die Anlage eines Schulteiches konzipieren.

[11] Vgl. Kapitel 7.3; ein weiteres lineares Projekt 7.4

(3) Das im Lehrgang Gelernte wird erst durch das Projekt *abgeschlossen*. Im Unterricht wird das Thema ›Unser Wetter. Wettermessungen und Klimawandel‹ behandelt. Teile des erworbenen Wissens werden durch das Projekt: ›Wir stellen Pressemeldungen zum Klimawandel zusammen‹ konkretisiert.

4.3.2 Die integrative Form

Wenn Lehrer und Schüler aus Interesse eine reizvolle oder drängende Frage selbstständig erkunden, erforschen und bearbeiten wollen, ohne bereits Grundkenntnisse darüber zu besitzen, können wir von einem Projektlernen nach integrativem Modus sprechen: Die Lernenden müssen sich das unverzichtbare Wissen und Können während der Projektarbeit in dazwischen geschalteten Phasen der Wissensaneignung erarbeiten. Idealtypisch ist folgender Verlauf denkbar:

- Lehrer und Schüler einigen sich über die Bearbeitung eines Problems.
- Sie strukturieren die Aufgabe und stellen den Bedarf an Wissen und Können fest.
- In verschiedenen Lehrgängen, Kursen bzw. Übungen sowie Erkundungen/Erforschungen erwerben die Beteiligten Kenntnisse zur Lösung des Problems.
- Diese Phasen wechseln mit der praktischen Projektarbeit.
- Die Ergebnisse werden präsentiert und diskutiert.

Für diesen Modus ist typisch, dass die Beteiligten auf unvermutete Probleme stoßen, häufig auf mangelndes Wissen und Können bei der Bewältigung der gestellten Aufgabe. Sie benötigen Informationen. Hierzu können sie Fachleute befragen oder in Medien/Materialien/Literatur nachschlagen. Häufig bietet sich als schnelle Lösung ein Kurzlehrgang an. So entsteht ein Verfahren, bei dem das Projektlernen zwar im Zentrum schulischen Lernens steht, kurze Lehrgänge aber diese Lernform ergänzen. In den Lehrgängen werden Grundkenntnisse, Verfahrenstechniken oder Spezialwissen vermittelt. RICHARDS hatte um 1900 bereits diesen Modus als eine Methode propagiert, durch die besonders schülerorientiert verfahren werde:

Beispiel[12]: Bau einer Wetterstation
In der 7. Klasse der Hauptschule sollen die Schüler Grundkenntnisse über das Wetter, Wettermessungen, Wetterkarten erwerben. Den Schülern wird das Projekt vorgestellt. Die nähere Besprechung macht deutlich, dass trotz des Unterrichts über das Thema Wetter zu dem Projektthema wesentliche Grundkenntnisse fehlen. Über den Kontakt mit dem Deutschen Wetterdienst

[12] Vgl. Kapitel 7.2

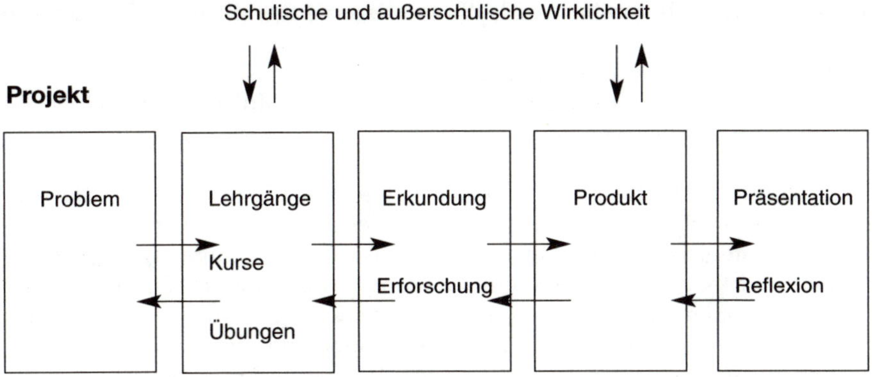

Abb. 14: Integratives Modell des Projektlernens

gelingt es, die entsprechenden Geräte für die Station und fachmännische Anleitung zum Aufbau zu erhalten. Immer wieder müssen Kenntnisse über die Funktionen der Geräte, über deren Wartung, über die Bedingungen des Standorts und den fachgerechten Aufbau der Geräte besorgt werden. Dabei erlangen die Schüler Einsichten in fachliche Zusammenhänge und erstellen unter Anleitung ein funktionierendes Produkt: die Wetterstation. Den Abschluss bildet die offizielle Einweihung der Anlage.

Das skizzierte Projekt ist ein Beispiel für integratives Projektlernen. Ausgangspunkt ist ein komplexes Problem, das dann arbeitsteilig bearbeitet wird. Auftretende Kenntnislücken werden durch Instruktion und Information geschlossen, Mängel praktischer Ausführung durch fachmännische Hilfe überbrückt. Dabei erfüllen Fachleute von außerhalb ebenso wie der Lehrer wichtige Aufgaben. Das schulische Lernen wirkt über die Ergebnisse in die Öffentlichkeit. Dass gemeinsam in Arbeitsgruppen gelernt und gearbeitet wird, ist eine wichtige Erfahrung für die Schüler.

4.3.3 Die aktionistische Form

Wenn Lehrer und Schüler aus Interesse eine reizvolle oder drängende Frage selbstständig erkunden, erforschen und bearbeiten wollen, um damit in der Öffentlichkeit auf ein drängendes Problem hinzuweisen und politisch zu wirken, können wir von einem Projektlernen nach aktionistischem Modus sprechen: Lehrer und Schüler wollen mit ihrer Projektarbeit im gesellschaftlichen Bereich etwas anstoßen, vorhandene Sichtweisen erschüttern, neue Perspektiven eröffnen. Dazu bieten sich vor allem politische Fragen, aber auch Bedürfnisse von Kindern und Jugendlichen an, wie z. B.: ›Wir brauchen einen sicheren Schülerüberweg‹. ›Wir wollen ein Jugendheim‹. Als politische Probleme sind gegenwärtig aktuell: ›Wir stellen uns gegen rechte Gewalt‹. ›Wir kooperieren mit europäischen Partnerschulen‹. Aber auch Umweltfragen könnten dazu aufgegriffen werden: ›Die wilde Müllkippe im Wäldchen neben der Schule muss weg‹.

Idealtypisch verläuft diese Projektarbeit wie das integrative Projektlernen, nur dass es in eine öffentliche Aktion münden muss. Dabei kann Öffentlichkeit auf unterschiedlichen Wegen gesucht werden. Die Jugendgruppe kann mit ihrem Modell des Jugendheims Zugang zur Sitzung des Stadtrats erbitten. Die Schülergruppe kann ihre gelungene Reinigung des Weihers in der örtlichen Presse präsentieren. Die Schule kann mit der Aktion für einen sicheren Schulweg einen Tag der offenen Tür verbinden. Prototypisch wurde lange Zeit das sog. ›Typhusprojekt‹ des Amerikaners COLLINGS als Paradebeispiel angeführt[13], das aber inzwischen als Fälschung entlarvt wurde (vgl. KNOLL, 1992b; KRAMPER, 1996). Den Verlauf eines aktionistischen Projektlernens kann man so andeuten:

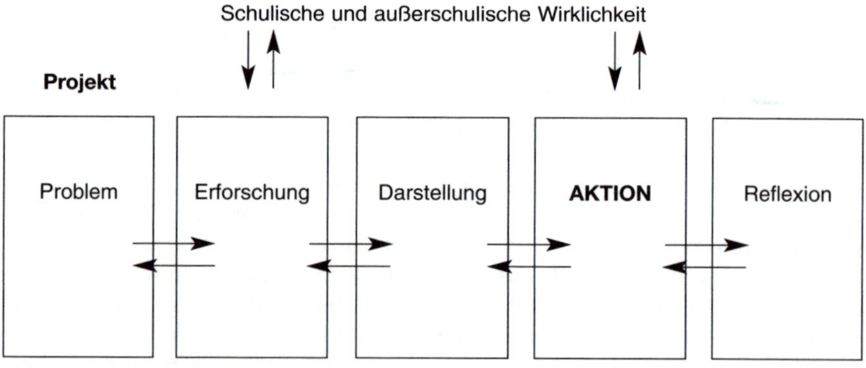

Abb. 15: Aktionistisches Modell des Projektlernens

Beispiel: Mit dem Rollstuhl durch die Stadt
Schüler erkunden die Beschwernisse, mit denen sich Behinderte täglich konfrontiert sehen, um die Verantwortlichen der Stadtverwaltung mit einem Bericht und einer öffentlichen Versammlung vor dem Rathaus stärker auf diese Probleme aufmerksam zu machen. Das Projekt ist relativ leicht zu organisieren. Einige Schüler fahren mit dem Rollstuhl durch belebte Straßen,

[13] Vgl. Kapitel 2.3

versuchen, in öffentliche Verkehrsmittel einzusteigen, Ämter zu erreichen, Museen zu besuchen. Andere dokumentieren die Rollstuhlfahrt in Wort und Bild. Die Ergebnisse werden zusammengestellt und im Rahmen einer Versammlung der Rollstuhlfahrer vor der Stadtverwaltung präsentiert.

Das Projekt erfordert nur geringe Anstrengungen bei der Planung und Durchführung. Die Aktion bezieht sich darauf, die Verantwortlichen der Verwaltung auf Schwachstellen der städtischen Planung aufmerksam zu machen. Sie verbleibt im Rahmen einer kleinen politischen Aktion. Für die Durchführung sind nur wenige Kenntnisse erforderlich. Das ist bei dem Projekt ›Widerstand gegen Gewalt von rechts‹ anders. Hier sind historische Studien ebenso sinnvoll wie gegenwärtige politische Analysen. Dabei ist es angebracht, die Projektarbeit auf den schulischen Bereich zu konzentrieren und die öffentlichkeitswirksame Aktion mit einem Tag der offenen Tür und entsprechender Pressearbeit zu verbinden.

4.3.4 Schlussbemerkung

Die drei Modelle des Projektlernens stehen für unterschiedliche Ziele innerhalb des schulischen Lernens. In der Praxis zeigt sich allerdings, dass Mischformen die Regel sind. Dabei wirken sich Probleme bzw. Aufgaben und inhaltliche Anforderungen ebenso auf die Konzeption des Projektlernens aus wie die vorhandenen Vorkenntnisse zur Sache und die methodischen Fähigkeiten der Schülerinnen und Schüler.

Fragen:
1. Welche Vorteile bieten die einzelnen Modelle des Projektlernens?
2. Welche Nachteile bzw. Einseitigkeiten sind bei jedem Modell zu beachten?

Literatur

DUNCKER, L./GOTZ, B.: Projektunterricht als Beitrag zur inneren Schulreform. Begründungen, Erfahrungen, Vorschläge für die Durchführung von Projektwochen. Langenau 1988[2]

4.4 Phasen

Wer nach den Phasen eines Lernvorgangs fragt, will klären, wodurch der Verlauf des Lernens gegliedert wird. Dass die Auseinandersetzung mit einer Aufgabe, die Aneignung eines Wissens, die Einübung eines Könnens, die Lösung eines Problems in den meisten Fällen nach einem Plan verläuft, ist eine alte Erkenntnis. Dabei werden das Denken ebenso wie das Handeln nach zielorientierten Schritten oder Phasen des Arbeitens unterteilt. Das gilt auch für selbstbestimmtes Arbeiten. Wer ein Hochbeet anlegt, muss die passenden Arbeitsschritte vorher überlegen. Wer einen Elektromotor zusammensetzen will, muss das Vorgehen planen. In welchen Phasen verläuft nun das Projektlernen?

4.4.1 Artikulation der Lehr-Lern-Situation als Notwendigkeit

Für den methodisch organisierten Schulunterricht lassen sich verschiedene Schemata nachweisen, durch die das Lehren ebenso wie das Lernen untergliedert wird. Sie wurden zur besseren Regelung des Schulunterrichts unter Berufung auf unterschiedliche Voraussetzungen formuliert. Den Grundrhythmus geistiger Tätigkeit hat JOHANN FRIEDERICH HERBART (1776–1841) mit den Begriffen ›Vertiefung‹ und ›Besinnung‹ vorgegeben und in je zwei Schritte des Sich-Vertiefens (Klarheit – Assoziation) und Sich-Besinnens (System – Methode) unterteilt.

Eine Ordnung der geistigen Tätigkeit durch Lernschritte gilt bis heute als sinnvoll. HANS AEBLI betont, dass jeder Unterricht einen Lernprozess darstelle, in dem vier Funktionen – »das Aufbauen, das Durcharbeiten, das Konsolidieren und das Anwenden« – ineinander greifen müssen. Dabei handele es sich um eine »moderne Version der *Formalstufen* des Lernens« (1983, S. 275). HILBERT MEYER spricht von »Stufen- und Phasenschemata, [die] den methodischen Gang des Unterrichts modellieren« (1987, I, S. 132) und meint, dass diese Grundformen immer dazu gedient hätten, den »anarchisch-lebendigen Lernprozess der Schüler« (ebd., S. 133) in eine Zwangsjacke zu stecken. Trotz dieser Korsettwirkung dürfe aber nicht übersehen werden, dass eine Phasierung des Verlaufs, eine ›Artikulation‹ des Lehr-Lern-Prozesses, den Unterricht sinnvoll stützt. Stufen und Gliedern bedeutet, den Prozess des Lernens bis zu seinem Abschluss zu strukturieren, um eine geordnete Aneignung von Wissen und Können zu ermöglichen. Die Lernarbeit erhält Form. Allerdings bewirken Stufenschemata zugleich auch eine Reduktion der tatsächlichen Vielfalt des Lernens, eine – wie MEYER sagt – »rabiate Vereinfachung der tatsächlich gegebenen Vielschichtigkeit des Unterrichtsprozesses« (1987, I, S. 190 f.).

Wenn Schülerinnen und Schüler in und an Projekten lernen, sollen sie ihren Lernweg möglichst weit selbstständig bestimmen, zumindest sollen sie versuchen, ihn nach Anleitung durch Fachleute mitzubestimmen. Dabei ist es notwendig, die Schritte zum Ziel, d. h. die Lösung der übernommenen Aufgabe, nach einer bestimmten Ordnung zu vollziehen. Seit der Diskussion über die Einführung selbstständigen Lernens im Unterricht wird überlegt, wie eine Stufung der Lernschritte erfolgen sollte. Die Vertreter einer ›arbeitspädagogischen Methodik‹ (KECK) haben gegen die vorher vorherrschende formale Artikulation geistiger Lernarbeit die These gesetzt, dass Lernen von der Erfahrung eines Problems ausgehe, das die damit verbundene Schwierigkeit antreibe, eine Lösung zu suchen, die dann ausgeführt und überprüft werden müsse.

4.4.2 Arbeitspädagogische Ansätze

Für das Verständnis der Projektmethode sind historische Anmerkungen wichtig. Schon früh machte man sich Gedanken über eine Phasierung dieses Lernens. Der für das Projektlernen wichtigste Beitrag zu dieser Diskussion stammt von JOHN DEWEY, der 1910 in ›How we think‹ den Denkprozess analysiert und fünf Schritte des Denkens entwickelt, durch die handelndes Erfahrungslernen strukturiert werden kann:

- Man begegnet einer Schwierigkeit.
- Die Schwierigkeit wird abgegrenzt und präzise erfasst.
- Eine mögliche Erklärung oder Lösung wird gesucht und gefunden.
- Die Lösung wird erarbeitet und erprobt.
- Nach der Erprobung wird die Lösung als Bestätigung anerkannt oder als unzulänglich verworfen.[14]

Im Gegensatz zu den um 1910 noch vorherrschenden Formalstufen des Unterrichts (Vorbereiten, Darbieten, Verknüpfen, Zusammenfassen, Anwenden), die der Lehrer vorgab, um die unterrichtliche Lehr-Lern-Situation festzulegen, bieten diese Lernphasen die Möglichkeit, dass Lernende Aufgaben selbstständig erarbeiten. Man darf sich allerdings nicht täuschen: Die Rolle und Funktion der Lehrenden ist auch in diesem Ablauf als didaktische Stütze vorgesehen und kann sich nicht – wie heute immer wieder vorgespiegelt – auf die Beratung autonom Lernender beschränken: Anregen und Anleiten, Verpflichten und Überprüfen, Vormachen und Darstellen lassen sich als professionelle Aktionsformen des Lehrers auch dann nicht ausschließen, wenn selbstständig gelernt werden soll. Die Lehrenden sind dafür verantwortlich, dass schulisches Lernen mit anspruchsvollen Aufgaben beginnt.

---

[14] Hier nach der Zusammenstellung in der 1933 überarbeiteten zweiten Auflage (DEWEY, 1933).

Auch deutsche Pädagogen konzipierten Modelle eines selbst regulierten Lernens. HUGO GAUDIG, der den Anspruch ›Der Schüler habe Methode!‹ formulierte, entwickelte eine formalisierte Methode selbsttätiger Lernarbeit. Seine Schüler sollten ›auf selbst gewählten Wegen mit selbst gewählten Mitteln zu selbst gewählten Zielen‹ gelangen. Dazu sollten sie, wie sein Schüler OTTO SCHEIBNER berichtet, in der Lage sein,

1. das *Arbeitsziel* zu bestimmen,
2. geeignete *Arbeitsmittel* zu suchen und zu ordnen,
3. den *Arbeitsweg* zu entwerfen und zu gliedern,
4. die vorgesehenen *Arbeitsschritte* auszuführen,
5. das *Arbeitsergebnis* zu erfassen, zu prüfen, zu beurteilen, zu sichern und einzuordnen (SCHEIBNER, 1930, S. 33).

Diese Arbeitsschritte passen zu den Anforderungen des Projektlernens. Die Lernenden sollen weitgehend selbstständig Ziel, Methode und Vorgehensweise bestimmen, dann die Arbeit ausführen und das Ergebnis beurteilen. Damit sind wesentliche Merkmale einer Projektmethode auch im Bereich der deutschen Arbeitsschulmethodik bestimmt. SCHEIBNER betont noch einen weiteren wichtigen Aspekt, das »Arbeitserlebnis« (1930, S. 39). Das Gefühl, eine Aufgabe möglichst selbstständig bewältigt zu haben, soll Freude bereiten, soll das Selbstwertgefühl steigern. Eines war für SCHEIBNER aber trotz aller Schülerorientierung klar: Die Schüler konnten und sollten nicht das Thema festsetzen; das wurde vom Lehrer vorgegeben.

An diese reformpädagogischen Vorstellungen knüpfen gegenwärtige Autoren in ihren Schriften zum Projektlernen an, wenn sie strukturell übereinstimmende Phasenmodelle der Projektarbeit entwickeln (vgl. FREY, 1993; PETERßEN, 1996). Aus dem Konzept, das GUDJONS vertritt, lässt sich ein Artikulationsschema folgern, in dem die Phasen mit Grundsätzen des Projektlernens verbunden werden können. GUDJONS fasst Projektarbeit in ein vierstufiges Artikulationsmodell, das dem herkömmlichen Schema wissensorientierten Lehrens und Lernens entspricht: Problemstellung – Hypothesenbildung – Hypothesenprüfung – Ergebnisüberprüfung. Da GUDJONS zugleich Merkmale des didaktischen Handelns während des Projektlernens benennt, lassen sich diese schwerpunktartig einzelnen Stufen zuordnen. So wird deutlich: Projektlernen ist in den einzelnen Phasen an Grundsätze gebunden; es ist nicht beliebig. Die Lernenden gewöhnen sich an sinnvolle Arbeitsformen und erfahren sachgebundene Verpflichtungen neben den sozialen Pflichten, die eine Kooperation mit anderen mit sich bringt.

Projektarbeit

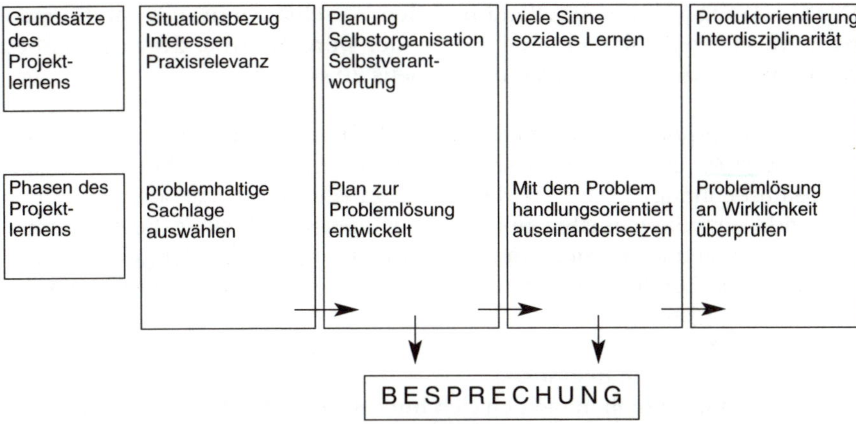

Abb. 16: Artikulation der Projektarbeit (nach GUDJONS*)*

Wie sich die Merkmale auswirken, ist leicht zu erkennen. Wird z. B. ein Projektthema ausgewählt, dann darf der *Bezug zu einer konkreten Situation* nicht fehlen. Das Projektlernen soll an den *Erfahrungen der Lernenden* anknüpfen und *ihren Interessen* entgegen kommen. Außerdem sollte jede Projektaufgabe einen *Bezug zur gesellschaftlichen Lebenswelt* besitzen. Sie sollte *›authentisch‹* sein, wie man gegenwärtig fordert. Für die weiteren Operationsstufen gelten regulative Merkmale in entsprechender Weise. Wer einen Plan zur Problemlösung entwickelt, soll *zielorientiert* vorgehen, *selbstständig* handeln und dabei lernen, für die eintretenden Folgen seines Handelns *verantwortlich* zu sein. Bei der Ausführung der Projektarbeit sollen *verschiedene Sinne* angesprochen werden. Über die Kopfarbeit hinaus sollen *Empfindungen angeregt* und *praktische Fertigkeiten* gefordert werden. Die Lösung der gestellten *Aufgabe soll praktisch ausgeführt* werden. Die dazu notwendige Arbeit soll in *verschiedenen Sozialformen* erfolgen, möglichst in Teams, damit *soziale Orientierung von der Sache her* verlangt und dadurch geübt werden kann. Schließlich soll der Abschluss des Projekts *produktorientiert* erfolgen. Dabei soll, wenn möglich, der *interdisziplinäre Charakter des Projekts* deutlich werden.

Hier deuten sich allerdings Grenzen des Projektunterrichts an. In diesem Punkt ist GUDJONS Realist. Er beklagt ausdrücklich die zeitweise Überfrachtung dieses Verfahrens mit »illusionären systemkritischen Erwartungen« (GUDJONS, 1997, S. 70) und bemängelt unproduktive Projektwochen. Projektunterricht kann, so seine klare Position, nur einen Teil von Schule ausmachen. Er findet »dort seine Grenzen, wo andere Unterrichtsformen ihren berechtigten Stellenwert haben« (ebd., S. 85).

4.4.3 Phasenmodell zur Methodenorganisation des Projektlernens

DEWEYS Anregungen aufgreifend und den Vorschlägen für ein handlungsorientiertes Lernen folgend raten wir, bei der Durchführung der Projektarbeit bestimmte Phasen oder Stufen des Lernens zu beachten.

- Ausgangspunkt ist in allen Fällen eine *Problemstellung* oder *ein Interesse am Projektlernen.* Ist es eine konkrete Frage, dann sollte sie mit einer Aufgabe zusammenhängen, die zu den Erfahrungen der Lernenden, zu ihren Handlungsmöglichkeiten und zu ihrer Lebenswelt einen Bezug besitzt. Solche Fragen lassen sich sammeln: ›Sollen Vögel im Winter gefüttert werden?‹ ›Wie können wir einen Bachlehrpfad gestalten?‹ ›Was können wir gegen Drogenangebote machen?‹ ›Soll eine Fotovoltaikanlage gebaut werden?‹ Sie werden dann in der Vorbereitungsgruppe diskutiert. Hier soll die Motivation beginnen.
- Für einzelne Aufgaben melden sich Interessierte, die dann die *Projekt- oder Arbeitsgruppe* bilden.
- Steht erst einmal die Fragestellung fest und wird sie von der Arbeitsgruppe akzeptiert, dann beginnen *Information und Planung*. Hierbei sollten die Schüler ihre Vorstellungen möglichst frei einbringen; zugleich müssen Lehrende beratend und korrigierend an der Präzisierung der Aufgabe mitarbeiten. Man sammelt Meinungen, formuliert das Ziel genauer: ›Wir wollen die Vor- und Nachteile des Fütterns von Vögeln im Winter darstellen.‹ ›Wir wollen einen Bachlehrpfad auf fünf Schautafeln gestalten.‹ ›Wir wollen die Orte, an denen Drogen angeboten werden, und die Art, wie angeboten wird, zusammenstellen. Danach wollen wir Vorschläge erarbeiten, wie man sich gegen das Angebot wehren kann. Schließlich wollen wir die Öffentlichkeit darüber informieren.‹ ›Wir wollen uns kundig machen über Kosten und Leistungen einer Fotovoltaikanlage.‹ Erste Meinungen sollten bereits in der Projektgruppe gesammelt werden. Anschließend ist zu überlegen, welche Erkundungen notwendig werden. Die Gruppe sollte Umfang und Zeit der zu erledigenden Arbeit selbst bestimmen und erste *Erkundungen/Erforschungen* einholen. Im Kunstprojekt – ›Wir gestalten das Wandbild in der Pausenhalle neu.‹ – ist z. B. zu klären, welche Grundbehandlung die Wand zuerst erfahren muss, wie mit Wandfarben eine witterungsfeste Außenwandgestaltung aufgebracht werden kann. Die Gruppe – ›Wettermessstation‹ – erkundet und klärt den Umgang mit den Geräten.
- Wenn dann die einzelnen Arbeitsaufgaben genau feststehen, müssen die Arbeitsaufträge ausgeführt werden (*Projektdurchführung – Gestaltung*). Die Gruppe zur Gestaltung des Bachpfades könnte damit beginnen, sich vergleichbare Objekte anzusehen, Übersichten zu suchen. Man muss die Schwerpunkte der Information festlegen. Danach müssen Fachleute für

die Aufstellung der Halter und für die wetterfeste grafische Gestaltung der Informationsplatten angesprochen werden. Zu klären ist auch, ob diese Aufgabe mit Mitteln der Schule gelöst werden kann.
Die Durchführung der Projektaufgabe stellt die Gruppen erfahrungsgemäß vor besondere Schwierigkeiten. Hier sind die praktischen Fragen zu lösen. Die Projektgruppen machen sich an die Arbeit: Der Schulteich wird gereinigt und neu bepflanzt. Der Schulgarten wird angelegt. Die Wetterstation entsteht. Das Wandgemälde in der Pausenhalle wird erneuert. Die Theateraufführung wird geprobt, Dekorationen werden produziert. Die Rollstuhlfahrer erkunden die Verkehrsverhältnisse und bereiten die Demonstration vor. Die Informatiker machen einen Lehrgang zur Gestaltung der Internet-Seite und setzen ihr Wissen um.

- Dabei kommen immer wieder Schwierigkeiten auf, die zu Motivationsverlust führen. Schwierigkeiten betreffen nicht nur sachliche Unklarheiten, sondern auch häufig persönliche Probleme. Manche Gruppenmitglieder drücken sich vor der gemeinsamen Arbeit, sobald sie schwierig und anstrengend wird. Sie recherchieren mit unterschiedlicher Gründlichkeit, sie engagieren sich mehr oder weniger. Diese sozialen Probleme müssen aufgearbeitet werden. Dazu schlagen wir übereinstimmend mit anderen Projektdidaktikern sog. *Scharniersitzungen* vor, in denen versucht werden soll, fachliche wie soziale Schwierigkeiten zu lösen.
- Wenn die Arbeit erfolgreich durchgeführt wurde, wenn die gestellte Aufgabe gelöst worden ist, kann dies durch ein Produkt nach außen demonstriert werden (*Präsentation/Bericht*). Über Sinn und Zweck des Fütterns von Vögeln kann durch Wandzeitung, Video etc. informiert werden. Der Lehrpfad am Bach kann vorgezeigt werden. Über die Abwehr von Drogenangeboten kann aufgeklärt werden. Die funktionierende Fotovoltaikanlage kann am Tag der offenen Tür vorgeführt, die Stromerzeugung berechnet werden. Die Rollstuhlfahrer geben einen Überblick über das Konzept der öffentlichen Demonstration, die als
- *Aktion* für den kommenden Samstag geplant ist.
- Den Abschluss des Projektlernens bildet die *Reflexion* in der Gruppe. Zu erörtern ist, ob und wie die Ziele erreicht wurden, welche Verbesserungen für das gemeinsame Arbeiten sinnvoll und möglich sind, welche Wirkungen von der Arbeit ausgehen und wie zufrieden die Gruppe mit ihrer Arbeit sein kann. Grundsätzlich sollte die Arbeitsgruppe einen Ergebnisbericht und einen Bericht über den Arbeitsprozess erstellen. Diese Berichte dienen der Selbstvergewisserung darüber, was von der ursprünglichen Zielsetzung erreicht wurde. Sie können zusammen mit der Reflexion über die Arbeit zu einem neuen Projekt anregen.

Unsere Vorstellung spiegelt das folgende Phasenmodell wider:

Projekt

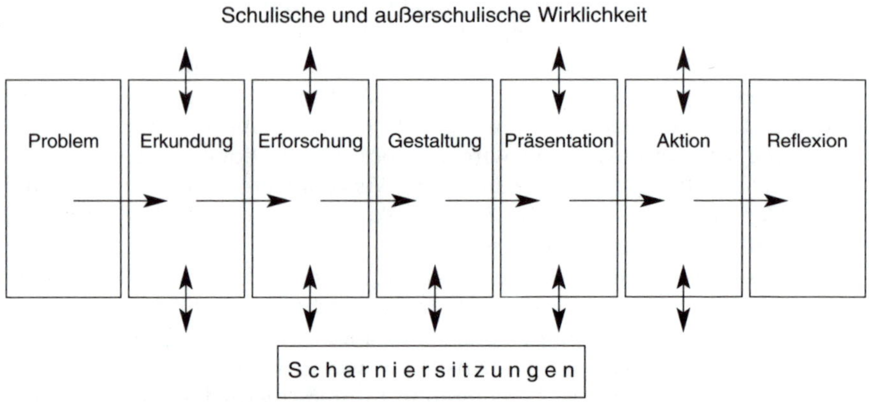

Abb. 17: Phasenmodell des Projektlernens

Für die verschiedenen Projektmodelle und Projekttypen haben die einzelnen Phasen unterschiedliche Bedeutung. Je nach Thema und Ziel werden die Phasen intensiver oder weniger genutzt. Wenn die Aufgabe gut vorbereitet wurde, kann die Gruppe sofort die gestaltende Umsetzung beginnen. Fehlt es an genügenden Vorkenntnissen, dann werden die Beteiligten sich diese erst durch Erkundungen oder Belehrungen verschaffen müssen. Nicht jedes Projekt endet mit einer Aktion. Vielfach reicht die Präsentation der geleisteten Arbeit. In einem Aspekt unterscheiden wir uns von einigen Projektbefürwortern: Aus erzieherischen Gründen halten wir den Abschluss einer begonnenen Projektarbeit für unverzichtbar.

4.4.4 Schlussbemerkung

Projektlernen gilt als eine Form des forschend-entdeckenden Lernens. Solches Lernen erfordert zwar Anregung, Anleitung und Beratung durch Lehrende, kann aber nur gelingen, wenn die Lernenden sich selbst stärker für die Ausführung ihrer Aufgabe verantwortlich fühlen. Selbsttätigkeit und Verantwortung bestimmen deshalb die einzelnen Lernschritte: von der Projektinitiative, über Information, Lösungsvorschläge und Planung zur Arbeit an der gestellten Aufgabe und zur Produktion eines Ergebnisses. Erst die rückwirkende Bewertung der Projektarbeit schließt die Aufgabe ab.

Fragen:
1. Warum ist eine Artikulation des Projektlernens sinnvoll?
2. Versuchen Sie, DEWEYs Konzept einer Problemmethode einem Phasenmodell des Projektlernens zuzuordnen. Welche Übereinstimmungen erkennen Sie?

Literatur

FREY, K.: Die Projektmethode. Weinheim 1998[8]

GUDJONS, H.: Handlungsorientiert lehren und lernen. Schüleraktivierung, Selbsttätigkeit, Projektarbeit. Bad Heilbrunn 1997[5]

4.5 Typen des Projektlernens

Die Vielfalt des Projektlernens verlangt nach einer systematisierenden Ordnung, will man den Überblick behalten. Die Realität schulischer Projektveranstaltungen lässt sich allerdings mit einem engen Projektbegriff nur teilweise erfassen. Wir schlagen deshalb vor, nach den Schwerpunkten der Projektarbeit Typen zu benennen. Hilfreich ist, zwischen Erkundungs-, Forschungs- und Gestaltungsprojekten zu unterscheiden, auch wenn die Grenzen nicht immer scharf verlaufen.

4.5.1 Erkundungsprojekte

Man spricht von einem Erkundungsprojekt, wenn Schüler an vorhandenen Objekten etwas herausfinden wollen, ohne selbst etwas gestalten zu wollen. Das Produkt ihrer Projektarbeit wäre dann eine informative Darstellung über den erkundeten Sachverhalt. Mögliche Fragestellungen: ›Wie ist das unterirdische Kanalsystem der Stadt angelegt?‹ ›Welche Funktionen hat ein Oberbürgermeister zu erfüllen?‹ ›Wie hatten die Römer ihre Wasserleitungen über Berge und Täler gelegt?‹ Bei derartigen Fragen kann man nach Vorüberlegungen und Materialsammlungen aufbrechen, um vor Ort die entsprechenden Objekte zu besichtigen und mit Experten zu sprechen.

Nehmen wir an, die 10. Klasse habe sich in Biologie auf das Erkundungsprojekt ›Wie muss die Renaturierung eines begradigten Gewässers erfolgen?‹ geeinigt. Sie will damit auf eine notwendige Maßnahme in der Neustadt hinweisen. Jetzt wären als Erstes Meinungen zusammenzutragen, Ansichten über natürliche Flussverläufe und Erfahrungswissen über derartige Renaturierungen in näherer Umgebung. Danach ist ein Plan aufzustellen, in dem das festzuhalten ist, was man wissen möchte. Als nächsten Schritt kann die Gruppe eine erste Ortsbesichtigung planen, Notizen machen und fotografieren. Daran sollte sich der Gang zum Wasser- und Schifffahrtsamt anschließen, wo man Pläne einsehen, Ausführungen studieren, Unterlagen über die Folgen der Renaturierung einsehen und einen Bericht für die Klasse über die Renaturierung vorbereiten kann. Schließlich ist der Bericht zu erstellen und der Projektverlauf methodisch zu reflektieren.

Was also charakterisiert ein Erkundungsprojekt? Die Schülerinnen und Schüler bemühen sich um eine Lösung der gestellten Aufgabe. Der Lehrer gerät im Idealfall in die Rolle eines beratenden Kommentators. Er gibt aber auch Hilfen, vermittelt und leitet an. Entgegen verbreiteten Ansichten sollte er nicht nur Mit-Lernender sein, sondern den Lernenden durchaus gewisse Vorkenntnisse über die Sache voraushaben.

Das Erkundungsprojekt kann in ein *Veränderungsprojekt* übergehen, wenn die Gruppe nun die Initiative ergreift und versucht, die Renaturierung des Rosenbaches voranzutreiben. Damit beginnt politisches Handeln. Man schreibt an den Bürgermeister, wird vorstellig, sammelt Unterschriften, geht evtl. sogar auf die Suche nach Sponsoren.

4.5.2 Forschungsprojekte

Bei Forschungsprojekten geht es darum, einen Vorgang aufzuklären, der noch unklar ist. ›Wie funktioniert eine Kläranlage?‹ ›Wie erfolgt die Anlage eines Schulteichs?‹ ›Wie baut man ein Hoftor für eine ansteigende Einfahrt?‹

Nehmen wir in diesem Fall an, die 11. Klasse habe sich entschieden, angesichts der anstehenden Kommunal- und Landtagswahlen innerhalb eines Monats zwei Fragen nachzugehen: ›Wie macht man eine Wahlprognose?‹ und: ›Wie erstellt man eine Hochrechnung?‹ Dann wäre zunächst zu bestimmen, was man unter Wahlprognose und Hochrechnung versteht. Danach wären die Vermutungen zu sammeln, die über beide Prozesse vorhanden sind. Der Wirklichkeit und dem Forschungsauftrag käme das Vorgehen entgegen, wenn die Gruppen in der regionalen Wahl versuchten, eine Wahlprognose und eine Hochrechnung für einen überschaubaren Bezirk zu machen und diese Ergebnisse den offiziellen Daten gegenüberstellten. Dazu müssen die Schüler sich zunächst Grundkenntnisse der Stichprobenziehung verschaffen, dann die Technik der Befragung studieren. Zudem ist es sinnvoll, sich von Experten mögliche Analyseprogramme erläutern zu lassen. Das Projekt endet mit der Vorlage des Berichts, in dem die regional eingeschränkt gültige Prognose bzw. die begrenzt gültige Hochrechnung aus den ausgewählten Kreisen dargestellt und mit den offiziellen Daten und Wahlergebnissen verglichen wurde.

4.5.3 Gestaltungsprojekte

Bei dieser Form des Projektlernens wird eine Aktivität von Schülern oder Lehrern vorgeschlagen, abgestimmt und durchgeführt. Typische Gestaltungsprojekte: ›Wir bauen einen Partykeller.‹ ›Wir legen den Schulhof oder den Schulgarten neu an.‹ ›Wir bemalen die Wände des Treppenhauses.‹ ›Wir planen eine Aufführung von Cats.‹ ›Mittelalterlicher Jahrmarkt.‹

Gehen wir davon aus, dass mehrere Gruppen der 10. und 11. Klasse das Projekt ›Erneuerung des Wandbildes im Foyer der Schule‹ übernommen haben. Zunächst fertigen sie Entwürfe an, die sie in der Schule aushängen und durch die Mitschüler und die Lehrer begutachten lassen. Der Wettbewerb wird durch diese Beurteilung entschieden: Es gibt einen Preis. Danach beginnen für die Gewinner die Probleme der technischen Gestaltung: Wie muss der Untergrund beschaffen sein? Welche Farben sollen verwendet werden? Muss der Putz erneuert werden? Diese und ähnliche Fragen müssen zunächst durch Experten beantwortet werden, ehe die Schüler an die Ausführung gehen können. Dabei sind Trockenphasen zu beachten. Die Arbeit zieht sich erfahrungsgemäß hin. Das Projekt ist beendet, wenn das Wandgemälde fertig ist und ein selbstkritischer Bericht über die Erfahrungen mit dieser Arbeit vorliegt.

4.5.4 Schlussbemerkung

Projekte entstehen in unterschiedlichen Situationen und aus verschiedenen Anlässen. Deshalb unterscheiden sie sich in mehrfacher Hinsicht. Sie verlaufen unterschiedlich oder sie bestehen aus Aufgaben, bei denen gestalterische, forschende oder berichtende Arbeit im Vordergrund steht. In einem Punkt sind sie gleich: Sie beruhen auf der Aktivität der Lernenden und sollen zu einem Produkt führen.

4.6 Ziele

Mit keiner anderen Methode des Unterrichtens verbinden Schulpädagogen so große Erwartungen wie mit dem Projektlernen. Diese Erwartungen schlagen sich in Zielen nieder. Dabei herrscht unter den Befürwortern der Projektarbeit weitgehende Übereinstimmung, wie die Zielvorstellungen verschiedener Autoren zeigen. Wir versuchen – ohne Anspruch auf Vollständigkeit – eine Systematisierung der Vielfalt, indem wir zwischen Zielen unterscheiden, die sich auf die Bildung des Menschen beziehen, und solchen, die eine Veränderung schulischen Lernens ermöglichen sollen.

Seit der Renaissance des Projektgedankens in den 1970er Jahren werden umfangreiche Ansprüche mit diesem Lernverfahren verbunden. Drei von ihnen greifen wir auf. Typisch sind Erwartungen, dass gerade diese Lernarbeit ›entschulend‹ wirken könne, weil Projektarbeit die Fesseln schulischer Organisation sprenge. Diese Vorstellung wurde ein leitendes Ziel, das die Befürworter der Gesamtschulidee gern aufnahmen. Neben der Entschulung durch ein ›freies‹ Lernen an gesellschaftlichen Problemen wurde die Chance betont, die Schüler durch die Selbst- bzw. Mitbestimmung bei der Projektarbeit zu demokratischen Haltungen erziehen zu können. Projektarbeit galt und gilt immer noch vielen grundsätzlich als ein Verfahren, das Lernen mit politischem Handeln verbinden muss. Ein drittes Ziel bezog sich stärker auf die Lernenden: Projektlernen soll im Unterschied zu anderen Formen schulischen Lernens so angelegt werden, dass mit mehreren Sinnen gelernt, dass Denken, Fühlen und Handeln zur Bearbeitung der gewählten Aufgabe gefordert sind. Das alte pädagogische Ziel, ›Lernen mit Kopf, Herz und Hand‹ zu verwirklichen, scheint mit diesem Verfahren erreichbar.

Die Entscheidungen für bestimmte Ziele hängen immer davon ab, welchem Projektkonzept die Autoren zuneigen. Wer sich vor allem auf DEWEY beruft, verbindet Projektarbeit in erster Linie mit politischem Lernen für ein Leben in der Demokratie. Wer dagegen stärker KILPATRICKS schulkritischer Ansicht zuneigt, dass Projektlernen ein ›planvolles Handeln aus ganzem Herzen in einer sozialen Umgebung‹ sein solle, der betont Ziele und Konzepte, die zu einer Entschulung des schulischen Lernens beitragen können. Wer schließlich BOSSINGS Position – »Das Projekt ist eine bedeutsame praktische Tätigkeit, die Aufgabencharakter hat, von den Schülern in natürlicher Weise geplant und ausgeführt wird, die Verwendung physischer Mittel in sich begreift und die Erfahrung bereichert« (1977, S. 119) – favorisiert, der bleibt bei Zielen wie selbstständiger Planung und Eigenverantwortung für die geleistete Arbeit und verzichtet darauf, die Aufgabe der politischen Bildung zu unterstreichen, weil er sie implizit durch den aktiven Einsatz der Lernenden gefördert sieht. In der Projektdiskussion findet man allerdings weniger reine Positionen. Erfolgreich sind vielmehr pragmatische Verbindungen der als sinnvoll angesehenen Ziele.

Die vielfältigen Erwartungen und Zielsetzungen, die mit dem Projektlernen verbunden werden, lassen sich unter zwei Aspekten, (1) unter dem Gesichtspunkt der Bildung des Menschen und (2) unter dem der Veränderung schulischen Lernens systematisieren.

4.6.1 Vielseitige Bildung des Menschen

Projektlernen soll Schülern breite Lernchancen durch die Arbeit an konkreten Aufgaben eröffnen. Die Schüler sollen den Lernvorgang von der Themenstellung über die Planung und Durchführung bis hin zur Beurteilung der Ergebnisse (mit)bestimmen. Projektarbeit soll ein Angebot sein, durch das Individuen sich vielseitig bilden können, indem sie verschiedene Fähigkeiten und Fertigkeiten durch ergebnisorientierte Sacharbeit allein oder kooperativ entwickeln. Sie sollen dabei lernen, Arbeitstechniken und Lernmethoden richtig einzusetzen, in der Gruppe produktiv zu arbeiten und selbstständig Lernaufgaben zu bearbeiten.

Diese Bestimmungen eines Richtziels zur Projektarbeit können so präzisiert werden:

- Die Arbeit am Projekt soll *Denken, Empfinden und Handeln* einschließen. Sie soll also das ›Lernen mit Kopf, Herz und Hand‹ anstelle einer vorrangig kognitiven Wissensaneignung fördern. Wer sich für die Projektgruppe ›Reinigung des Schulteichs‹ entscheidet, soll sich sowohl praktisch betätigen als auch angeregt werden, sich über die Notwendigkeit, Gewässer rein zu erhalten, zu informieren, dies als politische Aufgabe zu begreifen und sich dafür einzusetzen.
- Die Arbeit am Projekt soll Chancen bieten, *politische Handlungsfähigkeit* zu entwickeln. Die Mitbestimmung bei der Planung und Durchführung, das Engagement für das Ergebnis, der Einsatz während der Ausführung sollen wichtige Erfahrungen vermitteln. Dabei soll deutlich werden, wie öffentliche Probleme mit Interessen gesellschaftlicher Gruppen verbunden sind. Das soll ein Interesse an öffentlichen Fragen fördern, politisches Engagement provozieren.
- Die Arbeit am Projekt soll die *Gemeinschaftsfähigkeit* des Individuums steigern. Selbstständigkeit und Teamfähigkeit sollen durch die verantwortliche und gemeinsame Arbeit an einer Sache entwickelt werden.
- Die Arbeit am Projekt soll schließlich die *Ausbildungs- und* die *Studierfähigkeit* fördern. Die Schüler sollen in Eigenverantwortung allein oder gemeinsam die übernommene Arbeit planen, durchführen, präsentieren und bewerten. Sie sollen Erfahrung mit dieser Praxis gewinnen, die sie auf ähnliche Aufgaben übertragen können.

4.6.2 Die Veränderung schulischen Lernens

Projektlernen soll die Einseitigkeit schulischen Lernens überwinden und die beengende Organisation des schulischen Alltags aufheben. Mit der Projektarbeit sollen Fragen der inner- und außerschulischen Erfahrung aufgegriffen und bearbeitet werden. Projektlernen soll die Grenzen der Schulfächer übersteigen und ein Lernen mit möglichst vielen Sinnen erlauben. Der Leistungsdruck schulischen Lernens soll nicht gelten.

Auch diese Richtziele zur Projektarbeit müssen erläutert werden:
- Die Arbeit an Projekten soll die dominante Lehr-Lern-Organisation von Schule und Unterricht verändern. Sie soll Lern- und Handlungsformen ›*entschulen*‹, die Rollenbeziehungen modifizieren, mehr Verantwortung für das eigene Tun erfahren lassen. Die Enge der Klasse als vorrangige soziale Bezugs- und Arbeitsgruppe soll durchbrochen, der 45-Minuten-Rhythmus des Lernens soll aufgehoben werden. An ihre Stelle soll die zeitweise Gemeinschaft der Projektarbeiter treten.
- Projektarbeit soll dazu beitragen, dass Schule und Leben durch *konkrete Aufgabenstellungen* stärker miteinander verbunden werden. Dabei sollen die Schülerinteressen berücksichtigt und konkrete Fragen der Schüler aufgegriffen werden.
- Projektarbeit soll die *fachliche Einengung übersteigen* und an Problemen stattfinden, die der Schülerwelt entstammen oder den Lernenden nahe gebracht wurden. Dabei soll die Bearbeitung von Themen, die gesellschaftspolitisch besonders wichtig sind, versucht werden.
- Projektarbeit soll *ohne den Druck der Bewertung* nach vorgegebenen Kriterien erfolgen. Trotzdem soll eine Beurteilung des Geleisteten erfolgen; die Schüler sollen selbst ihre Arbeit und den Arbeitsprozess beurteilen oder die Schulgemeinschaft soll dies tun.

Die immer wieder betonten Ziele des Projektlernens sind damit genannt. Ihre Umsetzung stellt sich als großes Problem in der Schulwirklichkeit dar. ROLAND KNOBLAUCH ist deshalb zuzustimmen, wenn er die Aufgabe der Projektarbeit so umreißt: »Wenn es gelingt, …, [die Schülerinnen und Schüler] wirklich zu Beteiligten ihres eigenen Lernens zu machen, dann ist nicht nur ein hohes Ziel erreicht, sondern dann werden sie selbst – wie wir erlebt haben – zu wichtigen Impulsgebern für das schulische Leben« (1998, S. 3).

4.6.3 Ziele und Lernformen

Die Zuordnung jener scheinbar projektspezifischen Ziele vermittelt den Eindruck, als ließen sie sich nur durch Projektarbeit fördern. Dem ist aber nicht so. Handlungsorientiert kann auch in einem lehrergeleiteten Unterricht vorgegangen werden, wenn Lehrende entsprechenden Freiraum zur Durchführung von Experimenten oder zur Führung eines Unterrichtsgesprächs einräumen. Sozialkompetenz kann im Lehrgangsunterricht gefördert werden, wenn soziale Arbeitsformen praktiziert, wenn im Klassenunterricht soziale Rechte und Pflichten sowohl besprochen als auch geachtet und praktiziert werden.

Ähnliches gilt für allgemeine Ziele wie solche des Arbeits-, Sozial- und Leistungsverhaltens, die durch schulisches Lernen generell gefördert werden sollen. Für Projektlernen, Lehrgangsunterricht und Übung gilt gleichermaßen, dass Kompetenzen in diesen drei Bereichen angeregt und entwickelt werden sollen. Elemente des Arbeitsverhaltens wie Genauigkeit und Gründlichkeit, Sauberkeit und Zuverlässigkeit, Sachbezug und Korrektheit werden bei der Ausführung der Projektarbeit ebenso benötigt wie bei der Erledigung systematisch-methodisch vermittelter Lernaufgaben im fachunterrichtlichen Lehrgang. Analog ist es mit dem Sozial- und Leistungsverhalten. Wer in der Klasse mit anderen lernt, kann nicht nur seine Position sehen. Er ist oft gezwungen, sich in die Rolle anderer zu versetzen, mit anderen mitzufühlen, zu kooperieren, die Rechte anderer zu achten und im Umgang mit den anderen auch deren Pflichten einzufordern. In gleicher Weise wird in einem aktivierenden Klassenunterricht das Leistungsverhalten angeregt: Anstrengungsbereitschaft und Ausdauer, Lerneifer, Interesse und Aufmerksamkeit sind Merkmale der Leistungsorientierung, ein hohes Ziel schulischer Sozialisation. Empirische Forschungen weisen darauf hin, dass sie in einem lehrergeleiteten Unterricht stärker gefördert werden als in offenen, selbst regulierten Lernsituationen.

Auf diese Ziele kann keinesfalls verzichtet werden, erst recht nicht, wenn das Projektlernen in die Eigenverantwortung der Ausführenden delegiert werden soll. Neben den projekttypischeren Zielen wie Lernen durch praktisches Tun, Aktivität und Eigenverantwortung, sind gerade diese eher traditionellen Zielsetzungen des Schulunterrichts ein tragender Grund auch des Projektlernens.

4.6.4 Kritik der Projektziele

Nur selten werden die anspruchsvollen Erwartungen an das Projektlernen kritisch gesehen. In der Literatur ist durchgängig festzustellen, dass der Projektunterricht mit höchsten Zielen versehen wird. Nach Hänsel soll Projektarbeit etwa zur Bildung des Schülers, zur Weiterbildung des Lehrers, zur Höherentwicklung der Gesellschaft beitragen. Die Autoren wissen oder ahnen zumindest, dass diese Ziele in der Praxis nicht zu erreichen sind. Sie reagieren darauf allerdings mit unterschiedlichen Strategien. Die einen erklären den Projektunterricht zum ›Ideal‹, dem man nur annäherungsweise gerecht wird, die anderen bezeichnen ihn als ›Ausnahme‹, die nur äußerst selten durchführbar sei. In der Regel sprechen sie von ›projektartigem‹ oder ›projektorientiertem‹ Unterricht. Gegen überzogene Erwartungen kann nur helfen, realistische Ziele zu verfolgen. Schon Petri hat darauf hingewiesen, dass es dringend notwendig ist, von den schwer fassbaren Zielsetzungen zu überprüfbaren Ansprüchen an das Projektlernen überzugehen.

4.6.5 Schlussbemerkung

Selbstständigkeit, Teamfähigkeit, Eigenverantwortung für die übernommene Lernarbeit – das sind Ziele eines schulischen Projektlernens. Sie sollen an allgemein interessierenden, sozialen Aufgaben erprobt und erarbeitet werden. Projektarbeit soll so schulisches Lernen erweitern; es soll andere Gelegenheiten zur Erarbeitung mündiger Verhaltensweisen bieten.

Fragen:
1. Welche Bildungsziele (Ziele schulischer Sozialisation) werden mit dem Projektlernen verfolgt?
2. Wie soll sich Projektlernen auf schulisches Lernen auswirken?

Literatur

HÄNSEL, D. (Hrsg.): Handbuch Projektunterricht. Weinheim 1999[2]

4.7 Projektlernen als methodische Großform

Projektlernen steht als eine methodische Großform schulischen Lernens neben dem Lehrgang und der Übung. Mit jeder der drei Großformen verbinden Schulpädagogen besondere didaktische Erwartungen. Wir beginnen mit dem Projektlernen und gehen danach auf das Verhältnis zwischen Projektlernen und Lehrgang ein.

Schon Vertreter der Reformpädagogik betrachteten den Lehrgangsunterricht, die Übung und das Lernen in Projekten oder Vorhaben als Grundformen des Schulunterrichts. Diese Einstufung hat bis heute nichts an Bedeutung verloren. Wie es in einem guten Unterricht darum geht, die Grundformen des systematischen und des situierten Lernens nach didaktischen Gesichtspunkten auszubalancieren, so ist es auch notwendig, die Grund- oder Großformen des Unterrichtens in ein Verhältnis zu setzen, das dem Bildungs- und Erziehungsauftrag der Schule dient.

4.7.1 Projektlernen als Großform methodischen Verfahrens

Von einem ›Projekt‹ spricht HILBERT MEYER dann, wenn das Lernen an einem speziellen Gegenstand innerhalb und außerhalb der Schule durch die Schüler weitgehend selbst oder in Kooperation mit den Lehrern organisiert wird. Das kann von fachgebundenen Vorhaben bis hin zu politischem Lernen an gesellschaftlichen Problemen in der außerschulischen Praxis führen. Die ›Projektmethode‹ bietet ein Raster, um solches, den Stundenplan überschreitendes Lernen an Projekttagen und in Projektwochen zu arrangieren. Projektarbeit dient anderen Zwecken als das Lernen in unterrichtlichen Lehrgängen: Es gehört zu offenen Formen des schulischen Lernens und wird von MEYER dem selbst organisierten Lernen zugerechnet. Die Erkundung, das Betriebspraktikum sind ihm nahe Formen. Es ist tendenziell schülerorientiert, ›eher kollektiv, produkt- und handlungsorientiert‹, erfordert stärker als anderes Lernen Selbstkontrolle und ist ›schwer zu benoten‹.[15] Im Unterricht erworbenes Wissen und Können wird z. B. im Projekt angewendet und in die Öffentlichkeit getragen. Dadurch können Verbindungen jener Organisationsformen schulischen Lernens und Lebens hergestellt werden, die als Klassenfahrten, Exkursionen etc. neben dem Unterricht stattfinden. Sie sollen durch Schüler mitgeplant und mitorganisiert werden.

Das Projekt zählt HILBERT MEYER zu den unterrichtlichen Großformen. Diese ordnet er auf seiner ›Landkarte didaktischen Handelns‹, indem er das Verhältnis der einzelnen Formen zueinander durch die Merkmale ›Hand- vs. Kopfarbeit‹ und ›Selbsttätigkeit vs. Lenkung‹ bestimmt. ›Lehrgang‹ und ›Projekt‹ sind die beiden vorherrschenden ›Groß‹formen des Unterrichts (1987, I, S. 145). Den Lehrgang bestimmt der ›Frontalunterricht‹, dessen Handlungsmuster zwar im Wesentlichen durch Lehrende bestimmt werden, der aber als methodisch variabel geführter Lehrgang immer offenere und geschlossenere Lehr- und Lernphasen (Lektionen, Kurse, Trainingseinheiten) enthält.

Die Grundformen – Lehrgang und Projekt – bilden zwei Säulen schulischen Lernens, wobei MEYER sich auch innerhalb des Lehrgangs Phasen selbst verantworteten Lernens vorstellt. Ein schüler- und handlungsorientierter Unterricht sollte zwischen Diskurs, Lehrgang, Praktikum und Projekt wechseln, um die unterschiedlichen didaktischen Ansprüche von Anleitung und Selbsttätigkeit, Kopf- und Handarbeit zu erfüllen. Neben Projekt und Lehrgang nennt MEYER das ›Training‹ als die dritte Großform unterrichtlichen Handelns. Während der Frontalunterricht vor allem durch Gesprächsführung, Demonstrationen, die Entwicklung von Musterlösungen, Erläuterungen und Vorträgen bestimmt wird, ist das Training jener Bereich, in dem Wissen und Können geübt werden. Das Training kann in unterschiedlichen Sozialformen und mittels verschiedener Medien erfolgen. Es ist Anwendung vermittelten Wissens ebenso wie z. B. Sprachtraining, die Übung im Gebrauch des Wortes durch Erzählung, Darstellung, Erklärung.

Damit sind die ›methodischen Großformen‹ angedeutet. Sie können – so MEYERS Resümee – »viele verschiedene Sozialformen und Handlungsmuster

---

[15] Vgl. Didaktische Landkarte 4 in: MEYER, 1987, Bd. I.

enthalten; auch ihre Verlaufsformen sind nicht genau festgelegt. Bestimmte Sozialformen und Handlungsmuster werden jedoch in den verschiedenen Großformen favorisiert« (MEYER, 1987, I, S. 145). Wer Projektlernen analysiert, muss diese Vorgaben beachten und das Verhältnis zwischen Lehrgang, Training und Projektlernen, zwischen Geschlossenheit und Offenheit schulischen Lernens, zwischen Kopf- und Handarbeit, zwischen orientierendem und exemplarischem Lernen, zwischen Sachbezug und Schülerorientierung, zwischen Klassenführung und selbst reguliertem Lernen im Blick behalten. Die drei Großformen schließen sich nicht gegenseitig aus; sie ergänzen sich vielmehr, weil sie verschiedene Möglichkeiten für eine vielseitige Bildung der Lernenden bieten.

4.7.2 Projektlernen und Lehrgang

Projektbeispiele lassen trotz aller Unterschiede bei Themenstellung und Durchführung erkennen, wie schulisches Lernen zwischen Lehrgang, Übung und offeneren Lernformen verlaufen kann. Sie gleichen sich häufig in dem Punkt, dass Schüler durch eine komplexe Problemstellung und ausgefallene Arbeitsmethoden motiviert werden, sich für eine Sache zu interessieren. Die Beispiele sind sich darin ähnlich, dass zur Durchführung fachlich und methodisch richtiger Arbeit angeleitet werden muss, dass Experten die Lernarbeit durch Hinweise oder Vorgaben anweisen, unterstützen, lenken. Das gilt in gleicher Weise für das Projektlernen wie für den Klassenunterricht. Vielfach führt es zu einer Ergänzung der Projektarbeit durch systematisches Lernen. Was HELMUT DIERMANN in einer Projektskizze schreibt, gilt durchgängig: »Im Verlaufe des Projektes zeigt sich, dass kurze Lehrgangsphasen mit einführendem bzw. wiederholendem Charakter eingeschoben werden müssen, deren unterrichtliche Umsetzung vom Projektleiter vorgenommen wird« (BIELEFELDT/EMUNDTS, 1987; S. 62).

Was aber ist anders bei der Projektarbeit als im lehrergeleiteten Unterricht? Zwei Dinge sind hervorzuheben: (1) Wer an einem Projekt arbeitet, muss mehr Selbsttätigkeit einbringen und Verantwortung für das Ergebnis übernehmen. Er darf deshalb auch mehr über Ziele und Inhalte des Lernens mitbestimmen und kann durch die übernommene Verantwortung lernen, wie man mit anderen arbeiten muss, um ein Problem zu lösen. (2) Wer dagegen im lehrergeleiteten Unterricht arbeitet, hat die Chance, sachgerechte Arbeitsverfahren zu erlernen und auf Sachen und Aufgaben hingewiesen zu werden, auf die er sonst nicht aufmerksam würde. Im besten Falle wird er angeleitet, die Welt mit anderen Augen zu sehen. Das mag DEWEY auch gemeint haben, wenn er dem Lehrer die Verantwortung dafür zusprach, dass die Problemstellungen schulischen Lernens anspruchsvoll sein müssten.

Das Verhältnis Lehrgang – Projektlernen

Im Einzelnen bleibt das Verhältnis der beiden Formen noch zu bestimmen. Das Problem ist nicht neu. Es zeigte sich bereits in der amerikanischen Diskussion um 1900 und führte dort zu den drei hier diskutierten Projekttypen, dem linearen, dem integrativen und dem aktionistischen Typus des Projektlernens. Wir können heute auf Untersuchungen zurückgreifen, die über die Gewichtung der unterrichtlichen Grundformen in der Praxis des Schulunterrichts vorliegen.[16] BIELEFELDT/EMUNDTS sehen z. B. vier Varianten, die das Verhältnis zwischen Lehrgang und Projektlernen bestimmen:

1. Der Lehrgang ist die Grundlage des nachfolgenden Projektunterrichts.
2. Im Projektunterricht fehlen Kenntnisse. Deshalb wird eine systematische Aneignung von Wissen über Inhalte oder Verfahrensweisen notwendig. So ergeben sich Aufgaben (›Wie bestimmen wir Pflanzen?‹), die einen eingeschobenen Lehrgang notwendig machen.
3. Das Lehrgangslernen wird durch das anschließende Projektlernen vertieft.
4. Nach lehrgangsartiger Einführung wird das Thema durch den Projektunterricht abgeschlossen.

Diese vier Formen sind Variationen der beiden historischen Grundformen des Projektlernens, des linearen und des integrativen Modells. Die Autoren setzen nur unterschiedliche Akzente. Dabei ist eine Favorisierung des linearen Modells erkennbar: Der Lehrgang erfolgt vorher, das Projektlernen basiert auf ihm: Es dient dazu, Erlerntes zu vertiefen, anzuwenden oder auch abzuschließen. Damit liegen BIELEFELDT/EMUNDTS allerdings außerhalb der allgemeinen Diskussion, in der das integrative Modell des Projektlernens eindeutig bevorzugt wird, weil es die Initiative der Lernenden stärker fordert.

Das Verhältnis zwischen Lehrgang, Übung, Projektlernen kann veranschaulicht werden, wenn man die methodischen Großformen in das Spannungsfeld der Merkmale ›selbstbestimmtes Lernen‹ und ›praktische Betätigung‹ einordnet.

Der Lehrgang ist von seiner Intention und Struktur her in erster Linie durch Zielsetzung, Themenvorgabe und verschiedene Anleitungen seitens des Lehrers bestimmt. Er ist also von einem selbst regulierten Lernen entfernter als das Projektlernen. Immer wieder wird jedoch übersehen, dass die verschiedenen Methoden des Lehrgangs zeitweise auch selbst reguliertes Lernen in handlungsorientierten Situationen (Experimente, Schüleraktionen, Rollenspiel etc.) erlauben. Andererseits erstreckt sich die methodische Breite des Lehrgangsunterrichts bis hin zu praktischer Betätigung während des Lernens im Klassenverband. Dagegen ist das Projektlernen von seiner Konzeption her

[16] Vgl. Kapitel 5.4 und 5.5

durchgängig näher zu praktischem Tun und selbstbestimmtem Lernen anzuordnen. Allerdings zeigen schon die angeführten Beispiele, dass diese Idealtypen in der Wirklichkeit nicht so genau voneinander zu trennen sind.

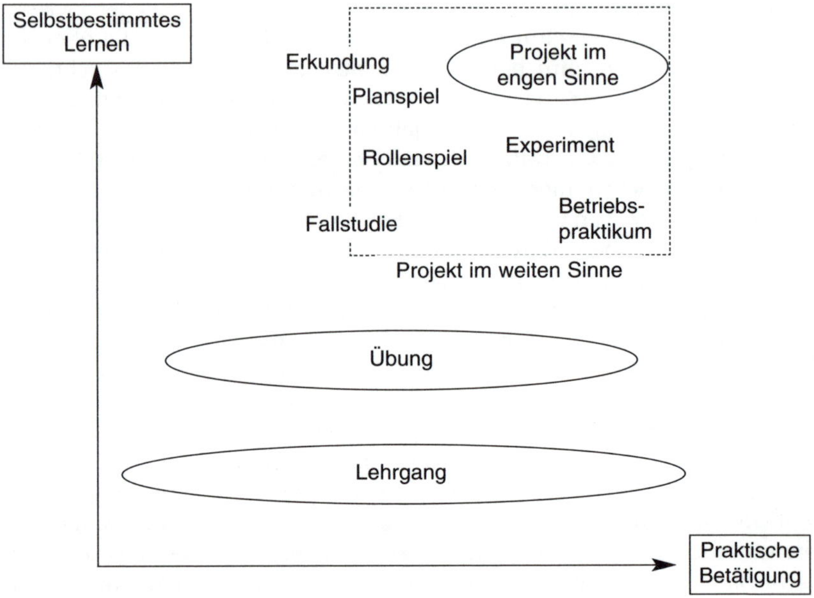

Abb. 18: Die Großformen schulischer Lernorganisation – Lehrgang, Projektlernen, Übung.

Selbsttätigkeit ist vielseitig

Wir können festhalten: Schulisches Lernen lebt von der Vielseitigkeit, die sich zwischen diesen beiden Unterrichtsverfahren ›Projektlernen‹ und ›Lehrgang/Frontalunterricht‹ arrangieren lässt, wenn Lehrende die Elemente eines schüler- und sachorientierten Unterrichts variabel aufeinander beziehen. Lernen ist vielseitig interpretierbar; Problemorientierung und Schüleraktivität sind nicht nur auf sog. handlungsorientiertes und praktisches Lernen im Projekt begrenzt; sie finden sich auch in einem strukturierten, anleitenden Frontalunterricht. Dabei zeigt sich, dass Projektlernen und Lehrgangslernen zwei unterschiedliche, aber unverzichtbare und sich ergänzende Ansätze zur Bildung junger Menschen sind. Umsichtige Didaktiker, vor allem jene mit Praxisbezug, haben das immer so gesehen, wie DIERMANN in seinem Bericht über Projektlernen ausdrückt:

»Die gelegentlich in der didaktischen Literatur zu beobachtende Favorisierung der Projektarbeit bis hin zum Absolutheitsanspruch bedarf aus der Sicht der Unterrichtspraxis einer Modifizierung: Projektorientiertes Arbeiten erfordert immer auch die Ergänzung durch unterschiedliche Formen des Lehrgangs, um Kenntnisse und Fertigkeiten zu vermitteln, die sich für das oder aus dem Projekt ergeben. Das gegenseitige Durchdringen von lehrgangsorientiertem und projektorientiertem Vorgehen auch über einzelne Unterrichtssequenzen hinaus gilt als wichtige Voraussetzung zur Förderung der Sach- und Handlungskompetenz. Nicht Addition sondern Integration bestimmen somit den unterrichtlichen Stellenwert der beiden Vorgehensweisen« (DIERMANN in: BIELEFELDT/EMUNDTS, 1987, S. 62). Was das für die Praxis des Projektlernens heißt, kann an austauschbaren Funktionen und Folgen gezeigt werden, die Lehrgang und Projektlernen erfüllen sollen. Das Projektlernen *erfordert* Wissen und Können sowie Arbeitshaltungen, die z.T. schon im Lehrgangsunterricht erworben wurden. Fehlt es an diesen Voraussetzungen, dann ›*erzwingt*‹ die Projektarbeit deren Aneignung in Kursen oder Lehrgängen. Erfolgreich abgeschlossenes Projektlernen *hat* Wissen und Können, ein Mehr an Arbeitshaltung, Team- und Urteilsfähigkeit *zur Folge*. Dieses Verhältnis zeigt, was unter gegenseitiger Durchdringung zu verstehen ist.

Stützende Kurse sind notwendig

Das ist eine Position, die gegenwärtigen Erkenntnissen der Lehr-Lern-Forschung standhält und die auch andere Autoren für eine Projektdidaktik reklamieren. HERBERT GUDJONS betont die didaktische Notwendigkeit, kurze Lehrgangsepisoden vor, während und nach dem Projektlernen vorzusehen. Vor dem Projektunterricht gehe es darum, »grundlegende inhaltliche und fachliche Kenntnisse systematisch [zu] vermittel[n]« (GUDJONS, 1997, S. 84) – ein Anspruch, der sich aber möglicherweise abkühlend auf das Interesse der Lernenden am Projektunterricht auswirken könne. Während des Projekts müsse der Projektleiter »gezielte Instruktionsphasen integrier[en]« (ebd., S. 85). Das könne allerdings als Einmischung in das selbstständige Arbeiten durch die Schülerinnen und Schüler angesehen werden. Schließlich müsse die abgeschlossene Projektarbeit in andere Ergebnisse schulischen Lernens eingefügt werden, damit sie zur Lösung anschließender Aufgaben genutzt werden könne. Das diene der Vertiefung und fördere die Entwicklung eines zusammenhängenden Wissens. Aber auch dies habe seine Nachteile: Es entwerte den Projektunterricht, weil nach Ansicht mancher Schüler nun anscheinend erst der richtige Unterricht beginne.

Die Verzahnung der Großformen oder Integration des Lehrgangs in das Projektlernen sind die eine Seite projektdidaktischen Vorgehens; daneben ist aber auch jene Situation denkbar, dass das Projektlernen thematisch unverbunden neben einem Lehrgangsunterricht steht. So ist es oft in Projektwochen. In diesem Falle fehlt die wechselseitige Motivation. Die Projektarbeit kommt als Sonderangebot schulischen Lernens von außen.

Projektlernen und Lehrgang – eine komplementäre Verbindung

Didaktisches Ziel eines möglichst vielseitig bildenden Unterrichts ist der komplementäre Einsatz beider Konzepte, verbunden mit der verbreiteten Einsicht, »dass unterschiedliche Lehrgangs- und Projektphasen zwei gleichwertige und notwendige Artikulationen von Unterricht zur Lösung von komplexen Phänomenen darstellen, die nur durch die *Integration und wechselseitige Durchdringung beider Formen* den Erkenntnis- und Erfahrungsgewinn befördern« (TOSCH, 1996; S. 535). Wie man das Komplementäre aber in ein Verhältnis zueinander setze, wie sich schulisches Lernen auf systematisches und auf situiertes Lernen verteile, das bleibt vom Zusammenhang vieler didaktischer Faktoren abhängig: von den Eingangsvariablen wie Vorkenntnissen, Interessen, Lernbereitschaft, von soziokulturellen Vorgaben wie Lern- und Leistungszielen, von situativen Zwängen, von allgemeinen Ansichten zur (Un-)Gleichwertigkeit schulischer Lerninhalte und -ziele, von der Notwendigkeit vergleichbarer Leistungen für formal gleichwertige Qualifikationen und von Vorstellungen über Erziehung und Bildung. FRANK TOSCH verweist zugleich auf eine permanente Gefahr, wenn Lehrgang und Projektlernen unvermittelt und zufällig nebeneinander praktiziert werden: »Perspektivisch betrachtet laufen so wohl beide Formen Gefahr, sich pädagogisch ›festzufahren‹« (ebd.). Das zeigten – so seine Analyse – recht anschaulich die zwischengeschalteten Projektwochen oder Projekttage, die etwas anderes bieten als den gängigen Schulunterricht, aber keine grundlegende Änderung des unterrichtlichen Konzeptes bedeuten. Angeleitetes und selbstbestimmtes Lernen werden einander zugeordnet, Klassenführung und Aktivität der Lernenden werden abwechselnd entsprechend pädagogischen Zielen praktiziert.

4.7.3 Schlussbemerkung

Aus der dargestellten Diskussion ist für die unterrichtliche Praxis zu folgern, dass das Verhältnis zwischen Lehrgangsunterricht und Projektlernen sich unterschiedlich gestalten lässt. Vielfach wird für ein gelingendes Projektlernen der Lehrgang die Grundlagen und die Projektarbeit die Erweiterung darstellen. So gesehen, stehen beide Lehr-Lern-Situationen in einem einander ergänzenden Verhältnis, wobei die Rolle und Funktion der Lehrenden jeweils anders zu bestimmen ist; denn erst dadurch wird das Ausmaß selbsttätigen Lernens festgelegt. Daneben ist jene Projektarbeit notwendig, in der fachübergreifende Themen aus der Erfahrung der Schüler aufgegriffen und bearbeitet werden. Das erfordert eine höhere Selbstständigkeit der Lernenden.

Die gelegentlich vertretene Position, dass Projektlernen grundsätzlich das bessere schulische Lernen sei (z. B. JÄGER, 1998), halten wir für unpassend. Die Ergebnisse der Lehr-Lern-Forschung sind eindeutig. Dagegen dürfte GUDJONS – ein erklärter Befürworter des Projektlernens – zutreffend feststellen, dass »der Lehrgang letztlich – trotz aller ›Entschulungsversuche‹ – das Kernstück von Schule überhaupt« (1997, S. 84) darstelle und bleibe.

Fragen:

1. Nennen Sie Großformen methodischen Verfahrens im Unterricht und bestimmen Sie ihre spezifischen Funktionen im Schulunterricht!
2. Wie können Lehrgangsunterricht und Projektlernen koordiniert werden?

Literatur

BIELEFELDT, H./EMUNDTS, M.: Lehrgang und Projekt. Zwei Seiten der Medaille ›Unterricht‹. Heinsberg 1987

TOSCH, F.: Projektorientiertes Lernen an Regelschulen in Land Brandenburg. Ergebnisse eines Förderprogramms – Diskussion eines Fallbeispiels. In: ZfPäd, H4, 1996, S. 520–538

5 Einzelprobleme des Projektlernens

Innerhalb der vielfältigen Formen schulischen Lernens ist das Projektlernen ein spezielles Verfahren. Wodurch kann es zu schulischem Lernen beitragen? In welchem Verhältnis steht es zu systematischem, angeleitetem Lernen? Welche Struktur, welches Artikulationsmuster ist angemessen? Wie lassen sich die Leistungen der Schüler bewerten? Das sind zentrale Fragen der Projektdidaktik, die in den folgenden Kapiteln erörtert werden.

5.1 Themen

Projektlernen soll dazu dienen, neben der notwendigen Aneignung fachlichen Wissens mit anderen und aus Interesse an konkreten Aufgaben des Lebens zu lernen. Deshalb sollen die Themen dieses Unterrichts aus dem Erfahrungsbereich der Lernenden stammen und auf fachliche Zusammenhänge bezogen werden.

5.1.1 Vielfalt und Beliebigkeit – das Themenangebot

Betrachtet man Angaben über Projekte, wie sie in Zeitschriften, in Tageszeitungen oder im Internet (unter den Selbstdarstellungen der Schulen) vorliegen, nach inhaltlich-thematischen Gesichtspunkten, dann hat man den Eindruck, dass es eine kaum zu katalogisierende Vielfalt von Projektthemen und fachbezogenen Projekten gibt. Projektlernen kann – so die Botschaft aus der Praxis – ebenso in Fächern durch selbstständige Arbeit an fachspezifischen Aufgaben wie auch an fächerübergreifenden alltäglichen Fragestellungen geübt werden.

Als Beispiele eines fachorientierten Projektlernens demonstrieren MIE/FREY (1990) in ihrer Veröffentlichung ›Physik in Projekten‹, wie naturwissenschaftliche Themen handlungsorientiert erarbeitet werden können. Man darf jedoch nicht übersehen, dass vergleichbare schüleraktive Arbeitsformen schon immer in jedem guten Physikunterricht möglich sind. MATTHIAS LUDWIG gibt in seiner Dissertation (1997) den Beweis dafür, dass auch in Mathematik immer wieder Projekte innerhalb des Fachunterrichts durchgeführt werden können.[17] Das ist im Geschichtsunterricht nicht anders. Geschichtsprojekte unterschiedlicher Art vermitteln denselben Eindruck, hier insbesondere Erforschungen zur Realität des Lebens im Dritten Reich oder in der Nachkriegszeit. Auch literarische Projekte lassen sich anführen. Zugleich

[17] Vgl. auch das Heft ›mathematik lehren‹ (H 72, Okt. 1995), in dem unter dem Oberbegriff ›Praktisches Lernen‹ mehrere Mathe-Projekte für verschiedene Alterstufen dargestellt werden.

kann man zeigen, dass von diesen Themenstellungen aus Verbindungen zu Inhalten anderer Fächer herstellbar sind. Wer den Zusammenbruch des Dritten Reiches projektbezogen erarbeitet, kann z. B. ohne das Studium englischsprachiger Quellen nicht auskommen. So müssen in diesem Fall geschichtliche Studien mit sprachlichem Lernen verbunden werden.

Projektlernen als politische Bildung

Die Arbeitsgruppe Oberkircher Lehrmittel (AOL) hat in ihrem ›Projekte-Buch‹ durchgeführte Projekte nach Themen geordnet und dabei folgende (fachliche) Schwerpunkte festgehalten: Politik, Ökologie, Dritte Welt, Geschichte, Arbeitslehre – Polytechnik, Kunst – Ästhetische Erziehung, Deutsch, Geografie, Technik, Naturwissenschaften, Reisen und Erkundungen. In ›Projektideen und Projektskizzen‹ unterteilt MANFRED HUTH diese fachorientierte Spezifizierung weiter. Bei genauerem Hinsehen erkennt man, dass der politische Bezug der Themen in der Zusammenstellung dominiert. Damit schließt die Gruppe an eine bestimmte Richtung des Projektgedankens an. Projektlernen wird in erster Linie als Beitrag zur politischen Bildung durch Anleitung zu politischem Handeln interpretiert. Die Themen des Projektlernens enthalten deshalb immer eine Ausrichtung auf die gesellschaftliche Lebenssituation. Das Lernen im Projekt soll das Bewusstsein für die gesellschaftlichen Verhältnisse schärfen und die Bereitschaft wecken, erfahrene Lebensverhältnisse als gesellschaftliche Produkte zu begreifen, sie beeinflussen und evtl. umgestalten zu wollen. »Die Projektgruppe untersucht und verändert – wenn auch oft nur ein winziges Stückchen – gesellschaftliche Realität« (HUTH, 1986, S. 11).[18] Für HUTH stehen damit die dominanten Themen dieses Lernens fest: Es sind gesellschaftspolitisch relevante Fragen. Sie werden gestellt, um Schülerinnen und Schüler auf Widersprüche der Lebenssituation zu verweisen.

Die unterschiedlichen Ansichten über den Zweck des Projektlernens haben ihre Wurzeln schon in der Geschichte des Projektlernens. Einerseits sollten Projekte Schülern Gelegenheit geben, das Erlernte selbstständig an einer Aufgabe anzuwenden; andererseits sollte neben dem systematischen Lernen im Unterricht eine zweite Form offeneren Lernens praktiziert werden. Dieses sollte an Themen aus dem Erfahrungsbereich der Schüler ansetzen und damit zu allgemeinen Lebensfragen erfolgen. Das Spektrum der möglichen Themen solchen Lernens ist breit. Das deutet auch HEINZ KLIPPERT an, wenn er als Aktionsfelder des Projektlernens die Bereiche »Film/Foto, Musik/Theater, Malen/Gestalten, Kochen/Backen, Sport/Spiel, Basteln/Werken, Wirtschaft/Gesellschaft, Soziales/Kirche, Kommune/Schule, Pflanzen/Tie-

[18] Die politische Position HUTHS wirkt radikal; sie ist zumindest basisdemokratisch und einseitig. Er selbst spricht von Gewerkschaftorientierung.

re/Menschen und Geschichte« (1989, S. 36 f.) nennt.[19] Zu unterscheiden sind außerdem *Einzelthemen*, die als Vorschläge für spezielle Interessen stehen, von *Rahmenthemen*, die als orientierende Vorgaben gelten. Bei den Einzelthemen ist wieder in fachgebundene und solche, die dem schulferneren Erfahrungsbereich entnommen sind, zu unterteilen. Wir nennen als Überblick einige Beispiele:

Einzelthemen (aus dem Erfahrungsbereich der Schüler):
- Wir produzieren eine Klassen- oder Schulzeitung.
- Wir legen einen Schulgarten mit Teich an und übernehmen die Pflege.
- Wir erforschen das Schicksal von Menschen, die in unserem Ort unter den Nationalsozialisten zu leiden hatten.
- Wir bauen einen Windgenerator.
- Wir bereiten die Abschlussfahrt unserer Klasse vor.
- Wir züchten Pflanzen unter unterschiedlichen Bedingungen.
- Wir reinigen den Weiher neben unserer Schule.
- Wir informieren uns über Nicht-Sesshafte und ihre Lebensführung.

Einzelthemen (mit konkretem Bezug zu einem Schulfach):
- Wir schreiben ein Rollenspiel: ›Petra kommt zu spät nach Hause!‹ (Deutsch) und führen es auf.
- ›Anything to declare?‹ ein englischsprachiges Rollenspiel.
- Wir suchen verschiedene Beweise für den Lehrsatz des Pythagoras und stellen sie übersichtlich auf einer Tafel zusammen (Mathematik).
- Wir bauen Nistkästen für Eulen in unserer Umgebung (Biologie/Werken).
- Wir bauen einen Elektromotor aus Nägeln, Draht und Blech (Physik).
- Unsere Klasse – ein Urwald (Gestaltung, Kunsterziehung).

Rahmenthemen (für verschiedene Projektthemen – fächerübergreifend):
- Soziale Frage: Gerechtigkeit durch Gewinnbeteiligung?
- Drogen, Sucht, Gesundheit,
- Ökologie und Ökonomie,
- Antike,
- 350 Jahre Friedensschluss zu Münster (1998),
- Ortsgeschichte.

Veröffentlichte Übersichten über Themen dieses Lernens sind noch viel bunter. Sie lassen zunächst nur erkennen, dass Schulen unterschiedliche Aktivitäten als Projekte deklarieren. Daran schließen verschiedene Autoren (z. B. Duncker/Götz, 1998; Petri, 1991; Schümer, 1996) die Kritik an, dass die Pra-

[19] Dass diese Bereiche nicht alle zum Projektlernen taugen, haben wir bereits bei der Begriffsbestimmung verdeutlicht. Im Einzelnen wäre noch zu prüfen, inwieweit sog. Projektthemen in diesen Gebieten nicht eigentlich Bestandteil eines Fachunterrichts sein müssten.

xis der Projektarbeit in vielen Fällen an der eigentlichen Intention des Projektlernens vorbeigehe, keine bildende und herausfordernde Aufgabe enthielte, also ›lernertragsarm‹ sei. Freizeitprojekte, Aktivitäten ohne Bedeutung für die schulische Gemeinschaft oder die nähere Umwelt, zufällig Interessierendes kann – so die Kritik – nicht als Projektthema akzeptiert werden. Gegen die Verwässerung des Projektgedankens müsse deshalb betont werden: Bedingung eines angemessenen Projektlernens sei es, dass die Aufgabe eine besondere Herausforderung darstellt, angestrengtes Denken und Tun verlangt sowie zu weiteren Untersuchungen reizt. Auf dieser Forderung habe bereits DEWEY bestanden. Projektlernen dürfe nicht zur Freizeitbeschäftigung werden.

Thematisch offene und geschlossene Projektwochen

Diese Position gilt aber keineswegs als allgemein akzeptierte Norm für die Realität des Projektlernens in der Schule. Verschiedenste Veröffentlichungen in Büchern und Zeitschriften sowie Darstellungen der Schulen im Internet zeigen vielmehr, dass Projektlernen gewöhnlich im Rahmen von Projektwochen eher pragmatisch durchgeführt wird. Im Mittelpunkt des Interesses steht meistens die Absicht, Schule und Unterricht einmal mit anderen Formen von Organisation und Umgang zu gestalten und dabei zugleich auf Schülerinteressen und -wünsche einzugehen.[20] Grundsätzlich lassen sich *thematisch offene und thematisch geschlossene Projektwochen* erkennen. Als ›thematisch offen‹ sind solche Veranstaltungen zu bezeichnen, bei denen die Breite des Angebots mit fachlichen Schwerpunkten streut, als ›thematisch geschlossen‹ solche, bei denen ein Oberthema dominiert, dem sich die Gruppen unterordnen müssen. Die zweite Form scheint in Lehrerkreisen mehr Zustimmung zu finden; denn hierbei lassen sich die zu erwartenden Beiträge aufeinander beziehen. Wir geben einige nach Schulstufen getrennte Beispiele:

Primarstufe:

- *Die Natur um unsere Schule*
  (Brütende Amsel beobachten, Bäume bestimmen, Pflanzenvielfalt einer Wiese feststellen, Wachstumsversuche in Blumenkästen durchführen; Schulspiel: ›Ein Vogel schlüpft aus dem Ei‹).

Sekundarstufe:

- *Schule und Arbeitswelt*
  (Berufe und Arbeitsformen, Betriebe in der näheren Umgebung, Produktionsformen, Geschichte der Industrie am Ort).

---

[20] Kritisch ist allerdings anzumerken, dass Projektwochen vielfach auch der schulischen Selbstdarstellung dienen.

- *Gesundheitserziehung/Prophylaxe: Drogen und Suchtverhalten*
  (Drogen, Drogenhandel, Alkohol, Drogen-Anmache, Gesundheitsschäden, Ratschläge gegen Drogenmissbrauch, Geldwäsche).

Die Reihe der Oberthemen ließe sich fortsetzen. Vielfach betreffen sie in der Praxis ökologische oder politische Themen. Das kann man mit dem Engagement etlicher Jugendlicher für Natur- und Tierschutz, für Benachteiligte und gegen Privilegien erklären. Sie sind dort, wo Projektlernen als Teil der politischen Bildung gesehen wird, immer stark von der gerade geführten öffentlichen Diskussion beeinflusst. So nennen SCHIRP und BRAUNECK z. B. diese Leitthemen: »›Gewalt‹, ›Verantwortung‹, ›Frieden‹, ›Dritte Welt‹, ›Umweltbedrohung‹, ›Soziale Randgruppen‹, ›Kulturelles Leben in unserer Stadt‹, ›Industrie und technische Entwicklung‹« (1988, S. 9), in denen offenbar gerade aktuelle Fragen aufgegriffen werden. Die Autoren umreißen damit allerdings eine einseitige Palette möglicher Rahmenthemen, die sich kaum auf den Fachunterricht und nur zum Teil auf Schülererfahrungen oder Schülerinteressen beziehen lassen. Vielmehr betreffen sie gesellschaftliche Erfahrungsbereiche und scheinen für ein politisch verstandenes, angeleitetes Projektlernen geeignet zu sein. Sie bieten Lerngelegenheiten, weil Lebensfragen, auf die man eine Antwort geben muss, gestellt werden. Aber dass diese Themen für die Lernenden eine Bedeutung haben, ist trotz pädagogischer Intention nicht vorauszusetzen.

Innerhalb der thematischen Schwerpunkte lassen sich dann Bereiche finden, zu deren Erarbeitung Schülerinnen und Schüler Vorschläge machen können. So könnte ein Oberthema ›Ökologie‹ folgende Arbeitsbereiche umfassen: ›Klassenzimmer im Grünen‹, ›begrüntes Klassenzimmer‹, ›Schulgarten als Lernort‹, ›begrünter Schulhof‹, ›Feuchtbiotop auf dem Schulgelände – Anlage und Pflege‹, ›Müllvermeidung‹, ›Mülltrennung‹, ›Solarenergie – Einrichtung einer Fotovoltaikanlage‹, ›Umweltverschmutzung früher und heute‹ usw.

Projektlernen und neue Medien

Etliche Themen lassen sich gegenwärtig auch mit Hilfe der neuen Medien produktiv gestalten. So sind der Computereinsatz oder die Videonutzung für viele Schülerinnen und Schüler eine attraktive Herausforderung. Die Erstellung einfacher Programme, die Gestaltung einer Home-Page, die tägliche Projektzeitung im Internet oder die Entwicklung von Vorschlägen für räumliche Entwürfe mit virtuellen Gestaltungsmöglichkeiten sind beliebte Angebote.[21] Sie ersetzen vielfach die traditionelle Präsentation durch Schautafeln u. Ä.

---

[21] Dass sich die Arbeit am Computer von der ursprünglichen Intention des Projektlernens, das methodische Lernen im Unterricht durch ein Erfahrungslernen außerhalb der Schule zu ersetzen, entfernt, scheint keine Rolle zu spielen. Neue Entwicklungen verlangen eben Flexibilität.

Noch attraktiver ist für viele Jugendliche die Videotechnik. Die Produktion einer Videodokumentation ist jugendlichen Lebensformen sehr angemessen und wird deshalb gern übernommen. Allerdings ist hier zu fragen, ob dies noch als Projekt und nicht nur als technische Dokumentation eines Vorgangs oder als Einführungskurs ›Videoaufzeichnung‹ anzusehen ist; denn die ursprüngliche Intention des Projektlernens besteht darin, ein wichtiges Problem aufzugreifen, es sich zur eigenen Frage zu machen und es mit Kopf- und Handarbeit zu lösen. Nur das wirkt anregend und bildend. Der umgekippte Teich muss gesäubert und unter Anleitung eines Experten gereinigt, bepflanzt, gewässert und zukünftig geschützt werden. Der Schulgarten ist neu anzulegen und zu pflegen. Das sind Arbeiten, bei denen Projektlernen einen Sinn macht. Darüber eine Simulation zu erstellen oder ein Video aufzuzeichnen, mag hohes technisches Können voraussetzen; Projektlernen ist es nicht.

5.1.2 Schulformspezifische Themen?

Zwischen den Schulformen der Sekundarstufe zeigen sich Unterschiede bei der Themenstellung vor allem hinsichtlich des Schwierigkeitsgrades und der Komplexität. Daneben bestimmen die Heranwachsenden selbst durch ihre geäußerten altersspezifisch und auch schichtspezifisch unterschiedlichen Interessen darüber, welche Themen mit welcher Akzentuierung bearbeitet werden. Neben den unterschiedlichen lassen sich zwar auch gleiche Themen nachweisen, so vor allem Arbeitsaufgaben zur neueren Geschichte. Im Allgemeinen zeigen sich aber bereits bei den Jugendlichen unterschiedliche Interessen, Fähigkeiten und Vorkenntnisse.

5.1.3 Untersuchungsbefunde zu Projektthemen

Die Frage, welche Themenstellungen beim Projektlernen vorherrschen, kann Petri anhand seiner Erhebung überzeugend beantworten. In einer Übersicht (1991, S. 138–143) belegt er die Bedeutung des fachimmanenten Projektunterrichts. Gleichzeitig ist seiner Übersicht zu entnehmen, dass sich bestimmte Fächer besser zu eignen scheinen als andere, um projektspezifisch zu lernen.

Fächer mit hoher, mit geringer Projektaffinität

Petri spricht von »Fächern mit hoher Projektaffinität« und von solchen »mit geringer Projektaffinität« (1991, S. 143). Fächer gelten als ›projektaffin‹, wenn Schülerinnen und Schüler fachspezifische Probleme mit zumutbarem Aufwand zum Teil selbst planen und erarbeiten können, wenn sie weitgehend selbstständig Produkte herstellen können und wenn diese Arbeit einen gewissen Anreiz besitzt. Das ist – so Petri – vor allem in Deutsch, Geschichte, Sozialkunde und bildnerischer Erziehung der Fall. Warum er das Fach Biologie ausklammert, wird allerdings nicht deutlich. Wenig ›projektaffin‹ sind solche Fächer, in denen komplizierte Vorkenntnisse erforderlich sind und die Herstellung eines angemessenen Produktes stärker an fachspezifische Arbeitsweisen gebunden ist. Hierzu zählt PETRI die Mathematik, die alten und die neuen Fremdsprachen sowie Physik. In diesen Fächern wird der Erhebung zufolge erheblich weniger Projektlernen praktiziert. Die Gründe für diese Feststellung vermutet PETRI nicht in organisatorischen Vorgaben, nicht in Verhaltensweisen der Fachlehrer, sondern eindeutig in den »inhaltlich-strukturelle[n] Eigenschaften« (1991, S. 144) dieser Fächer. An anderer Stelle unterstreicht er diese Position. Projektlernen setzt grundlegende Kenntnisse, ein gewisses Verfügen über die fachlichen Zusammenhänge voraus. Man darf nicht unterschätzen, welche Bedeutung einem systematisch geordneten Wissen für die Produktion einer möglichst selbsttätig zu erarbeitenden Erkenntnis zukommt. Einen großen Teil des Wissens und Könnens in Mathematik und Naturwissenschaften können sich Lernende nicht selbstständig beschaffen; dies würde bedeuten, dass sie Einsichten ohne professionelle Anleitung gewännen, »die geniale Wissenschaftler in Jahrhunderten erarbeitet haben« (1991, S. 168).

Der Frage, welche Fächer bzw. Themen sich besonders für Projektlernen anbieten, geht auch SCHÜMER nach. Ihre Aussage ist eindeutig: »Dass sich einige Unterrichtsfächer besser als andere zur Durchführung von Projekten eignen, leuchtet im Hinblick auf mögliche Projektthemen zunächst einmal ein« (SCHÜMER, 1996, S. 147). Im Gegensatz zu PETRI sucht sie die Ursache für diese Differenz aber weniger in fachimmanenten Voraussetzungen als vielmehr in Vorlieben, Persönlichkeits- und Verhaltensmerkmalen der Lehrerinnen und Lehrer, die Projektunterricht durchführen. Durch Prüfung ihrer Daten stellt sie fest, dass Lehrer, die projektorientiert arbeiten, ihre Lehrgegenstände grundsätzlich durch eine größere Vielfalt der eingesetzten Medien und Methoden vermitteln. Sie stellen Lehr- und Lernmittel selbst her oder beschaffen sie. Dadurch können sie auf ihre Schüler stärker wirken, sie eher motivieren und aktivieren. Es liegt also nicht an den Inhalten. Vielmehr kommt es darauf an, was Lehrer aus ihren Fachgebieten machen, was sie als projekt-brauchbar einschätzen und wie sie das dann umsetzen.

Ähnlich ist das bei Themen mit fachübergreifenden Schwerpunkten zu sehen. Trotzdem ist die sachliche Nähe zu verschiedenen Fächern für den Erfolg des Projektes wichtig. Es ist die »sachthematische Komplementarität« (PETRI, 1991, S. 169), die dazu beiträgt, dass eine Aufgabe überzeugender gelöst wird.

5.1.4 Schlussbemerkung

In Schule und Unterricht sind Projektthemen grundsätzlich fachgebunden oder fächerverbindend vorzuschlagen. Anzustreben ist, dass Fragen bearbeitet werden, die Kindern und Jugendlichen etwas bedeuten, die aus ihrer Erfahrungs- und Lebenswelt stammen und zu deren Lösung sie mit eigenen Vorschlägen beitragen können. Freizeitprojekte und Aufgaben, die eigentlich im Fachunterricht zu bearbeiten sind, sollten nicht als Projektthemen herausgestellt werden.

Fragen:

1. Welche Aspekte (Bedingungen, Voraussetzungen) sind bei der Wahl eines Themas für das Projektlernen zu beachten?
2. Warum ist eine »sachthematische Komplementarität« (PETRI) für viele Themen sinnvoll?

Literatur

PETRI, G.: Idee, Realität und Entwicklungsmöglichkeiten des Projektlernens. Graz 1991

5.2 Funktionen des Lehrers

Von vielen Verfechtern der Projektarbeit wird so getan, als ob sich durch das Projektlernen eine völlig neue Kooperation zwischen Schülern und Lehrern ergebe. Als ideal gilt die Praxis eines weitgehend gleichberechtigten, ›partnerschaftlichen‹ Diskurses im Bemühen um die Lösung der Aufgabe. In gemeinsamer Arbeit – so die Annahme – werden Rollendistanzen aufgehoben, werden Lehrende selbst zu Lernenden. Diese verbreitete Ansicht ist zu hinterfragen.

Die Möglichkeit, Projektlernen zu realisieren, kann auch aus der Beziehungsperspektive erörtert werden, wie GUNDEL SCHÜMER zeigt. Projektlernen – so ihre Vermutung – kann in dem bestehenden System Schule überhaupt erst praktiziert werden, wenn diese freiere, das Autoritätsverhältnis zwischen Lehrer und Schülern reduzierende Lernform durch eine anerkannte Autorität des Lehrers fundiert wird. Diese akzeptierte Autorität wirkt im Hintergrund; sie trägt die Umgangsformen, die während dieses Lernens scheinbar durch weniger Autorität bestimmt sind.

Der Gedanke hat etwas für sich. SCHÜMER argumentiert so: Wenn ihrer Erhebung zufolge von Lehrern immer wieder beklagt werde, dass bereits eine geringe Öffnung des Unterrichts zu schüler- bzw. handlungsorientierten Formen disziplinarische Schwierigkeiten mit sich bringe und von Lehrern und Lehrerinnen schon deshalb mehr Arbeitskraft im alltäglichen Umgang mit den Lernenden verlange, dann sei es doch sinnvoll, durch routinemäßige und eingeübte Arbeits- und Umgangsformen das tägliche Lernen im Unterricht zu sichern. Bekannt sei schließlich, dass Klarheit und Ordnung im unterrichtlichen Ablauf, die Vermeidung von Leerlauf und die sichere Beherrschung der Klassensituation durch Lehrende am ehesten zu einer kontinuierlichen Lernarbeit führe. JACOB KOUNIN habe in seiner Untersuchung zur Disziplin im Unterricht genau diese Faktoren als grundlegend für die Aufrechterhaltung von Ordnung im Unterricht herausgestellt. Man dürfe schließlich nicht übersehen, dass Lehrer die Verantwortung für das Lernen und den Lernerfolg ihrer Schüler und Schülerinnen übernommen hätten, den sie nur dadurch sichern könnten, dass sie Lernsituationen herstellten und die damit verbundenen Ansprüche auch durchsetzten. Das zeigten im übrigen auch die Untersuchungen der Forschergruppe um FRANZ E. WEINERT, die für gute Lernerfolge im Unterricht die Bedeutung einer geschickten und konsequenten Klassenführung neben Klarheit, Strukturiertheit und Adaptivität des Unterrichts erkennen lassen.

Am besten gelingt eine solche Klassenführung, wenn sich Lehrer – so SCHÜMER – auf die Sache des Unterrichts konzentrierten, wenn sie ein Maximum der Unterrichtszeit für Aktivitäten der Lernenden vorsehen und deren Lernarbeit durch einen direkten Unterricht auch durchsetzen. »Aktiver Unterricht« – so die derzeitige Position der Lehr-Lern-Forschung – »führt zu besserer Mitarbeit und höheren Leistungen der Schüler als Unterricht, in dem sie häufig für sich arbeiten. Er ist gekennzeichnet durch Stoffdarbietungen des Lehrers, wie Lehrervorträge und -demonstrationen, durch gelenkte Unterrichtsgespräche, durch Stillarbeit der Schüler, die gut vorbereitet und beaufsichtigt wird und bei der die Schüler viel Unterstützung und Rückmeldung erfahren, und durch Stoffwiederholungen« (SCHÜMER, 1996, S. 155). Solcher Unterricht beruht, wenn er funktioniert, darauf, dass Lehrer sich bei den Schülern eine Form der Anerkennung sichern, eben jene Autorität, die über die amtlich garantierte Position durch die persönlichen Qualitäten und die fachunterrichtliche Kompetenz getragen ist. Autorität zeigt sich darin, dass Lehrer zwar auf Schüler und ihre besonderen Wünsche immer wieder eingehen, dabei ihnen aber verdeutlichen, dass man mit ihnen nicht alles machen kann.[22] Wer in diesem Sinne Autorität erreicht hat, kontrolliert zugleich soziale und kognitive Prozesse bei seinen Schülern und kann sicherstellen, dass zentrale Aufgaben der öffentlichen Erziehung im Unterricht erfüllt werden. Genau diese Sicherheit gegenüber der im System verankerten professionellen Aufgabe der Lehrer ist die Bedingung dafür, dass

---

[22] Das zeigen auch unsere noch nicht veröffentlichten Untersuchungen. Die Erwartung, dass Lehrer ihre Autorität praktizieren, stellten etliche Schüler in ihren Antworten auf die Frage, was guter Unterricht aus Schülersicht sei, heraus (vgl. hierzu APEL, 1997).

Lehrende aus einer festen Position heraus »wenigstens ab und zu ein Risiko eingehen [können] und handlungsorientierten und schülerzentrierten Unterricht durchführen« (ebd.); denn in diesem verzichten sie zeitweilig auf die Ausübung dieser Autorität, stellen sie zumindest zurück und lassen die Schülerinnen und Schüler ihre Lernprozesse selbst bestimmen.
Wenn diese These stimmt – und das ist keineswegs sicher –, dann ist der Lehrgangsunterricht schon aus didaktischer und disziplinarischer Sicht das unverzichtbare Fundament jeden Projektlernens, allerdings nicht nur, um die notwendigen Kenntnisse zu sichern, sondern auch, um die Sicherheit des pädagogischen Umgangs zu garantieren. Lehrende, die während des Projektlernens stärker in den Hintergrund treten, können dies nur deshalb, weil ihre Autorität auf so sicherem Fundament steht, dass sie gar nicht erschüttert werden kann. Wir müssen allerdings an dieser Stelle fragen, ob damit nicht eine jener beliebten pädagogischen Utopien vertreten wird, eine Ansicht über die Selbstbestimmung des Lernens, die eben nicht der Realität entspricht; denn die hier skizzierte pädagogische Autorität wird nie ernsthaft, sondern allenfalls zum Schein aufgegeben. Wie sollte auch Erziehung funktionieren, wenn Erwachsene nicht mehr aus Kenntnis und Überzeugung sinnvolle Handlungen von Heranwachsenden verlangen können?

Auch die von SCHÜMER vertretene Position verweist wieder auf das Grundproblem allen schulischen Lernens zurück: Können Schülerinnen und Schüler ihre Lernaktivitäten selbstständig so steuern, dass die gesellschaftlich notwendigen und erwünschten Lerninhalte angeeignet werden? Können sie erkennen, was gelernt werden muss, was nicht? Werden auf diese Weise durch schulisches Lernen, um ein Beispiel anzubringen, genügend fremdsprachliche Kenntnisse für ein Leben in der EU des 21. Jahrhunderts erlernt? Die damit angesprochene Spannung zwischen Verpflichtung und Selbstbestimmung beim Lernen bedarf beständig neuer Regelung; sie kann endgültig nicht gelöst werden. Die Beziehung zwischen Schülern und Lehrern wird dabei aber immer durch ein Gefälle, durch ein Mehr an Wissen und Können auf Seiten der Lehrer bestimmt. Das gilt auch für den Fall, dass Schüler sich in einer bestimmten Sache einmal zu Experten gemacht haben.

Schlussbemerkung

Ohne Zweifel wird das Verhältnis zwischen Schülern und Lehrern während des Projektlernens offener als im Lehrgangsunterricht bestimmt. Das funktioniert aber nur, wenn auch in selbstbestimmten Umgangsformen pädagogische Autorität anerkannt wird, die sich durch fachliche, methodische und soziale Kompetenz auszeichnet.

5.3 Bewertung und Beurteilung von Schülerleistungen im Projektlernen

Zu schulischem Lernen gehört die Beurteilung erbrachter Leistungen. Was wird als besser oder schlechter im Blick auf einen zu erreichenden Standard bewertet und durch die Zuordnung einer Note gekennzeichnet? Für das Projektlernen stellt sich diese Frage, die schon in den Untersuchungen zur Funktion der Leistungsbeurteilung eine zentrale Rolle spielte, erneut. Ohne Zweifel werden bei einem gut durchgeführten und ergebnisorientierten Projektlernen Leistungen erbracht. Aber worin bestehen sie? Soll die überprüfbare Endleistung allein, oder soll sie zusammen mit dem Prozess selbstständigen Arbeitens als Leistung beurteilt werden? Ist ein gescheitertes Projekt grundsätzlich mit einer schlechten Note zu bewerten?

»Das abgeschlossene Projekt, dessen Ausführung die Schüler selbst zu verantworten haben, ist am Ende der Arbeit von ihnen zu *beurteilen.* Das führt nicht nur zu einer möglichen persönlichen Befriedigung, es fördert gleichzeitig das Denken und schult die kritische Einstellung gegenüber sich selbst und der Umgebung« (PÜTT, 1982, S. 38). Wenn es so einfach wäre! Wenn die Lernenden schon die Kompetenz hätten, sich selbst zu beurteilen und wenn nicht die Lehrenden gegenüber den Lernenden die Verantwortung des Beurteilens aus der Perspektive dessen, der es können sollte, hätten! Wer garantiert, dass die Schüler angemessene Kriterien an ihre Arbeit anlegen (können), dass sie individuelle Voraussetzungen in ihr Urteil einbeziehen, dass sie zwischen Prozess und Produkt des Projektlernens unterscheiden, dass sie den notwendigen Überblick besitzen, um beurteilen zu können? Welche Vorteile hat es, wenn andere, die von der Sache etwas verstehen, eine erbrachte Arbeit beurteilen? Wir meinen, erhebliche; denn ein gut gemeintes Urteil Außenstehender kann die Augen für Wirkungen öffnen, die sonst nicht erkannt werden.

Leistungsbeurteilung als pädagogisches Problem

An der Frage, ob Leistungen der Projektgruppe überhaupt in irgendeiner Form als Ergebnisse schulischen Lernens nach Leistungsgesichtspunkten bewertet und benotet werden können, scheiden sich die pädagogischen Geister. Die einen wollen auf eine Benotung des Projektlernens grundsätzlich verzichten und verweisen auf die ursprüngliche reformpädagogische Intention, den Leistungsaspekt in der Schule zurückzudrängen. Die anderen betonen rechtliche und auch technische Probleme und unterstreichen die Unmöglichkeit, bei Gruppenarbeit die Leistungen Einzelner zu bewerten. Zugleich betonen sie, dass gemeinsame Arbeit zwar eine für alle geltende Beurteilung verlange, dass diese pauschale Gleichbeurteilung aber zur Benachteiligung der Fleißigeren führe. Wieder andere wollen unter keinen

Umständen auf eine Beurteilung verzichten, weil das Produkt schulischer Lernarbeit sonst nichts mehr wert sei. Wir meinen, dass trotz der Probleme jeder Leistungsbeurteilung eine Benotung auch des Projektlernens erfolgen sollte; denn Benotungen sind Bestandteil der Schule und bestimmen den Wert schulischer Arbeit bei Schülern und Eltern. Allerdings sollte man unterscheiden zwischen Fachprojekten, die in einzelnen Fächern von Gruppen konkurrierend oder parallel durchgeführt werden, und freiem Projektlernen an Projekttagen oder in Projektwochen, deren Produkte unter anderen Aspekten zu sehen und nicht mit den üblichen Standards schulischer Leistungsbeurteilung zu bewerten sind. Wir erörtern zunächst die Problematik des Beurteilens genauer, stellen dann Argumente gegen und solche für eine benotende Beurteilung des Projektlernens vor und beziehen abschließend Position.

5.3.1 Warum ist die Benotung des Projektlernens so schwierig?

Abschnitte schulischen Lernens werden in der Regel durch die Beurteilung der erbrachten Leistung abgeschlossen. Dabei wird die gezeigte Leistung auf vorgegebene Maßstäbe wie etwa Zensuren (von ›sehr gut‹ (= 1) bis ›ungenügend‹ (= 6)) bezogen. Die Zensur bietet immerhin eine formale, wenn auch messtheoretisch ungenaue, Bezugsgröße, die einen schnellen Vergleich der Beurteilungen mit den Beurteilungen erlaubt, die die Mitschüler erhalten haben. Sie muss aber immer auf die Leistung in einem bestimmten Fachgebiet hin inhaltlich interpretiert werden. So wird beispielsweise für die Zensur ›mangelhaft‹ (= 5) festgesetzt, dass damit eine Leistung bezeichnet werden muss, die, bezogen auf die Anforderungen an Wissen und Können, in diesem Gebiet erhebliche Mängel aufweist. Was aber sind ›erhebliche Mängel‹ und wo ist die spezifische Differenz etwa zu der Definition für die nächstbessere Zensur ›ausreichend‹ (= 4), die für eine Leistung mit kleineren Mängeln gegeben werden kann und soll?[23] So zeigt sich an dieser Stelle bereits ein doppeltes Problem: Die zu benutzenden Zensuren sind nicht trennscharf zu definieren und sie können nur als Mittel zur Einschätzung, nicht aber als solche zur Messung einer Leistung angesehen werden.[24] Wer eine Zensur erteilt, handelt nach eigenem Ermessen, auch wenn er sich nach der formalen Umschreibung für die Zensuren richtet und diese nach bestem Wissen und Gewissen anwendet.

---

[23] So z.B. in der Vorgabe der bayerischen Lehrerprüfungsordnung I

[24] Auf die vielfach diskutierten Fehlerformen bei der Zensurengebung gehen wir hier nicht ein, auch nicht darauf, dass mathematisch betrachtet die Abstände zwischen den Zensuren nicht präzise definiert sind, weswegen jede Durchschnittsberechnung unzulässig ist. Zensuren sind Vorgaben auf dem Niveau der Ordinalskala.

Statt Zensuren – Gutachten und Schulleistungstests?
Kritiker der Zensurengebung haben Gutachten über die Lernfortschritte der Schüler als Alternative zu den Zensuren vorgeschlagen. Für die ersten beiden Klassen der Grundschule wurde diese Form der Bewertung bereits durchgesetzt. Aber auch die gutachtliche Leistungsbeurteilung ist problematisch. Zwar kann in diesem Fall auf individuelle Lernfortschritte eingegangen werden, doch sind diese Vorgaben in keiner Weise objektiv und vergleichbar. Deshalb erlauben sie keine Feststellung darüber, welchen Rang der/die Beurteilte unter gleichaltrigen Mitschülern derselben Klassenstufe einnimmt. Für den Anfangsunterricht soll dies auch so sein. In den anschließenden Klassen werden aber vergleichende Leistungsbeurteilungen auch als Hilfe zu einer realistischen Selbsteinschätzung für die weitere Schullaufbahn sinnvoll. Hier helfen z. B. in wenigen Fällen geeichte Schulleistungstests, die das Lehrerurteil stützen oder erschüttern können. Werden diese eingesetzt, dann werden allgemeine Fähigkeiten, Kenntnisse und Fertigkeiten überprüft. Weil die Aufgaben auf die gesamte Vergleichsgruppe des Altersjahrgangs bezogen sind, bieten die Tests wichtige Informationen über Leistungsmöglichkeiten in der Klasse: Sie lassen zudem ein individuelles Leistungsprofil zu, aus dem Rückschlüsse auf vorhandene oder fehlende Fähigkeiten für eine erfolgreiche Arbeit in vielen Unterrichtsfächern möglich sind.

Beim Projektlernen stellt sich das Beurteilungsproblem jedoch in anderer Hinsicht. Die Ambivalenz, die besonders in diesem Fall mit der Benotung verbunden ist, verdeutlichen die Befunde bei GÜNTHER, der die Schüler und Schülerinnen über ihre Ansichten zur Leistungsbeurteilung im Projektunterricht befragte.[25] Dabei wird deutlich, dass in den Vorstellungen der meisten Schüler die Zensur das Mittel ist, Unterricht als eine ernsthafte Veranstaltung anzusehen. Dieses Urteil mag für pädagogische Wunschvorstellungen von einer sog. ›humanen‹ Schule bitter sein, ist aber Realität. Projektunterricht, so die Antworten der Befragten, ist die Form schulischen Lernens, bei der Schüler »die Lehrer weniger streng und ohne Benotungen erleben« (GÜNTHER, 1996, S. 82). Er wird deshalb von den meisten »als nicht schulisches Ereignis« bejaht und befürwortet, »weil man darin nicht so viel zu tun braucht« (ebd., S. 83). Projektunterricht – so GÜNTHER im Gegensatz zu Projektbefürwortern – wirkt also für etliche Schüler erholend, weil die üblichen anstrengenden, an Zeit und Verpflichtungen gebundenen Lernformen wegfallen. Gleichzeitig wird eine Ambivalenz des Empfindens bei den Schülern

---

[25] Wir sehen zwar die generelle Problematik einer derartigen Befragung, bei der den Schülern Items vorgegeben werden, deren Formulierung möglicherweise die Antwort mit beeinflussen kann. Aber die Tatasche, dass keineswegs alle den vorgegebenen Items zustimmen, kann auch als Hinweis darauf gedeutet werden, dass die Befragten sich ihre Antwort überlegt haben und die Vorgaben nicht als zwingende Empfehlung betrachteten.

deutlich. Die Befragten sehen zwar gewisse Reize darin, dass in dieser Lernform nicht so streng Leistung gefordert wird, sie sehen aber auch den Nachteil, dass dadurch schulische Ziele nicht erreicht werden.

Entgegen der verbreiteten These, dass gerade der Wegfall einer Benotung auf Schüler anregend wirke, dass die Sache selbst und die freie Arbeitsform stark motivierten, betonen viele der Befragten, dass sie sich nicht ›für nichts‹ anstrengen wollten. Wenn man wisse, dass Anstrengung und Arbeit nicht durch Zensuren belohnt werden, dann fördere das nicht die Anstrengungsbereitschaft, so die Schüler. Benotungen gelten bei vielen Schülern als bestätigende Gratifikationen für erbrachte Leistungen. Sie haben einen Tauschwert, auch wenn Pädagogen es noch so gern hätten, dass allein die Lebensnähe, die praktische Tätigkeit, das sinnvolle Tun oder die interessante Fragestellung motivieren. Auf die Frage, »ob man sich im Projektunterricht weniger anstrengt, weil es keine richtigen Noten dafür gibt« (1996, S. 84), antworten 60% mit ›ja‹.[26]

Projektlernen und Leistungsbeurteilung – ein Dilemma

Die Situation spiegelt bei aller Vorsicht ein Dilemma, über das in projektengagierten Schriften gern hinweggegangen wird. Einerseits sollten Leistungen des Projektlernens beurteilt werden, um gegenüber den Lernenden die Ernsthaftigkeit dieser Lernform zu betonen; andererseits lassen sich gute Gründe dafür anführen, gerade dieses Lernen nicht wie andere Schulleistungen zu beurteilen; denn was soll überhaupt beurteilt werden? Ist es etwa die Gruppen- oder die Einzelleistung? Ist es die Umsetzung kooperativer Arbeitsformen? Sind es die Endprodukte? Sind es die Einfälle zur Lösung der Aufgabe oder ist es die Qualität der Ausführung? Und überhaupt: Wie lassen sich die Leistungsanteile der einzelnen innerhalb der Projektgruppe zur Benotung feststellen? Die Beantwortung dieser Fragen wird noch schwieriger, wenn man bedenkt, dass ›90% der Befragten‹ meinen, »dass in Projektwochen von einigen eifrigen Schülern die ganze Arbeit gemacht wird« (GÜNTHER, 1996, S. 83). Wie ist bei einer Benotung mit den Trittbrettfahrern, wie mit den Drückebergern umzugehen? Welche Meinungen werden bei Schülern geweckt, wenn gar nicht erbrachte Leistungen einzelner durch die Beurteilung der gesamten Gruppenarbeit als gleichfalls gute Leistungen bescheinigt werden? Immerhin gibt nach GÜNTHER mehr als die Hälfte der Befragten an, im Projektunterricht nicht produktiv mitgearbeitet zu haben. So besteht bei einer gruppenbezogenen Benotung immer die Gefahr, ganz unterschiedliches Leistungsverhalten der Gruppenmitglieder gleich (gut) zu beurteilen.

[26] Immerhin bleibt die Einstellung von 40% (!) im Dunkeln.

Die Lehrerinnen und Lehrer scheinen sich dieser Problematik durchaus bewusst zu sein; denn in der Praxis reagieren sie unterschiedlich auf diese Schwierigkeit. KARLHEINZ GOETSCH bringt es so auf den Punkt: »Die Selbstständigkeit der Lernenden wird in einem Unterricht, der sich an Kriterien der Projektidee orientiert, in besonderer Weise gefordert. ... Für die *Beurteilung* derartiger Lernprozesse liegen bislang keine Konzepte vor. Die Literatur schweigt sich aus und aus der Praxis ist nur wenig bekannt« (GOETSCH, 1990, S. 257). Ähnliches zeigt die Untersuchung von PETRI. Er fragte u.a. danach, ob überhaupt und wie das Projektlernen beurteilt wurde. Die Anzahl derer, die darauf antworteten, ist klein. 26 von 64 teilten mit, Projektlernen nicht zu benoten; 16 bewerteten die Mitarbeit, 15 das Arbeitsergebnis. 2 Lehrer stützten ihre Beurteilung auf eine schriftliche Arbeit, einer ließ eine Schülerjury beurteilen (PETRI, 1991, S. 102 f.). Die Antworten sind ein Hinweis darauf, wie wenig die Frage des Beurteilens und Benotens geklärt ist.

Vorläufig bleibt somit zu resümieren: Ob Leistungen des Projektlernens zu beurteilen sind und welche Leistungen benotet werden sollten, bleibt umstritten und schwierig.

5.3.2 Agrumente gegen und für eine Leistungsbeurteilung

KARL FREY schreibt in seiner erfolgreichen Veröffentlichung ›Die Projektmethode‹ über die Beurteilung der Projektleistungen: »Prüfen und Zensieren in Projekten sind keine Selbstverständlichkeit. Es muss von Fall zu Fall entschieden werden, ob man benoten will. Einige Argumente sprechen für Prüfungen und Zensuren, einige dagegen« (FREY, 1993, S. 197). Das ist eine offene Empfehlung; es kommt darauf an, wie stichhaltig die Argumente sind und in welcher Situation sich die Benotungsfrage stellt. FREY beginnt mit Argumenten gegen eine Zensierung. Wir zitieren und kommentieren:

»Argument 1: Das erstellte Produkt oder das gelöste Problem sind Leistungsnachweis genug. Weitere Leistungsnachweise sind überflüssig« (1993, S. 197).
Das scheint auf den ersten Blick schlüssig. Aber dabei bleibt unklar, welchen Anteil der Einzelne bei der Erstellung der Projektleistung hatte und wie die Zusammenarbeit war. Auch wird nicht berücksichtigt, wie intelligent die Lösung der Aufgabe ist, wie gut sie ausgeführt und dann präsentiert wurde. Damit sind Qualitäts- und Qualifikationsunterschiede angesprochen, die den Schülern selbst sehr bewusst und auch wichtig sind. Warum sollen sie nicht bewertet werden? Warum sollen Lehrer als Experten nicht ein Urteil über die erbrachte Leistung abgeben und damit zugleich auf Unter-

schiede hinweisen? Aber sollen sie auch benotet, mit einer Zensur belegt werden?

»Argument 2: Projektlernen macht Fortschritte beim Lernenden selbst erfahrbar. Er spürt die Wirkung seiner Lerntätigkeit bei sich selbst. Er erfährt insbesondere den unmittelbaren Gebrauchswert seiner Tätigkeit« (ebd.).
Das mag für einen Teil der Lernenden zutreffen, für viele aber nicht. Gleichzeitig darf nicht übersehen werden, dass Schüler eine Bewertung und eine benotende Bestätigung des Geleisteten erwarten. Für eine selbstkritische Einstellung gegenüber der eigenen Leistung ist das in der Regel sinnvoll, in manchen Fällen dringend erforderlich. Auch mit dem Gebrauchswert ist das so eine Sache. Welchen Gebrauchswert hat für den Einzelnen die erstellte Gruppenarbeit, mit der er sich nicht identifizieren kann und an der er nur zu einem kleinen Teil mitgewirkt hat?

»Argument 3: Die Zensur weist dem Einzelnen einen Status zu. ... Die Projektmitglieder beschäftigen sich mit ihrem eigenen Status. Sie diskutieren Rolle und Status des einzelnen im Projektablauf. ... Also ist eine Statuszuweisung durch Zensur überflüssig« (ebd.).
Hier werden zwei gleich lautende Aussagen über verschiedene Vorgänge geschickt verknüpft. Dass Zensuren Positionen in der Klasse und damit den Status einzelner Schüler mitbestimmen, steht außer Frage. Aber ob die Projektmitglieder wirklich Rolle und Status des Einzelnen während des Projektlernens diskutieren, ist fraglich. Es werden allenfalls Arbeiten verteilt, Dienstleistungen und bessere Aufgaben. Dabei gibt es Anführer, ›Wasserträger‹ und Mitläufer.[27] Genau diese Struktur müssen Lehrer durch die Zensur nicht zwangsläufig wiederholen. Sie können sie durchbrechen.

»Argument 4: Die Projektmethode möchte die Gräben zwischen Guten und Schlechten, zwischen den Dirigenten und Ausführenden, zwischen Kopf- und Handarbeitern nicht verbreitern, sondern an einigen Stellen überbrücken, um die verschiedenen Gruppen zu kooperativem Tun anzuhalten. In diesem Unterfangen können Zensuren kontraproduktiv wirken« (ebd., S. 197 f.).
Diese Aussage unterstellt, der Verzicht auf Beurteilung bewirke, dass die Schüler stärker kooperieren. Hier wäre zu überprüfen, inwieweit grundsätzlich solche Schüler kooperieren, die voneinander profitieren. Es wäre zu untersuchen, welche Motive Kooperation bestimmen.

[27] Daneben darf man nicht übersehen, dass der Status in der Klasse durch verschiedene Faktoren beeinflusst wird, durch Kleidung, Wissen und Können, Geld Attraktivität oder in negativem Sinn durch das Fehlen dieser Attribute.

»Argument 5: Das Bildungssystem ist mit Benotung und Selektion überfrachtet. Mit Projekten sollten wir einen unbelasteten Freiraum schaffen« (ebd., S. 198).
Diese Begründung ist zwar vernünftig, achtet aber überhaupt nicht die Einstellung von Schülern zu einem schulischen Lernen, bei dem Leistung nicht durch Noten belohnt wird.[28]

Es bleibt festzustellen: FREYs Argumente gegen eine Beurteilung können nicht überzeugen, weil sie ohne Berücksichtigung der Schülerinteressen und der konkreten Verhältnisse während des Projektlernens formuliert sind. Sie drücken Ziel- und Wunschvorstellungen eines pädagogischen Handelns aus, das selbsttätig-motiviertes Lernen anstrebt und sekundäre Auslöser des Lernens zurückdrängen möchte. Die Realität sieht aber anders aus. Prüfen wir deshalb die Argumente für eine Benotung der Leistungen im Projektunterricht. Auch hierfür bietet FREY vier Gründe:

»Argument 1: Wenn jemand eine Leistung erbracht hat, soll er dies auch dokumentieren dürfen und als Ausweis mitnehmen können« (ebd.).
Wenn es so einfach wäre! Wie wir oben diskutierten, ist gerade für das Projektlernen schwer zu bestimmen, wer überhaupt eine Leistung erbracht hat. Es ist nachteilig, eine Leistung der Gruppe pauschal zu benoten, weil dies die Trägen bevorteilt. Das Argument trifft dann zu, wenn die Leistung der Einzelnen bestimmt werden kann.

»Argument 2: Die Projektmethode ist eine Lehr-Lernmethode wie jede andere auch. Wenn wir die erbrachten Leistungen der Teilnehmer nicht auch öffentlich nachweisen, wird sie nicht ernst genommen« (ebd.).
Dass das eine ernsthafte Begründung für das Zensieren ist, zeigen die Schülerantworten in GÜNTHERS Befragung. Für die meisten gilt: Wo es um etwas geht, da wird auch Leistungs- und Anstrengungsbereitschaft mobilisiert; die Methode wird anerkannt und genutzt.

»Argument 3: Die Projektmethode berücksichtigt Fähigkeiten, die andere Methoden vernachlässigen. Die Noten aus Projekten ergänzen die Noten aus dem übrigen Unterricht. Will man das ganze Leistungsspektrum eines Lernenden berücksichtigen, sind Zensuren aus Projekten unerlässlich« (ebd.).
In diesem Argument wird unterstellt, dass besondere Fähigkeiten der Lernenden durch die Benotung erfasst werden, eben andere als im Regelunterricht bedeutsam sind. Wenn man die Selbsttätigkeit und das Engagement

[28] Vgl. GÜNTHER, 1996. Dieses Agrument beeinträchtigt zudem in hohem Maße den Wert von schulischen Projekten. Projektlernen ist nicht Freizeitgestaltung, sondern eine andere, bereichernde Form schulischen Lernens.

meint, dann kann dies für eine gutachtliche Bewertung gelten. Aber wie soll die Entäußerung dieser Fähigkeiten durch Noten erfasst werden? Und: Mit denselben Zensuren werden dann unvergleichbare Dinge erfasst.

»Argument 4: Der übliche Leistungsbegriff ist zu eng. Bildung wird als Ware mit Tauschwert betrachtet. Im Projekt produzieren die Lernenden gemeinsam etwas mit Gebrauchswert. Wenn sie in Selbstbeurteilung etwas über diesen Prozess aussagen, erweitern sie den Leistungsbegriff« (ebd.).
Hier muss man zunächst festhalten, dass Selbst- und Fremdbeurteilung grundlegend unterschiedlich sind. Erwiesenermaßen beurteilen Lernende ihre Mitlernenden schärfer als Lehrende, die eine gewisse Erfahrung und Nachsicht sowie Distanz zum Lernprozess mitbringen. Auch wird nicht der Leistungsbegriff erweitert, sondern die Praxis des Beurteilens. Trotz der kritischen Einwände muss in diesem Argument etwas Positives gesehen werden. Es ist eine gangbare Erweiterung des Projektlernens, dass sich die Lernenden darüber verständigen, wie ihre Leistung gemessen am Auftrag einzustufen ist. Diese Form der Selbstbeurteilung bedarf aber der korrigierenden Fremdbeurteilung durch Lehrende, die dies kompetenter können und deshalb für die Beurteilung verantwortlich sind.

FREYS Vorschläge für und gegen eine Beurteilung der Leistungen des Projektlernens sind ein treffendes Beispiel dafür, wie schwierig es ist, zu dieser Frage eine Lösung zu finden, die der didaktischen Situation angemessen ist. Seiner Forderung: »Das Prüfen und Beurteilen sollte dem projektmethodischen Arbeiten möglichst entsprechen« (ebd.), ist voll zuzustimmen. Ob allerdings die Teilnehmer des Projektes über die Beurteilung beraten und beschließen sollen, bezweifeln wir. Dies wäre in vergleichenden Untersuchungen erst einmal auf seine Auswirkungen zu prüfen.

5.3.3 Zur Praxis der Beurteilung

Wenn FREY fordert, eine Benotung des Projektlernens müsse sich an den Aufgaben dieser besonderen Lernmethode orientieren, dann ist dem zuzustimmen. Projektlernen verlangt von den Schülerinnen und Schülern zweierlei: Sie sollen das Verfahren des Lernens möglichst selbst bestimmen und bis zur Vorlage eines Lernprodukts auch weitgehend selbstständig ausführen. Dazwischen und nach Abschluss der Arbeit sollen sie sich Rechenschaft über das Lernen geben (Projektbericht). In diesem Grundriss der geforderten Lernleistung sind die Möglichkeiten der Leistungsbeurteilung zu erkennen. Wer nun beurteilen will oder soll, muss sich folgende Fragen stellen:

- Soll *Einzel-* oder *Gruppen*leistung bewertet werden?
- *Welches Verhalten* ist zu beurteilen?

- *Wie* soll bewertet werden?
- *Wer* bewertet?

(1) Einzel- oder Gruppenleistung?

Wir haben *Vorbehalte gegen eine pauschale Benotung der Gruppe*. Was spricht dagegen? Hier wäre als Erstes auf die unterschiedlichen Fähigkeiten der Beteiligten, auf ihr verschiedenes Engagement während der Projektarbeit, auf ihre qualitativ und quantitativ unterschiedlichen Beiträge zur Lösung der Aufgabe zu verweisen. Die Beurteilung aller mit derselben guten oder schlechten Note wäre in jedem Fall ungerecht. Bei einer guten Note würden die Leistungswilligen zwar bezogen auf ihre Arbeit vielleicht angemessen, im Vergleich zu den Drückebergern aber höchst unangemessen beurteilt. Diese hätten einen unverdienten Profit. Bei einer – nicht zu erwartenden – schlechteren Note würden die Leistungsbereiten benachteiligt. Auf die Dauer stiftet eine Kollektivbenotung mit Vorteilen für einen Teil der Gruppe Unfrieden, auch wenn es zunächst anders erscheint. Trotzdem wird bei dieser Organisation des Lernens die Gruppenbeurteilung nicht ganz zu umgehen sein, hat doch die Gruppe eine Gesamtleistung erbracht; sie kann aber nur angewendet werden, wenn sie von einer Individualbeurteilung begleitet wird, durch die Drückeberger nicht zu Unrecht profitieren.

Ergänzend zu den Kollektivbeurteilungen ist es deshalb notwendig, *individuelle Beurteilungen* des Arbeits- und Sozialverhaltens sowie der erbrachten Leistung vorzunehmen. Dies kann aber nur funktionieren, wenn Lehrende sich während des Projektlernens beobachtend Notizen über einzelne Vorgänge, Protokolle über den Verlauf der Lerntätigkeit (so: Lösungssuche, Beschaffung von Materialien, Lösungserarbeitung, Darstellung der Arbeit, Präsentation vor anderen) machen. Das wird die Grundlage zur Einzelbeurteilung sein. In das Gesamturteil sind weitere Beobachtungen einzubeziehen. Die Projektgruppe präsentiert ihr Ergebnis mit verteilten Rollen.[29] Dabei muss jeder über die Projektleistung Bescheid wissen; denn jeder kann zur Präsentation aufgefordert werden. So entsteht ein ungefähres Bild vom Beitrag des Einzelnen in der Projektgruppe.

Damit ist aber die zentrale Frage nach dem Objekt des Beurteilens noch nicht gestellt: Was, also welches Verhalten soll beurteilt werden?

(2) Was soll beurteilt werden?

Hier muss man sich auf Beobachtbares beschränken. Beobachten kann man das Arbeits- und Sozialverhalten, die Leistung während der Projektarbeit, das Ergebnis der Leistung in dem vorliegenden Produkt und dessen Präsen-

[29] So Prof. WENGERT (Stuttgart) in einem Vortrag vor Gymnasialdirektoren (Okt. 1998).

tation, die handwerklich, durch Vorführung oder schriftliche Vorlage und mündlich darstellend erfolgen kann. Bei genauerem Hinsehen ist erkennbar, dass die Leistung während des Arbeitsprozesses bereits durch eine pauschale Beurteilung von Arbeits- und Sozialverhalten erfasst wird. So bleiben zur Bewertung

- Arbeits- und Sozialverhalten sowie
- die erbrachte Leistung als Produkt und als Präsentation.

Das Arbeits- und Sozialverhalten ist vorrangig individuell zu beurteilen, wenngleich wir uns denken können, auch ein solches Verhalten der Gruppe durch Merkmale wie Zielstrebigkeit, Arbeitsteilung, Integration, Unterstützung zu erfassen. Die Leistung muss dagegen unter beiden Gesichtspunkten, also individuell wie kollektiv, bewertet werden.

Das *Arbeitsverhalten* wird sich darin zeigen, wie gearbeitet wurde. Beobachten lässt sich, wie die vorgesehenen Arbeitsschritte ausgeführt, die vereinbarte Abfolge des Vorgehens eingehalten, wie genau und wie ernsthaft eine Aufgabe zu erledigen versucht wurde. Im Einzelnen könnten folgende (und weitere) Items einer Beurteilung zu Grunde gelegt werden:[30]

- Zeigt Interesse und Arbeitsbereitschaft
- Beteiligt sich zuverlässig an den Aufgaben
- Leitet die Gruppe stark an, ist dominant, aber produktiv
- Bringt Ideen bzw. Anregungen zur Projektarbeit ein
- Führt übernommene Aufgaben zügig und überlegt aus
- Erkennt selbstständig die notwendigen Arbeiten
- Stellt sich schnell auf neue Situationen ein
- Sucht Lösungen bzw. Auswege aus Schwierigkeiten
- Hat Einfälle zur Gestaltung des Produkts
- Gestaltet die Präsentation

Auch für die Beurteilung des *Sozialverhaltens* lassen sich entsprechende Items zusammenstellen, wenn man mit diesem Begriff das auf die Gruppe bezogene Verhalten der Mitglieder erfassen will:

- Fügt sich in die Gruppe ein
- Unterstützt andere partnerschaftlich
- Hält Abmachungen und Termine ein
- Zeigt im Umgang mit den anderen Rücksichtnahme
- Geht auf arbeitsbezogene Fragen, Hinweise, Wünsche anderer ein
- Gibt Informationen an Mitarbeitende weiter
- Übernimmt auch einmal zusätzliche Aufgaben, um andere zu stützen

---

[30] Über die Methoden des Beurteilens siehe unter (3). Anregungen zu dieser Art des Beurteilens entnehmen wir betrieblichen Praktiken der Personalbeurteilungen.

Die *Leistung* der Projektgruppe scheint einfacher als die genannten Verhaltensweisen fassbar zu sein. Hier liegt ein Produkt vor, dessen Qualität beurteilt werden kann. Wenn etwa einfache Elektromotoren zu bauen waren, dann ist ein erstes Kriterium, ob sie funktionieren. Danach könnte die Sauberkeit der Ausführung, die Qualität im Detail, die ästhetische Gestaltung beurteilt werden. Wollte die Projektgruppe die schulische Projektwoche mit einer täglichen Projektwochenzeitung begleiten, dann sind die Exemplare der Zeitung nach Regelmäßigkeit des Erscheinens, nach Gestaltung, nach Inhalt zu beurteilen. Wichtig ist, dass Kriterien für die zu erbringende Leistung *vor* der Übernahme der Arbeit festgelegt werden. Mit der Motoren-Gruppe wird vereinbart: Die Motoren müssen funktionieren, dürfen keine Verletzungen auslösen, müssen gegen Berührung unempfindlich sein, sollen eine ästhetische Lösung der Aufgabe darstellen. Dann kann das Produkt von Außenstehenden beurteilt werden.

Zusätzlich kann als Leistung die Präsentation des Produkts beurteilt werden. Damit ist die Darstellung vor den anderen gemeint, die schriftliche, mediale oder mündliche Präsentation. Das Arrangement des Produkts, die (Bild)Ausstellung, die Übersicht über die Betriebsbesichtigung auf Stellwänden lassen sich hinsichtlich der Ausführung beurteilen und benoten. Mündliche Präsentationen – Berichte, Vorträge über die Erfahrungen und Ergebnisse – müssen ebenfalls bewertet werden. Auch hier ist Bedingung, dass vorher Kriterien der Bewertung genannt werden, so z.B. für ein mathematisches Fachprojekt: »Informationsgehalt und -dichte, Übersichtlichkeit, Ästhetik, Eigenkritik, Darstellung und Reflexion mathematischer Aspekte« (GOETSCH, 1990, S. 262).

(3) Wie soll bewertet werden?

Beurteilungen können schriftlich oder mündlich erfolgen. Sie können sich auf die kollektive oder auf die individuelle Leistung beziehen. Sie sollten als Bericht ausgeführt werden, der auf Beobachtungen und auf Schätzurteilen beruht. Berichte sind zusammenhängende Aussagen über das Leistungs-, Arbeits- und Sozialverhalten einer Person. Die genannten Schätzurteile werden getroffen, indem Beurteiler sich an vorgegebenen Skalen orientieren, die abgestufte Vorgaben zwecks Zuordnung der individuellen Merkmale anbieten. In der Kombination beider Möglichkeiten sehen wir die Chance zu einer gewissen Vergleichbarkeit der Aussagen. Betrachten wir als erstes die möglichen Schätzskalen.

Schätzskalen sind ein Hilfsmittel der empirischen Sozialforschung, die durch Abstufungen von Ansichten möglich werden. So lässt sich eine Aussage wie ›Er/Sie arbeitet regelmäßig und zielstrebig an der übernommenen Projektaufgabe‹ auf einem Kontinuum zwischen den Extrempunkten ›Trifft immer zu‹ und ›Trifft überhaupt nicht zu‹ einschätzen. Das Kontinuum kann auch unterteilt sein und Felder mit genaueren Schätzvorgaben enthalten, wie wir es für die Beurteilung in diesem Fall vorschlagen. Um mit den oben genannten Items das Arbeits- und Sozialverhalten zu beurteilen, schlagen wir folgende fünfstufige Schätzskala vor:

1	2	3	4	5
Trifft immer zu.	Trifft meistens zu.	Trifft im Allgemeinen zu.	Trifft selten zu.	Trifft überhaupt nicht zu.

Mit dieser und ähnlichen Skalen sind Instrumente gegeben, durch die die Beurteilung an konkrete Feststellungen zu binden ist. Diese Einschätzungen müssen durch Beobachtungen begründet werden. Die Skala lässt sich auf entsprechende Items beziehen und erlaubt es, ein Profil mit Stärken und Schwächen des Arbeits- und Sozialverhaltens aufzustellen. Das anschließende Beratungsgespräch kann mit den Schülern auf dieser Basis genaue Hinweise darauf geben, welche Verhaltensweisen bei zukünftigen Arbeiten zu verbessern sind.

Ergänzend kann die Projektgruppe eine gutachtliche Expertise über ihre Arbeit erhalten, durch die die Qualität der einzelnen Arbeitsschritte bewertet wird. ›Wurde eine originelle, sachangemessene, praktische, ausführbare Lösung der Aufgabe gefunden?‹ ›Führten die Arbeitsschritte zum Ziel?‹ ›Wurden sie konsequent durchgehalten?‹ ›Wurde gründlich gearbeitet?‹ Dieses Gutachten ist auf die Gruppe und ihre Arbeitsleistung bezogen. Obwohl die Gutachten über verschiedene Gruppen nicht direkt vergleichbar sind; bleibt die Gesamtleistung der Gruppe – mit Ungenauigkeiten – an einer formalen Notenvorgabe einschätzbar. Sie kann, bezogen auf die Aufgabe und auf vorgegebene Kriterien, ›gut‹ oder ›mangelhaft‹ gelöst worden sein. Dieses Urteil soll die Gruppe erhalten, aber mit inhaltlicher Begründung, in der sich Lehrende an den vorgegebenen Kriterien der Projektarbeit orientieren.

Eine *mündliche* Beurteilung der gezeigten Leistung bietet sich während der vergleichenden Betrachtung der Ausstellung oder nach der Präsentation der Gruppenleistung an. Hier kann von einem Urteil der Mitschüler ausgegangen werden, das Lehrer dann aus ihrer Sicht ergänzen, korrigieren oder übernehmen.

(4) Wer soll beurteilen?
In der Literatur findet man den Hinweis, dass Schülerinnen und Schüler ihre Projektarbeit selbst beurteilen sollen. Das kann versuchsweise geschehen, kann aber die Aufgabe der Lehrenden nicht ersetzen.

Schüler können z.B. die eigene Leistung einschätzen, die einer anderen Gruppe einstufen und sich kritisch über die Arbeit in der eigenen Projektgruppe äußern. Auch kann eine Jury aus Schülern gebildet werden, die dann bewerten soll. Das alles kann aber die *Aufgabe der Lehrenden* nicht aufheben, die Arbeitsleistungen ihrer Schüler zu beurteilen. Wenn Schüler z. B. eine Pausenwand neu gestaltet haben, dann können sie zwar ihre Empfindungen über diese Arbeit ausdrücken, sich auch zur Qualität der Darstellung äußern, aber Lehrende müssen durch ihren größeren Überblick in der Lage sein, die Arbeit der Lernenden mit Blick auf die Dauer, auf die Kreativität des Entwurfs und die Qualität seiner Umsetzung angemessen zu beurteilen. Vor dieser Verantwortung können sie sich nicht drücken.

An der Beurteilung sollen auch jene Personen beteiligt werden, die als außerschulische Experten zum Projektlernen hinzugezogen wurden, so der Gärtner zur Anlage des Schulgartens, der Apotheker zur Untersuchung der Arzneimittel, der Malermeister zur Gestaltung der Wand im Foyer.

Halten wir fest: Die Benotung muss das Verfahren, das Produkt und die Überlegungen der Schüler über ihr Lernen betreffen. Gerade bei dieser Lernform ist es wichtig, die »kooperative Produktivität in einem Betätigungsgebiet« (FREY, 1993, S. 200; Orig. kursiv) benotend zu erfassen. GUDJONS ist zuzustimmen, wenn er betont: »Es geht also nicht darum, den Projektunterricht an traditionelle Formen der Leistungsbewertung anzupassen, sondern darum, Formen zu entwickeln, die den Leistungen im Projektunterricht angemessen sind« (1997, S. 98). Dieser Hinweis ist wichtig. Auf keinen Fall reicht es beim Projektlernen, nur die Endleistung zu benoten. Daneben muss auch bewertend anerkannt werden,
- wie geschickt die Lernenden vorgegangen sind,
- wie gut sie kooperiert haben,
- wie entschieden sie trotz Schwierigkeiten durchgehalten haben.

Dazu reicht die Notenskala nicht aus. Man könnte zwar für Punkte wie
- Durchhalten bei und trotz Schwierigkeiten,
- Fantasie im Umgang mit der Aufgabe,
- Integration der Mitarbeiter,
- Regelmäßigkeit und Ordnung des Arbeitens

den Zensuren entsprechende Bewertungen aussprechen, aber das Typische des Projektlernens lässt sich wohl nur durch eine kombinierte Beurteilung erfassen, durch eine gutachtliche Feststellung und durch Zensuren für Teilleistungen wie für die Gesamtleistung. Diese Praxis erscheint angemessen. Dass sich dabei wieder die Zensur einschleicht, darf jedoch nicht übersehen werden. Wenn nämlich ein Projektbericht nach gutachtlicher Stellungnahme dann doch »mit ›gut‹ bewerte[t]« wird (GOETSCH, 1990, S. 264), dann können Schüler diese Aussage nur als Note lesen.

Damit ist allerdings das zweite Problem nicht gelöst, dass bei gemeinsamer Arbeit unterschiedliche Beiträge erbracht werden, die aber durch eine gemeinsame Zensur unkenntlich werden. Ein weiterer Schritt bleibt zu erproben: Wie weit können die Lernenden an der Benotung ihrer Arbeit beteiligt werden? Sie könnten selbst Vorschläge machen oder eine Beurteilung durchführen. Projektgruppen könnten sich gegenseitig in vorgegebenen Punkten wie Qualität der Ausführung, Ideenreichtum, Präsentation beurteilen. Man könnte eine Jury aus Schülern einsetzen, um die Arbeit zu bewerten. Die Benotung der Schülerleistung kann aber trotzdem nur von Lehrenden erfolgen, die die Verantwortung für Erziehung und Unterricht haben.

5.3.4 Schlussbemerkung

Die Bewertung der Leistungen, die von Mitgliedern einer Projektgruppe erbracht wurden, erfolgt immer als ein Kompromiss. Zunächst ist zu überlegen, ob die für Projektlernen erteilten Beurteilungen mit den Noten im Lehrgangsunterricht ›verrechnet‹ werden dürfen. Dann bleibt abzuwägen, ob eine Beurteilung überhaupt stattfinden soll, was von wem zu beurteilen ist und welches Gewicht auf die Leistungen während des Arbeitens und auf die Abschlussarbeit gelegt werden soll. Wir sind gegen eine Kollektivbeurteilung, weil wir darin eine Benachteiligung der engagierten Projektarbeiter und einen ungerechtfertigten Vorteil der Trägeren erblicken.

Fragen:

1. Begründen Sie, warum die Beurteilung der Projektergebnisse besonders schwierig ist!
2. Nennen Sie Argumente gegen und für eine Leistungsbeurteilung beim Projektlernen und diskutieren Sie deren Stichhaltigkeit!
3. Machen Sie Vorschläge, wer wie von wem beim Projektlernen beurteilt werden sollte!

Literatur

GOETSCH, K.: Projektunterricht bewerten. In: BASTIAN, J./GUDJONS, H. (Hrsg.): Das Projektbuch II. Hamburg 1990, S. 257–265

5.4 Projektlernen im Kontext der Lehr-Lern-Forschung

Schule ist eine Einrichtung, in der u.a. unterschiedliche Kenntnisse erworben werden, verschiedenes Können angeeignet und soziales Verhalten eingeübt wird. Entsprechend muss man von einer Vielseitigkeit schulischen Lernens und von einer Kombination verschiedenartiger Lernformen im Schulunterricht ausgehen. In einer Projektdidaktik interessieren deshalb folgende Fragen: Welche Vorstellungen von schulischem Lernen liegen dem Projektlernen zugrunde? Welche Formen schulischen Lernens dominieren beim Projektlernen? Welche Bedeutung hat die Selbsttätigkeit der Lernenden für Lernerfolge und welche für instruierendes Lehrerverhalten?

Auf derartige Fragen geben Befürworter wie Kritiker des Projektlernens unterschiedliche Antworten. *Befürworter* wie z. B. HERBERT GUDJONS und HILBERT MEYER stellen heraus, dass sie im Projektunterricht die gelungene Form eines handlungsorientierten Unterrichts sehen, durch den problembezogenes Wissen und Können erworben und vor allem Fähigkeiten wie Selbstständigkeit, Urteilsfähigkeit und Engagement für soziales Handeln angeregt werden. Projektlernen habe einen besonderen Vorteil: Es lasse demokratische Handlungsformen erfahren und könne dazu beitragen, sie einzuüben. Damit wird ein Konzept des Unterrichts umrissen, in dem der Mensch als Gestalter seiner Wirklichkeit begriffen und das Lernen als aktive Aneignung von Welt gesehen wird. *Kritiker* des Projektlernens bezweifeln nicht die Feststellung, dass Lernen die Aktivität der Lernenden erfordert; sie merken nur an, dass die behaupteten Wirkungen des Projektlernens nicht nachgewiesen, ja nicht einmal nachweisbar sind, dass Projektbegeisterung den Blick für die Realität dieses Lernens verstellt und dass den hohen Ansprüchen und Erwartungen in vielen Fällen nur magere oder durch Lehrereinsatz geschönte Ergebnisse gegenüberstehen.

Verständiges Lernen – so die Position der Vertreter einer Instruktionspsychologie – erfolgt als aktiver Aufbau eines zusammenhängenden Wissens und setzt voraus, dass Individuen in sozialen Kontexten und an herausfordernden Aufgaben tätig sind. Handeln, also die konkrete Operation mit Dingen, fördert das Verstehen der Zusammenhänge. Durch die Verinnerlichung dieser Handlungen entwickelt das Subjekt Vorstellungen von den Vorgängen. Es formuliert oder übernimmt Begriffe als Ordnungsinstrumente für das Erkennen der Wirklichkeit. Damit bildet es mentale Modelle, die sein weiteres Wahrnehmen, Denken und Handeln bestimmen. Denken zeigt sich als ein ›Ordnen des Tuns‹, wie HANS AEBLI pointiert ausdrückte. Es beruht auf einer internen Informationsverarbeitung, durch die Wahrgenommenes mit vorhandenem Wissen verknüpft und in eine Wissensstruktur eingeordnet wird. So entstehen erweiterte »Strukturen des Handelns und Denkens«

(ebd., S. 59) durch Integration und Umbau. Zwei Vorgänge nennt AEBLI als Bedingungen erfolgreichen schulischen Lernens: (1) Schüler müssen »immer wieder erfahren und erleben, was sachgemäßes und konsistentes Denken und Handeln ist«. Und: (2) Sie müssen die eigene Arbeit sorgfältig und kritisch betrachten, das Produkt ihres Lernens kritisch prüfen und den Weg dorthin denkend zurückverfolgen (1983, S. 54).

Lernen, kooperativ handelnd Probleme zu lösen

Eine solche Position wird in der Literatur zum Projektlernen immer wieder angesprochen, ja sogar gefordert, jedoch nur selten mit lerntheoretischen Bezügen präzisiert. GUDJONS drückt die allgemein vertretene Intention aus, wenn er feststellt: »Handelnd zu lernen in lebensnahen Problemen, durch Forschen, Entdecken und Erkunden, fördert den Aufbau solcher Netzwerke im Gehirn, weil vielfältige Bezüge eines Problems/einer Sache deutlich werden« (GUDJONS, 1997, S. 49). Gegen diese Position ist so lange nichts einzuwenden, wie die Relation beachtet wird, in der sich handelndes Lernen zu angeleitetem schulischem Lernen in didaktisch gestalteten Lernumgebungen befindet. Um nicht missverstanden zu werden: Wir teilen die Position, dass die Aufforderung zu aktiver Erarbeitung von Lösungen, zu selbsttätiger Rekonstruktion der Wirklichkeit (von Natur und Gesellschaft) eine wichtige Aufgabe des Schulunterrichts ist; aber wir bestehen darauf, von einer einseitigen Interpretation dieses Ansatzes der Didaktik abzusehen und die Ergebnisse der Lehr-Lern-Forschung für eine Projektdidaktik zu berücksichtigen.[31] Deshalb diskutieren wir zur Grundlegung einer Projektdidaktik die Vielseitigkeit schulischer Lernformen und betonen, dass schulisches Lernen sich nicht auf selbstständig handelndes Lernen beschränken kann und darf. Viele Erkenntnisse sind im Schulunterricht zu übernehmen, Techniken und Methoden sind anzueignen, bereits gefundene Gesetzmäßigkeiten können selten neu erfunden werden. Nur im Spannungsfeld des gesamten schulischen Lernens kann die spezifische Rolle des Projektlernens bestimmt und gewürdigt werden. Dabei bilden ›Systematik‹ und ›Erfahrung‹ zwei Pole dieses Lernens, die auch durch die Begriffe ›Methode‹ und ›Situation‹ umschrieben werden können.

5.4.1 Schulisches Lernen zwischen Systematik und Erfahrung

In dem »Gutachten zur Vorbereitung des Programms ›Steigerung der Effizienz des mathematisch-naturwissenschaftlichen Unterrichts‹«, 1997 von der BUND-LÄNDER-KONFERENZ veröffentlicht, erfolgt eine grundlegende Bestimmung des Lernens in schulischen Situationen. Schulisches Lernen, so die

[31] Vgl. die Arbeiten von WEINERT, HELMKE, BAUMERT u. a.; zusammenfassend: TERHART, 1997, S. 75–98.

Gutachter, ist eine besondere Form der Aneignung von Wissen und Können, die »in sinnstiftenden Kontexten zu arrangieren« ist. Im Allgemeinen dient es dazu, »Orientierungswissen in zentralen Wissensdomänen unserer Kultur« (BLK, 1997, S. 12) zu erschließen. Solches Wissen ist unverzichtbar, um »die Welt der Gegenwart zu ordnen, Zusammenhänge zu verstehen und eine Identität zu erarbeiten« (ebd., S. 9). Der Erwerb derartigen Wissens ist aber nur einer von vier Schwerpunkten schulischen Lernens. Grundsätzlich soll unterrichtliches Lernen zu ›kulturellem Basiswissen‹, zu ›Orientierungswissen‹, zu ›Wissen über das eigene Denken und Lernen‹ und zu ›sozialen Kompetenzen‹ führen. Diese Schwerpunkte umschreiben die Bereiche, in denen Qualifikationen schulischen Lernens angestrebt werden.

Systematisches und situiertes Lernen in Schule und Unterricht

Die Gutachter nennen *zwei Grundformen schulischen Lernens*, die dazu beitragen können, sich diesen Zielen schulischer Bildung zu nähern:

(1) das systematische, angeleitete, langfristig und kumulativ angelegte Lernen in fachlichen Einheiten, jene typische Form des künstlich-schulischen Lernens, das an Vorgaben des Lehrplans, an fremdbestimmte Artikulation der Lernschritte, an Anregungen, an gemeinsames Lernen unter der Führung einer Lehrperson und an fachmethodische Formen gebunden ist.

(2) das praktische, erfahrungsbezogene Lernen, das weniger streng geführt wird, bei dem den Schülern mehr Möglichkeiten zur Entscheidung über die Organisation des Lernens, über Zielerreichung, Kooperationen und Methodenwahl gelassen wird, in dem die Interessen der Lernenden aufgegriffen werden und dessen Zweck darin besteht, Fragen selbstständig zu thematisieren, Aufträge festzulegen und abzuarbeiten.

Die erste Form wird allgemein als ›systematisches‹, die zweite als ›situiertes‹ Lernen bezeichnet. Das didaktische Spannungsfeld zwischen beiden Formen des Lernens lässt sich so darstellen:[32]

[32] Vgl. hierzu PETRI, der das didaktische Spannungsfeld zwischen ›Schülerorientierung und Lehrstoffbezug‹ ähnlich darstellt (1991, S. 188).

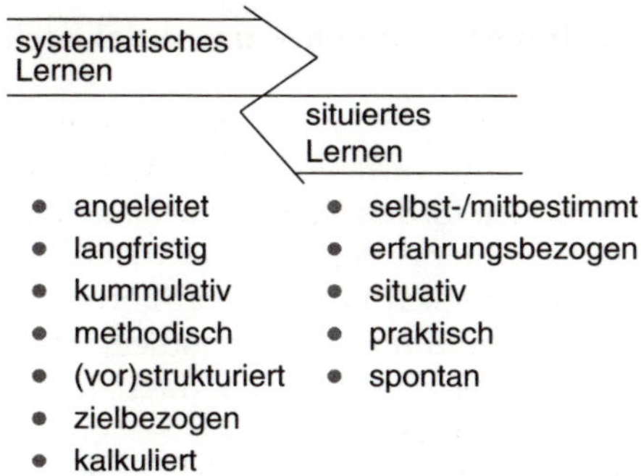

Abb. 19: Merkmale systematischen und situierten Lernens

Systematisches Lernen bestimmt den Wissenserwerb im Fachunterricht, die schrittweise Aneignung geordneter und vorstrukturierter Kenntnisse. Es verlangt ein Lernverhalten zwischen (aktiver) Rezeptivität und tätigem Lernen. Die vorherrschende Organisationsform dieses Lernens ist der variabel geführte Klassenunterricht, der frontale Organisation ebenso wie soziale Arbeitsformen, Anleitung ebenso wie Selbsttätigkeit einschließt. Sein Markenzeichen sind eine gekonnte Gesprächsführung, die professionelle Problematisierung des Themas und die geschickte Nutzung von Medien, Methoden und Sozialformen, also eine variable Form der Kenntnisvermittlung.

Situiertes Lernen erfolgt dagegen in offenen, teils selbstbestimmten Arbeitsformationen, normalerweise in Arbeitsgruppen. Es sollte wie übrigens auch ein guter Frontalunterricht problemorientiert angelegt sein und Aktivität zur Lösung gestellter Aufgaben verlangen. Dabei soll vor allem gelernt werden, wie man mit Problemen umgeht, Lösungen sucht und diese prüft. Ob ein geordnetes Wissen tatsächlich angeeignet wird, hängt aber bei beiden Lernformen wesentlich von individuellen Lernvoraussetzungen ab.

Systematisches und situiertes Lernen sind für die Vielseitigkeit schulischer Bildung notwendig. Ihr Verhältnis zueinander richtet sich nach Zielen sowie Inhalten des Unterrichts und nach den anthropogenen und soziokulturellen Lernvoraussetzungen. Schule steht deshalb immer vor der Aufgabe, ›eine Balance zwischen eng geführtem, systematischem Lernen in definierten Wissensdomänen und situationsbezogenem Lernen im praktischen Umgang mit lebensweltlichen Problemen zu finden‹ (BLK, 1997, S. 16). Dabei bleibt die Relation der Lernformen zueinander unbestimmt. Die didaktische Frage lautet: Wie kann man durch die Organisation der Lernformen den Lehr-Lern-Prozess optimieren?

Systematisches und situiertes Lernen – eine didaktische Wechselbeziehung

Die Bedeutung beider Grundformen des unterrichtlichen Lernens erblicken die Gutachter darin, dass ihre variable Anwendung die Entwicklung unterschiedlicher Qualifikationen fördern kann. Ein systematisch und methodisch organisiertes Lernen, das unter Anleitung in der Klasse stattfindet, kann und soll dazu beitragen, ein übersichtliches, geordnetes und in sich vernetztes Wissen aufzubauen. Es vermittelt zudem grundlegende fachgemäße Arbeitsweisen. Dabei darf nicht übersehen werden, dass auch von Lehrern angeleiteter Unterricht die Selbsttätigkeit der Schüler herausfordern muss und kann. Schülerinnen und Schüler müssen sich immer selbsttätig aneignen, worüber sie später verfügen wollen. ›Verständnisvolles Lernen ist ein aktiver und konstruktiver Aufbau von Wissenssystemen‹, ist ›ein individueller Konstruktionsprozess‹ – so die Gutachter (ebd., S. 17). Es bildet die Basis für nachfolgendes, darauf aufbauendes Lernen ebenso wie für selbsttätiges Erarbeiten von Aufgaben. Dabei darf die Bedeutung der didaktischen Anleitung jedoch nicht unterschätzt werden; denn die Übernahme von Wissen ist sinnvoll, die Annahme von Erläuterungen ist vernünftig, bevor erfolgreich selbst erarbeitet oder dargestellt werden kann. Das Rad kann nicht neu erfunden werden, vielleicht aber eine neue, die Reibung reduzierende Lagerung. Dazu sind jedoch Grundkenntnisse notwendig. Gegen derzeit verbreitete Ansichten muss noch einmal festgehalten werden: »Die beste Voraussetzung für kumulative Lernprozesse und selbstständiges erfolgreiches Weiterlernen sind nicht formale Schlüsselqualifikationen, sondern eine solide und gut organisierte Wissensbasis im jeweiligen Schulfach«, wie BAUMERT/KÖLLER (1998, S. 15) in einem Beitrag zur Bedeutung vergleichender Schulforschung feststellen.

Über die Komplexität schulischen Lernens darf man sich nicht täuschen. Zu grundlegendem Wissen gehören »Fakten-, Konzept-, Theorie-, Methoden- und Prozesswissen gleichermaßen« (ebd.). Solches Wissen beruht auf langjährigem übungsintensivem Aufbau, »der nicht nur Anstrengung und Ausdauer verlangt, sondern zugleich auch die systematische Schulung von Elementen des ›Anderen Lernens‹ einschließt: also Anwenden, Übertragen, Umstrukturieren und Integrieren« (ebd.). Erst damit ist die Grundlage für ein erfolgreiches ›situiertes‹ Lernen gelegt, bei dem gerade diese Kenntnisse eingebracht, angewendet und überprüft werden sollen.

Im situierten Lernen, also bei der Arbeit an einer mit anderen zu lösenden Aufgabe (Gruppenlernen, Alleinarbeit, bis hin zum Projektlernen), soll erfahren werden, dass Lernen auch selbst organisiert werden kann. Die Planung, die Auswahl der Verfahren, die Durchführung, die Darstellung der gefundenen und ausgeführten Lösung zeigen, inwieweit es gelungen ist, als mitbestimmende Persönlichkeit in der Projektgruppe tätig zu werden. Dabei lernen einige mehr und weniger selbstständig mit Problemen umzugehen, andere durch Imitation (sie ›kupfern ab‹), wieder andere durch Einfallsreichtum. Beide Formen schulischen Lernens sind für die Bildung junger Menschen, für den Aufbau von Wissen sowie Können und die Entwicklung sozialer Kompetenzen grundlegend. Die Gutachter resümieren deshalb: »Schule ist auf das Ineinandergreifen von systematischem und situiertem Lernen angewiesen« (BLK, 1997, S. 22).

Implizit kritisieren die Gutachter damit jene Position, die von unberechtigten Wunschvorstellungen über die Erfolge eines selbsttätig-motivierten Lernens von Schülerinnen und Schülern ausgeht. Gegen pädagogische Utopien von der Bedeutung eines selbstregulierten Lernens halten sie fest: Dafür, dass »verständnisvolles und erfahrungsgesättigtes Lernen in lebensnahen und sinnstiftenden Kontexten« (vergleichbar etwa dem Projektlernen) auch zu erhöhter Lernbereitschaft, zu autonomem Lernen und sozialem Handeln führt, »gibt es nur wenige überzeugende empirische Belege« (ebd., S. 23). Vielmehr zeigten glaubwürdige Studien der Lehr-Lern-Forschung, dass Lernerfolge von Vorstrukturierungen des Lernwegs und von gezielten Anregungen sowie Hilfen abhängen.[33] Vor allem lernschwächere Schülerinnen und Schüler benötigen eine Entlastung von zu hoher Erwartung an die Eigenverantwortung. Allerdings dürfe man nicht übersehen, dass mit zunehmendem Alter der Anspruch an die Selbstverantwortung schulischen Lernens zunehmen muss. Die selbstverantwortliche und selbstständige Aneignung von Wissen und Können muss erlernt werden. Eindringlich ist aber in diesem Zusammenhang vor einer Überforderung der Lernenden und vor einer Geringschätzung des systematischen Kenntniserwerbs zu warnen.

5.4.2 Selbsttätiges Lernen und anleitende Instruktion

Dass die Aneignung von Wissen und Können die Aktivität der Lernenden voraussetzt, wird nicht erst in neueren Lerntheorien beachtet. WOLFGANG EINSIEDLER verweist in seiner Veröffentlichung über ›Lehrmethoden‹ (1981) auf diese Tatsache und unterscheidet äußere von inneren Aktivitäten, die allgemein als Vorgang interner Informationsverarbeitung durch Denkprozesse angesehen werden. »Lehrende sollen«, so sein Vorschlag, »zu vielfältigen Aktivitäten beim Lernen auffordern: Die Lernenden sollen den Lehrstoff strukturieren, d.h. ungegliederte Inhalte gliedern, die Hauptelemente und deren Zusammenhänge herausarbeiten, die Sinnstruktur kennzeichnen«

[33] Zwar nennen die Gutachter diese Studien nicht, wir gehen aber davon aus, dass es sich um die Beiträge zur Lehr-Lern-Forschung von BAUMERT, HELMKE, WEINERT handelt; vgl. auch schon EINSIEDLER, 1981.

(EINSIEDLER, 1981, S. 88). Zwar handele es sich bei diesen Tätigkeiten um äußere Aktivitäten, doch könnten diese verinnerlicht werden, wenn sie verschriftlicht und begrifflich präzisiert werden. Offenbar hat EINSIEDLER einen zur Selbsttätigkeit anleitenden Unterricht im Blick. Lehrende sollen entsprechende Lernumgebungen bereitstellen, durch »widersprüchliche und problematisierende Informationen, verständliche Anordnung, grafische Darstellung u. a.« (ebd., S. 88 f.) vor allem »Denkaktivitäten« (ebd., S. 89) anregen. Instruktion soll also dazu beitragen, dass Lernende sich in komplexen Lernumwelten zurecht finden, Zusammenhänge erkennen, Lösungen entwerfen und ausprobieren.

Beim Projektlernen ist der Ausgangspunkt ein anderer. Zwar sind vergleichbare Aktivitäten der Lernenden dauernd gefragt, so z.B. wenn die Aufgabe geklärt und unterteilt, Daten erhoben, Beobachtungen aufgeschrieben, Versuchspläne angelegt, Listen zusammengestellt oder einfach nur die Tätigkeiten verteilt und der Zeitplan aufgestellt werden; aber die Aufgabe der Lehrenden ist in dieser Situation anders definiert. Sie müssen beraten und anregen, zeitweise auch Irrwege erproben lassen. Ihre Einwirkung ist abhängig von Vorkenntnissen, Erfahrungen mit dieser Lernform und dem Arbeitsverhalten der Lernenden.

In komplexen Lernumwelten anregen, instruieren und beraten
In neueren Darstellungen zur Gestaltung von Lernumgebungen und zur Bedeutung der Instruktion bei selbsttätigem Lernen (GRÄSEL, 1997; KOHLER, 1998; STARK U. A., 1995 und 1998) heben die Verfasser neben der Aktivität der Lernenden auch die Bedeutung passender Lerninstruktionen für erfolgreiches Lernen hervor. Die zentrale Frage lautet: Wie sind Lernumgebungen – hier sind in erster Linie multimedial präsentierte Simulationen gemeint – didaktisch zu gestalten, damit Interesse entsteht und ein »flexibel anwendbares Wissen« (KOHLER, 1998, S. 21) angeeignet wird? Für unsere Frage nach dem Verhältnis, das zwischen selbstgesteuertem Lernen und Instruktion besteht, ist in erster Linie relevant, welcher Stellenwert der didaktischen Anregung und Anleitung durch Lehrende zugesprochen wird.

Eine erste Antwort auf die Bedeutung der Instruktion für selbsttätiges Lernen in problemorientierter Lernumgebung kann einer Untersuchung entnommen werden, die STARK/GRAF/RENKL/GRUBER/MANDL (1995) zu der Frage durchgeführt haben, wie die Handlungskompetenz der Lernenden gefördert wird, wenn in multiplen Lernkontexten das Problemlösen angeleitet wird. Diese Frage ist vor allem deshalb interessant, weil gelegentlich angenommen wird, dass bei solchen Aufgaben der Verzicht auf Instruktionen eine konstruktiv-kreative Aktivität der Lernenden auslöse, die zur Entwicklung sachkompetenten Wissens und Könnens führe. Dabei – so STARK

U. A. – werde aber zu wenig auf die Lernvoraussetzungen der Schüler geachtet, was immer wieder zu deren Überforderung führe. Deshalb sei es notwendig, durch eine spezifische Anleitung wirkungsvolle Lernumwelten zu schaffen, in denen die Schüler zu verständigem Umgang mit der Aufgabe angeregt werden. Diese Frage ist grundsätzlicher Art und stellt sich immer, wenn es um die Organisation von Lehren und Lernen geht. Wie wirksam sind also instruktionale Hilfen? Hängt dies mit den Lernkontexten zusammen? Unter welchen Bedingungen wird mehr Sachwissen angeeignet? Was fördert die Entwicklung mentaler Modelle und damit die Flexibilität des Denkens, der Wissensanwendung? Was beeinflusst soziales Handeln?

Die Autoren folgern aus ihren Ergebnissen, dass komplexe Lernumgebungen nur dann zum Erwerb der Handlungskompetenz beitragen, wenn gleichzeitig Anleitungen zum Lösen der anstehenden Probleme gegeben werden. Ohne entsprechende Anleitung darf die Komplexität von Lernkontexten nicht erhöht werden. Ohne Unterstützung werden Lernende überfordert und können weder Sachwissen noch mentale Vorstellungen noch angemessene Steuerungen des Systems entwickeln. Zu sehr auf sich selbst gestelltes Lernverhalten in komplexen Lernumgebungen ist sogar riskant: Denn es »besteht die Gefahr, dass das Lernen anhand von komplexen Problemen zu Fehlern führt, die von den Lernenden nicht erkannt und in die generierte Wissensstruktur integriert werden« (STARK U. A., 1998, S. 6).

Bessere Handlungskompetenz durch angemessene Anleitung
Diese Einsichten sind auch für Projektlernen bedeutsam, verweisen sie doch darauf, dass es sinnvoll ist, die Suche nach selbstständigen Lösungen durch Anleitungen oder Hinweise, die sich sowohl an den Lernvoraussetzungen als auch an der Komplexität der Lernumgebung orientieren, zu unterstützen – eine Erkenntnis, die wirklich trivial, aber offenbar wichtig ist.

5.4.3 Schlussbemerkung

Fragen wir abschließend: Wie fügt sich Projektlernen in die Vielfalt schulischen Lernens? Es kann den systematischen Unterricht ergänzen und bereichern, kann also die Menge bildender Lernformen erweitern. Damit ist es die Anregung zu einem anderem Lernen, durch das aufbauend auf gründlichen fachlichen Studien die Lernenden Selbsttätigkeit und Selbstständigkeit erproben können. Zudem bietet es die Möglichkeit, komplexere, konkrete Problem- und Aufgabenstellungen individueller, variabler und schülerorientierter anzugehen. Allerdings ist es nicht dazu geeignet, systematisch grundlegendes Wissen zu erarbeiten. Dafür aber ermöglicht es Erfahrungen selbstverantwortlichen Handelns und Lernens, wenn eine wichtige Aufgabe möglichst eigenverantwortlich bearbeitet werden kann. Man kann in diesem Zusammenhang daran erkennen, dass DEWEY schon früh die Bedeutung betonte, die eine didaktische Anleitung für ein bildendes Projektlernen hat.

Fragen:
1. Was versteht man unter systematischem, was unter situiertem Lernen?
2. Erörtern Sie die Aussage: Projektlernen soll systematisches und situiertes Lernen verbinden.

Literatur

BLK (Bund-Länder-Konferenz) (Hrsg.): Gutachten zur Vorbereitung des Programms ›Steigung der Effizienz des mathematisch-naturwissenschaftlichen Unterrichts‹. Materialien zur Bildungsplanung und Forschungsförderung. H 60, 1997

STARK, R./GRAF, M./RENKL, A./GRUBER, H./MANDL, H.: Förderung von Handlungskompetenz durch geleitetes Problemlösen und multiple Lernkontexte. In: Zeitschr. f. Entwicklungspsychologie und Pädagogische Psychologie 1995, Bd. XXVII, H 4, S. 289–312

5.5 Empirische Forschungen zum Projektlernen

Empirische Untersuchungen über die Auswirkungen des Projektlernens sind selten. Verbreitet sind statt dessen Erfahrungsberichte, die mal mehr – mal weniger überzeugend wirken. Um aber die didaktische Bedeutung des Projektlernens beurteilen zu können, ist eine Kontrolle der behaupteten Auswirkungen unverzichtbar. In diesem Kapitel werden verschiedene Beiträge untersucht, in denen Projektlernen als Vorgang beschrieben und Erfahrungen mit diesem Lernen analysiert werden.

Über den Projektunterricht und das, was allgemein dafür gehalten wird, liegt eine Flut von Veröffentlichungen vor. GOTTFRIED PETRI beschreibt dies treffend: »Schriften, die die Prinzipien des Projektunterrichts überzeugend verkünden und Einzelprojekte eindrucksvoll beschreiben, gibt es in reicher Fülle. Jemand, der in erster Linie von dieser Literatur und nicht so sehr von der Unterrichtswirklichkeit ausgeht, vermag sich kaum vorzustellen, dass etwas anderes als verkrustete Strukturen, Borniertheit der Schulbehörden und traditionalistische Lehrereinstellungen einen raschen Siegeszug hochwertigen Projektlernens verhindern« (1991, S. 192). An anderer Stelle zeigt er unter Berufung auf die SCHÄFER'sche Bibliografie in einer Übersicht (1991, S. 271), dass zwischen 1970 und 1980 nirgendwo auf der Welt so viele Publikationen zu diesem didaktischen Spezialgebiet erschienen sind wie in Deutschland.[34] Die Zahl der Veröffentlichungen stieg seit dem Ende der sechziger Jahre rasant an, erreichte Mitte der siebziger Jahre den Höchststand von jährlich etwa 300 kleineren und größeren Schriften und pendelte sich um 1980 bei etwa 230 Publikationen pro Jahr ein. Inzwischen dürfte die Anzahl noch etwas gesunken sein. Diese Menge ist nicht mehr zu überblicken. Nur soviel ist sicher: In der Mehrzahl handelt es sich um Praxis- oder Erfahrungsberichte. Dann folgen praxisanleitende Veröffentlichungen, in geringerer Anzahl liegen didaktische Beiträge zur Theorie und zur Organisation des Projektlernens vor. Schließlich erscheinen als kleinste Menge wenige empirische Untersuchungen.

Fragt man nun nach Aussagen von empirischen Untersuchungen zum Projektlernen, dann empfiehlt sich die *Verwendung eines weiten Empirie-Begriffs*. In ihn sollten Erfahrungsberichte über das Lernen in Projekten noch mit eingehen; denn eine gründliche und kritische Auswertung von beschreibenden Darstellungen des Projektlernens ist sinnvoll, eröffnet sie doch den Blick auf mögliche Lernprozesse und -effekte, die sonst nicht erkennbar werden. Allerdings darf eines nicht übersehen werden: Solche Beschreibungen sind häufig zugleich Ausdruck eines überzeugten, aber unkritischen Engagements für Projektlernen, das dieser Methode schulischen Lernens schon ohne Untersuchung der Lehr-Lern-Wirklichkeit und ohne Berücksichtigung von Schülermeinungen viele Pluspunkte zugesteht. Die meisten dieser Berichte sind in der Überzeugung geschrieben, dass mit Projektunterricht die ›Schule neu gedacht‹ (v. HENTIG) und so konzipiert werden könne, dass sie den zeitlichen Verhältnissen und den gegenwärtigen Anforderungen einer sog. postmodernen Wirklichkeit an schulische Sozialisation besser entspreche. Gelegentlich wird sogar erwartet, dass Projektlernen dazu beitragen kann, schulische und gesellschaftliche Probleme zu lösen. ›Projektunterricht ist Lernfortschritt‹ – so die ungeprüfte Botschaft vieler Veröffentlichungen; er erlaube jene Formen sozialen, lebensbezogenen und dadurch die künstliche Lernwelt Schule transzendierenden Lernens, die – so diese Autoren – gegenwärtig Aufwachsende dringend benötigen. Anders als traditioneller Unterricht biete er Gelegenheiten, in und durch selbstbestimmte Aktivitäten Handlungskompetenz zu entwickeln. Aussagen wie diese sind jedoch kritisch zu prüfen; denn sie dienen nicht dem pädagogisch wichtigen Anliegen, durch eine kompetente Organisation offener und geschlossener Formen schulischen Lernens eine vielseitigere Bildung zu fördern.

---

[34] Die Menge der Beiträge ist Ausdruck einer starken reformpädagogischen Orientierung, die sich als Folge der Bildungsform in der 70er Jahren gegen kritische Positionen durchsetzen konnte.

Viele subjektiv gefärbte Erfahrungsberichte, wenige Untersuchungen zum Projektlernen

Neben den appellativen Berichten aus der Projektpraxis stehen in neuerer Zeit auch einige empirische Untersuchungen zum Projektlernen, in der Regel Befragungen Beteiligter. Besonders interessant ist die Veröffentlichung von GOTTFRIED PETRI (1991), der als engagierter Befürworter des Projektlernens eine kritische Analyse über die schulischen Bedingungen und Möglichkeiten dieser Lernform vorlegt. Ähnlich bedeutsam sind die von GUNDEL SCHÜMER/MICHAELA WEIßENFELS vorgelegten ›Ergebnisse einer Umfrage unter Grund- und Sekundarschullehrern aus vier Bundesländern« (1995) – sprachlich leicht modifiziert von GUNDEL SCHÜMER 1996 unter dem Titel ›Projektunterricht in der Regelschule‹ veröffentlicht. Sie erweitern PETRIS Befunde vor allem hinsichtlich der Rolle von Lehrern im Projektunterricht.[35] Die Untersuchungen von GEIST/JUNGBLUTH/PHILIPP (1986) sowie NUHN/VAUPEL (1991) und die Studie von FRANK TOSCH (1996) beruhen auf kleineren Erhebungen, enthalten aber beachtenswerte Hinweise zur Häufigkeit und Praxis des Projektunterrichts. TOSCH analysierte die Auswirkungen eines schulpolitischen Förderprogramms in Brandenburg, durch das nach der Wende Anfang der 1990er Jahre eine Modifizierung des Schulunterrichts getragen wurde und konzentriert sich dabei auf Institutionalisierung und Auswirkung des Projektlernens. In erster Linie verdeutlicht er eine Zusammenstellung möglicher Themen und bietet eine gründliche Diskussion des Zusammenhangs zwischen Lehrgang und Projektunterricht.[36]

Weniger rezipiert wird die bereits zitierte Arbeit von HENNING GÜNTHER (1996), der in konsequenter Kritik an offenen Unterrichtsformen auch das Projektlernen untersucht. Grundlage seiner Studie sind 295 Interviews mit Schülern der Sekundarstufe I, in denen u. a. »Aussagen über die Erfahrungen mit Projektunterricht« (GÜNTHER, 1996, S. 66) erhoben werden. Diese Angaben werden mit Daten zur Person, Ansichten über den Sinn von Schule und bevorzugte Unterrichtsformen sowie mit Selbsteinschätzungen der Schüler in einen Zusammenhang gebracht. Daraus gewinnt GÜNTHER Positionen der Schüler zu Schule, traditionellem Unterricht und Projektlernen, die den z. Zt. allgemein vertretenen Vorstellungen stark entgegengesetzt sind.[37]

---

[35] Wir zitierten im Folgenden nach Schümer, 1996, weil dieser Text leichter zugänglich ist.

[36] Die Analysen von Unterrichtsformen, die LUKESCH/KINKEL (1987) und RIEDEL/GRIWATZ/LEUTERT/WESTPHAL (1994) veröffentlichten, enthalten auch Passagen zum Projektunterricht in der Schule. Wir gehen darauf in 5.5.3 ein.

[37] GÜNTHERS Studien werden verständlicherweise von Befürwortern freier Arbeitsformen heftig angegriffen. Seine Ablehnung des offenen Unterrichts begründet er mit Hinweisen auf die Lehr-Lern-Forschung. Seine Erhebungen zum Projektlernen, zusammengestellt aus Zulassungsarbeiten, sind aber wichtige Beiträge zur Diskussion, geben sie doch Schülermeinungen zu dieser Lernform wieder. Auch wenn man unterstellt, die Fragen hätten bestimmte Antworten provoziert, bleibt doch festzuhalten, dass die erhobenen Daten keineswegs das Ergebnis einheitlicher Antworten rerpräsentieren.

Unter den Darstellungen des Projektlernens überwiegen Eigenberichte aus der Praxis. Diese sind hinsichtlich ihrer Objektivität immer mit Skepsis zu betrachten. Umso wichtiger sind distanzierte wissenschaftliche Analysen, die auf Erhebungen oder Experimenten beruhen. Das Experiment, bei dem nach gegenwärtigem Forschungsverständnis Parallelklassen in unterschiedlicher Weise über dasselbe Thema unterrichtet und Lernfortschritte nach festgesetzten Zeitabschnitten verglichen werden, passt in diesem Fall jedoch nicht, weil die Zielsetzungen, die Inhalte und Verfahren zwischen traditionellem Unterricht und Projektlernen zu sehr differieren. Folglich bleiben als methodische Ansätze für eine Untersuchung die Beobachtung, die Erhebung mittels Befragung und die Auswertung vorliegender Dokumente. PETRI, NUHN/VAUPEL, SCHÜMER, TOSCH und GÜNTHER haben diese Methode unterschiedlich genutzt, um über die Realität des Projektunterrichts zu berichten. PETRI verbindet seine Erhebung mit einer kritischen Analyse der behaupteten Zwecke und Ziele, Möglichkeiten und Grenzen dieses Unterrichtsverfahrens. Trotzdem entwickelt er abschließend Möglichkeiten zur Einführung des Projektlernens im Schulunterricht. Mit seinem Ansatz bietet er Einblicke in die Realität des Projektlernens zwischen Lehreransicht und schulischen Bedingungen (Fachstruktur des Unterrichts, Projektdistanz und Projektnähe bestimmter Fächer, fächerübergreifender Unterricht). NUHN/VAUPEL verfahren anders. Sie informieren über die Bedeutung, Konzeption und Durchführung von Projektwochen an Sekundarschulen der Region Kassel aus Lehrer- bzw. Schulleitersicht. SCHÜMER analysiert Lehrereinstellungen gegenüber dem Projektunterricht und schließt mit interessanten Anregungen zum Verhältnis zwischen Lehrgangsunterricht und Projektlernen. GÜNTHER fragt nach den Auswirkungen des Projektlernens auf die Schüler, nach ihren Erfahrungen, Zustimmungen und Ablehnungen. Wir beginnen mit der Auswertung von Erfahrungsberichten.

5.5.1 Erfahrungsberichte

Darstellungen über Projektlernen findet man seit der Einführung dieser Methode vor allem in pädagogischen Periodika. Gegenwärtig erscheinen sie in Deutschland immer wieder in der Zeitschrift ›Pädagogik‹ und in fachdidaktischen Periodika, daneben aber auch in Tageszeitungen, in Schul(fest)schriften bzw. Jahresberichten, in Anleitungsbüchern und seit einiger Zeit in kurzen Übersichten auch im Internet. Was kann man aus den einander ähnlichen, in der Regel positiv gehaltenen Erfahrungsberichten lernen? Welche Mängel darf man nicht übersehen?

Wer mehrere Berichte über Erfahrungen mit Projektlernen durchsieht, bemerkt bald, dass neben der inhaltlichen Darstellung immer wieder die besonderen *Merkmale* des Projektlernens, die *Lernangebote* während der

Durchführung und die möglichen bzw. erwünschten *Lerneffekte*, die bei der Lösung von Aufgaben entstehen sollen, herausgestellt werden. Wir gehen darauf nun im Einzelnen ein.

Projektarbeit – selbstbestimmtes Lernen in neuer Rolle

Merkmale des Projektlernens. In den Erfahrungsberichten findet man eine Aufzählung der bekannten Charakteristika des Projektlernens. So wird immer wieder herausgestellt: Bei diesem Lernen ist stärker als im Klassenunterricht die Selbstständigkeit der Schülerinnen und Schüler gefragt. Schon bei der Festlegung des Arbeitsfeldes können die Lernenden mitbestimmen, ihre eigenen Vorstellungen, Interessen und Erfahrungen zu dem Arbeitsgebiet einbringen. Sie lernen nicht nur mit dem Kopf in einer vom Leben und seinen Fragen abgetrennten Schulwelt, sondern – so eine zentrale Behauptung von Befürwortern dieser Lernmethode überhaupt – mit verschiedenen Sinnen an lebensnahen Fragestellungen, wie z.B.: ›Wie können zu kleine Igel durch den Winter gebracht werden?‹ ›Was ist die Ursache für zunehmende Hochwasserkatastrophen an Main, Mosel, Rhein?‹ Sie sollen – wenn möglich – eine praktische Lösung der gestellten Aufgabe, zumindest aber eine Empfehlung für richtiges Handeln, entwickeln. Während der Projektarbeit sind die traditionellen organisatorischen Vorgaben der Schule wie Stundenplan, Fächerstruktur, Fachlehrersystem aufgehoben, wenn es sich nicht um ein Projekt im Fachunterricht handelt. Auch die Lehrer- und die Schülerrolle sind neu definiert: Lehrer treten gegenüber den weitgehend selbstständig arbeitenden Schülerinnen und Schülern zurück, beraten bei Bedarf, verweisen auf Materialien und vermitteln – wo notwendig – Grundkenntnisse oder Grundfertigkeiten. Sie lösen sich – angeblich – aus ihrer auf Fachwissen gegründeten Autorität und werden zu Lernhelfern, zu Lernberatern, ja im Extremfall sogar zu Mitlernenden. Die Schülerinnen und Schüler sollen das Ergebnis der Projektarbeit und den Weg des Lernens abschließend reflektieren und anderen vermitteln. Dies wird häufig durch eine Ausstellung oder durch eine andere Form der Präsentation ergänzt.

Projektarbeit ist ernsthaftes Lernen an konkreten Problemen

Lernangebote während der Durchführung. Lernen wird in diesen Berichten vorrangig als selbstständige Konstruktion von Wirklichkeit in sozialer Gruppierung und als Lernen aus Situationen definiert. Gelernt wird also durch die Kooperation mit anderen, durch andere Umgangsformen mit den Lehrern, durch die Erfahrung, dass das eigene Bemühen um Erkennen auch dann einen Wert hat, wenn es nicht direkt zum Erfolg führt. Gelernt wird auch, dass Lernarbeit in der Schule nicht immer etwas mit Leistung und mit der Konkurrenz um Noten zu tun hat. Neben diesen allgemeinen Hinweisen wird in den Darstellungen vor allem das situative Lernen in den einzelnen Schritten der Projektarbeit herausgestellt. Die Feststellung, dass man als

Schülerin oder Schüler bei der Bestimmung des Lerninhalts und -ziels mitentscheiden, dass man ein Thema zusammen mit anderen und gegen andere durchsetzen kann, gilt als eine wichtige individuelle Erfahrung. Schule wird in dieser Situation nicht allein von den Erwachsenen dominiert; hier können auch Interessierte aus der Schülerschaft etwas bewegen. Die eigene Ansicht gilt etwas. Hinzu kommt die Wahrnehmung, dass auch Themen mit schulischen Mitteln bearbeitet werden können, die einen Bezug zur kindlichen Lebenswelt haben. Man kann feststellen, dass solche Themen mit anderen Gebieten in einem Zusammenhang stehen. Der Vorgang einer mikroskopischen Analyse bleibt nicht für sich allein bestehen, er steht in einem größeren Kontext, wenn etwa ein Gewässer untersucht, vielleicht sogar die Verschmutzer bestimmt, eventuell die Folgen für das Leben in dem Gewässer festgehalten werden. Die Komplexität gestellter Fragen und ihre Bedeutung wird auch beim schulischen Lernen erlebbar. Auf diese Weise wird auf die Ernsthaftigkeit des Projektlernens hingewiesen. Was für die Lernenden Bedeutung hat, motiviert und regt zu selbstständigem Weiterlernen an. Zugleich wird das Erleben angesprochen, das im alltäglichen Lehrgangsunterricht im Allgemeinen gegenüber dem Leistungsanspruch zurücktritt. Auch die in der Regel kooperativen Arbeitsformen bieten Möglichkeiten des Lernens: Wer stärker selbstverantwortlich mit der Gruppe an einer Aufgabe tätig ist, erfährt, was es heißt, sich für die Erreichung eines Zieles mit anderen einzusetzen. Er erlebt auch die Notwendigkeit, abweichende Meinungen bis hin zum Streit über Vorgehensweisen auszuhalten, das Scheitern einer Arbeit ebenso zu ertragen wie den Erfolg derselben zu feiern. Projektlernen bietet also im Idealfall besondere situative Lernchancen, die es sonst im Unterricht nicht gibt. Das zeigen Überschriften wie z. B.:

- ›Von Regenwürmern und einer brütenden Amsel viel gelernt‹
- ›Probiert, was Arme aßen‹
- ›Im Schulgarten die Früchte der Arbeit ernten‹
- ›Probleme selber erkunden. Schüler fuhren mit dem Rollstuhl durch die Stadt‹
- ›Schüler mit Eis im Netz. Fruchtbare Verknüpfung von Schule und Wirtschaft‹

Projektarbeit fördert soziales und politisches Lernen

Mögliche Lerneffekte durch Aufgabenlösung. Bei der Bearbeitung gestellter Aufgaben sind Schülerinnen und Schüler stärker als sonst auf sich gestellt. Sie erarbeiten sich, wie man bei Behörden anfragt, wie man mit (ausweichenden) Antworten von Experten umgeht, wie man nachfragt und sich möglicherweise fehlende Informationen besorgt. Dabei üben sie vor allem auch soziales Handeln: den Umgang mit anderen, die richtige Form des Sich-Durchsetzens. Sie legen Furcht vor ›höher gestellten Personen‹ und vor ›Titelträgern‹ ab, lassen sich weniger einschüchtern, erfahren, dass manches in der Gruppe besser als alleine geht. Sie haben die Chance festzustellen, dass Meinungen nicht immer persönliche Überzeugungen sind, sondern dass sich dahinter auch Positionen verbergen, die in sozialen Hierarchien vertreten werden müssen. Wenn sie ihre Erfahrungen und Erkenntnisse für die Darstellung aufarbeiten, müssen sie einen Bericht verfassen und Erarbeitetes in Sprache umsetzen.

So sind die Lernmöglichkeiten vor allem durch die Ausweitung des Lernbereichs vielfältig und betreffen sowohl das soziale Handeln wie das sachgemäße Umgehen mit gestellten Aufgaben (Mikroskopieren, Quellen studieren, Dateien erstellen etc.). Gelernt wird in sozialen Situationen ebenso wie bei der Lösung von Aufgaben, allerdings mit anderen Mitteln: das eine Mal durch Umgang und Argumentation, das andere Mal durch die Anwendung sachbezogener Arbeitsformen. Gelegentlich wird das auch überzeugend dargestellt, so z. B. von FRAUKE STÜBIG in ihrem Bericht über einen projektorientierten Unterricht in der gymnasialen Oberstufe (1998). In diesem Fall ist die Thematik des Französischkurses der Auslöser für Betroffenheit, aus der heraus sich bei den meisten ein Interesse an genauerem Wissen über Vorgänge in Frankreich während der deutschen Okkupation entwickelt. Der Sprachunterricht ist der Ausgangspunkt, der Auslöser für Korrespondenzen und eine Studienfahrt zu einem Sammellager, wo mit französischen Schülerinnen und Schülern über die Vorgänge jener Zeit diskutiert wird. Dass hier Interesse, Engagement und Konsequenz zu grundlegenden Lernerfahrungen führen, ist glaubhaft und wird unpathetisch vermittelt. Meistens ist es aber anders: Die Berichte zeigen, dass Projektlernen von Lehrern thematisch angestoßen und für die praktische Durchführung auch vorbereitet wird.

Persönliche Erfahrungen statt genauerer Untersuchungen
Mängel vieler Erfahrungsberichte. Die meisten Darstellungen bieten verallgemeinerte Aussagen über Lernerfolge der Beteiligten, die nicht angemessen kontrolliert werden und auch nicht mehr überprüft werden können. Sie beruhen auf subjektiven Einschätzungen. Ihnen fehlt »eine explizite, auf erziehungswissenschaftliche Kategorien zurückgreifende Systematik«, wie RÖSLER (1995, S. 62) sich ausdrückt. Sie bieten keine distanzierte Analyse, sondern strahlen Begeisterung aus. Was gesagt wird, gilt immer für alle Teilnehmer des Projektlernens in gleicher Weise, obgleich jeder weiß, wie unterschiedlich sich Engagement, Wissen und Können gerade bei Gruppenarbeiten unter den Beteiligten verteilen. Motivation wird grundsätzlich für alle herausgestellt. Es gibt keine Messungen der behaupteten Lernerfolge; zwischen den Lernfortschritten der Beteiligten zu unterscheiden, wird nicht versucht. Die beschriebenen Lernerfolge beruhen auf persönlichen Schätzurteilen, nicht auf Erhebungen. Dabei erfüllen sich die Erwartungen ganz

selbstverständlich (selffulfilling prophecy). Begleitet werden diese Aussagen vielfach von vorschnellen Folgerungen für künftiges Handeln der Beteiligten. In Situationen Erlerntes gilt prinzipiell als transferierbar, als wieder in ähnlichen sozialen Situationen anwendbar. Mögliche Probleme wie etwa persönliche Hemmungen im Umgang mit anderen, Sorge vor ungenügendem Können, Unterschiede zwischen den Anwendungssituationen, die Wirkkräfte anderer Einflüsse (so z. B. peer-group) usw. werden nicht reflektiert. Die Logik der Beobachtung wird so dargestellt, als handele es sich um die Ergebnisse empirischer Messungen.

Nur selten werden Probleme angedeutet. In ihrer Darstellung physikalischer Projekte nennen MIE/FREY neben positiven Erfahrungen mit Projektwochen auch Schwierigkeiten, die in erster Linie die ›inhaltliche Ausgestaltung‹ des Projektlernens betreffen: »Viele Aktivitäten in den Projektwochen bleiben oberflächlich« – so ihre Feststellung. »Die Gruppen nehmen sich zu viel oder auch zu wenig vor und sind mit dem Erreichten dann nicht zufrieden. Häufig fehlt es einfach an Kompetenz, und ehe man dies merkt, ist die Projektzeit vorbei« (MIE/FREY, 1990, S. 18). Zur Abschwächung dieses Problems empfehlen sie, die fachliche Kompetenz des Lehrers in den Lernprozess stärker einzubinden, was den Erkenntnissen der Instruktionspsychologie entspricht, was aber den idealistischen Ansprüchen an Selbsttätigkeit und Selbstständigkeit der Schüler widersprechen würde.

Die immer wieder von Lehrern betonte Lethargie von Schülerinnen und Schülern, ihre Konsumentenhaltung, wird in diesen Berichten in der Regel nicht erwähnt; sie scheint wie fortgefegt. GERHARD ZIMMERS Beobachtung, dass Schüler auch bei offener Lernstruktur wie dem Projektlernen Widerstände gegen Lernzumutungen und abweichende Verhaltensweisen entwickeln, wird überhaupt nicht gesehen.[38] Auch fehlen genauere Angaben über mangelnde Kenntnisse und Fertigkeiten, die das Projektlernen beeinträchtigen; dagegen wird der Eindruck vermittelt, dass alle Schülerinnen und Schüler Projektaufgaben erfolgreich lösen können und dies auch gern tun. PETRI spricht deshalb unter der Überschrift »Die Erlernbarkeit von dynamischen Fähigkeiten« (1991, S. 210) davon, dass man sehr wenig darüber wisse, wie man die behaupteten Lernfortschritte feststellen könne, auf welchen Wegen diese Ziele erreicht, welche Lernfortschritte überhaupt gemacht würden. Kritisch moniert er, dass »einige wesentliche Probleme unberücksichtigt« (1991, S. 214) bleiben: Handelt es sich tatsächlich um neu erworbene Fähigkeiten? Geht es um ein dauerhaftes oder bloß um ein Momentverhalten? Können die gezeigten Verhaltensweisen überhaupt auf spätere Situationen transferiert werden? So bleiben zentrale Behauptungen über den

[38] Auf die Befunde wird später eingegangen.

Erfolg des Projektlernens, auch wenn sie dauernd wieder zitiert werden, unklar und unbewiesen.

Selten und deshalb von besonderer Bedeutung sind Stellungnahmen von Schülern zum Projektlernen. Wir entnehmen folgende Beurteilung eines Projekt- bzw. Studientages der Schilderung durch die Schulsprecherin:[39]

»Der größte Teil der Schüler ist von der Idee des ›anderen Unterrichts‹ am Studientag sehr angetan. Manchmal regiert zwar noch das Chaos, und Schüler und Lehrer kommen nicht so ganz auf einen Nenner. Aber die Idee wird angenommen, und wir hoffen, dass die Fehler des ersten Studientages behoben werden können. So würden wir uns von manchem Lehrer wünschen, die Schülerinnen und Schüler etwas ernster zu nehmen und ihnen auch mal etwas anderes als nur ›Zuhören und Aufpassen‹ zuzutrauen. Selber-machen-lassen, ohne sich völlig zurückzuziehen und ohne die Klasse der vielleicht noch nicht so ganz entwickelten Eigendisziplin zu überlassen. So würde die Ernsthaftigkeit des Unterrichts und das Vergnügen an der anderen Darbietung auf einen Nenner kommen.«

Die Schilderung zeigt nicht nur Organisations-, sondern auch Instruktionsprobleme. Die Lehrer schätzen ihre Verantwortung für das offenere selbstbestimmte Lernen anscheinend unterschiedlich hoch ein. So kritisieren die Schüler der Klasse 9, dass der Lehrer sich zu sehr aus der Projektarbeit herausgehalten hat. Die Schüler der Klassen 11 beanstanden jedoch das Gegenteil: Die Lehrer gestalten beim Projektlernen einfach zu viel selbst. So entsteht ein Lernen wie im normalen Unterricht. Interessant ist auch die Reaktion der Teilnehmer am Leistungskurs Mathematik. Hier wurde das selbsttätige Erarbeiten eines neuen Stoffgebietes, unterstützt durch Schüler, angeboten. Am Schluss stand eine Klausur als Überprüfung. ›Diese Idee kam gut an‹. Abschließend lässt sich festhalten: Zufrieden äußerten sich alle Schüler, deren Lehrer mit ihnen gemeinsam intensiv an einer Sache gearbeitet haben; weniger zufrieden diejenigen, die zu stark angeleitet wurden oder sich geradezu vernachlässigt fühlten.

5.5.2 Frühe Untersuchungen

Seit der Einführung der Projektmethode liegen unterschiedliche Praxisberichte über die Durchführung dieser Lernform vor. Man kann einen wichtigen historischen Einschnitt mit dem von E. COLLINGS berichteten ›Typhus-Projekt‹ (1923) ansetzen, von dem wir heute wissen, dass es so nie verlief, sondern weitgehend nach den Wünschen des WILLIAM HEARD KILPATRICK

[39] Bericht in den ›Nachrichten aus der Schloss-Schule Kirchberg‹, H 2, 1998, S. 11.

von seinem Doktoranden COLLINGS verändert und als Projekt konstruiert wurde (KNOLL, 1992b).

Die erste empirische Untersuchung zur Wirksamkeit des Projektlernens erscheint 1922. ELINOR GARBER berichtet, dass die Projektmethode, in Verbindung mit dem Lehrgang angewandt, in den drei Bereichen ›Wissen‹, ›Anwenden von Wissen‹ und ›Lösen von Problemen‹ dem traditionellen Unterricht überlegen sei. Dieses positive Ergebnis wird in den zahlreichen Nachfolgeuntersuchungen (WATKINS, 1923/24; GATES, 1926; MELBY, 1929; SMITH, 1935; TATE, 1936) aber nicht immer bestätigt.

5.5.3 Zeitgenössische Untersuchungen

Beginnen wir mit dem Hinweis auf eine Studie zur Praxis methodischen Handelns im Schulunterricht, die nur indirekt mit dem Thema ›Projektlernen‹ in Verbindung steht. In der immer wieder zitierten Untersuchung von KLAUS HAGE U. A. über ›Das Methodenrepertoire von Lehrern‹ (1985) wird das Projektlernen gar nicht erwähnt, weil es in der untersuchten Praxis nicht vorkommt. Vorrangig geht es den Autoren darum zu zeigen, dass im ›Schulalltag der Sekundarstufe I‹ ein lehrergeführter Unterricht dominiert, der dem Grundtypus Frontalunterricht zuzurechnen ist. HAGE und Mitarbeiter sprechen von einer »große[n] Gleichförmigkeit und Lehrerdominanz der beobachteten Schulstunden über alle Schulformen und Fächer hinweg« (1985, S. 147). Diese Feststellung wird immer wieder hervorgehoben. Die Autoren betonen aber auch – und das wird vielfach übersehen oder übergangen – , dass ihnen die Feinstruktur dieses Unterrichts wahrscheinlich durch die grobmaschigen Erhebungsinstrumente entgangen und dass der festzustellende Frontalunterricht in der Schule nicht grundsätzlich zu verurteilen sei. Trotzdem bleibt festzuhalten: Der Schulalltag wird – nach grober Beobachtung – nicht von methodischen Varianten mitbestimmt, in denen die Selbsttätigkeit der Lernenden und schon gar nicht deren Selbstständigkeit Vorrang haben.

Kontroverse Ergebnisse in kleinen Stichproben – empirische Studien zum Projektlernen

Greift man nun auf vorliegende Untersuchungen zum Projektunterricht zurück, dann fällt als Erstes die Unterschiedlichkeit der Ergebnisse auf. Befunde, dass Projektlernen den Schulalltag positiv verändere, dass Lernverhalten der Schüler zur Selbstständigkeit hin fördere, findet man ebenso wie die gegenteiligen Feststellungen. GEIST/JUNGBLUT/PHILIPP kommen nach ihrer Befragung von Schülern der Orientierungsstufe 1986 zu der Einschätzung, dass das Projektlernen zur ›Qualitätsverbesserung‹ der Schule beitrage. Schulisches Lernen wirke in dieser Form vor allem aus folgenden Gründen motivierender: Die Vielseitigkeit des Lernens nehme durch häufigeren Lernortwechsel zu. Unterricht geschehe in lockerer Form, fördere die Zusammenarbeit der Schüler und fordere zu selbstständigem Handeln heraus. Das Projektlernen lebe vom Praxisbezug schulischen Lernens, den die Schüler schätzten. Zu einer positiven Einstufung des Projektlernens gelangen auch LUKESCH/KISCHKEL (1987), in deren retrospektiver Studie über die Unterrichtsformen am Gymnasium allerdings nur am Rande auf Projektlernen eingegangen wird. Die Stichprobe ist zudem mit 139 über ihre Schulerfahrungen befragten Studierenden sehr klein.[40] Von diesen sagen 16,5%, dass sie einmal Projektlernen erfahren haben, vor allem in Deutsch, Sozialkunde, Geografie und Kunsterziehung. Jüngere Studierende nennen Projektlernen etwas häufiger als ältere. Erstaunlich ist die hohe Beliebtheit dieser Lernform: 45,4% geben ›sehr gut gefallen‹, 40,9% ›gut gefallen‹ an.[41]

Einen tieferen Einblick in die Praxis des Projektlernens können NUHN/VAUPEL vermitteln, die Angebote und Durchführungsmodi des Projektlernens bei 36 Sekundarschulen in Nordhessen erfragten. Auf die heikle Frage nach einer Bewertung der Leistungen innerhalb des Projektlernens verzichteten sie; ebenso wenig erfragten sie die Beliebtheit dieser Lernform unter Schülern und Lehrern. Im Mittelpunkt ihrer Studie stehen Angaben über die Art, wie schülernahe Projektthemen festgelegt werden, wie Projektlernen organisiert, durchgeführt und abgeschlossen wird. Dabei treten sie prononciert für die Offenheit und Selbstbestimmung des Lernens ein. Deshalb beurteilen sie die vielfach zum Projektlernen gezählte Verpflichtung der Schüler, eine Abschlussarbeit anzufertigen, negativ; denn durch diese Verpflichtung und den Präsentationstag am Ende der Projektarbeit, so ihr Argument, gerieten Schüler unter den Druck, eine Aufgabe fertig stellen zu müssen. Das habe unerwünschte Folgen: »Die Freiheit der Projektarbeit, die Wichtigkeit verschlungener Lernwege, der Erfahrungs- und Entwicklungsprozess gehen verloren« (NUHN/VAUPEL, 1991, S. 45), wenn Schüler dazu angehalten werden, das Ergebnis ihres Lernens zu veröffentlichen[42].

Die Befunde, die RIEDEL/GRIWATZ/LEUTERT/WESTPHAL in ihrer Untersuchung über Probleme des Unterrichtens vorlegen, betreffen die Frage der Akzeptanz direkt. Die Autoren untersuchten Schwierigkeiten des Schulunterrichts, die mit der Umstrukturierung des Schulsystems nach der Wende in

[40] Zum Problem retrospektiver Erhebungen vgl. Apel, 1997.

[41] Wenn die Zahlen stimmen, dann haben 23 Schüler einmal Projektlernen erfahren, 11 äußern sich sehr positiv, 10 positiv. Interessant wäre allerdings selbst in dem Fall, die Schüler nach den Gründen für ihre Einschätzung zu fragen.

[42] Damit steigt aber das Risiko einer oberflächlicheren Darstellung: die Verpflichtung vor der Öffentlichkeit fehlt. Der Verzicht auf diese Anforderungen erwartet das Projektlernen. Die Autoren geben für ihre Position keine überzeugenden Argumente.

den östlichen Bundesländern zusammenhingen. Projektlernen wird von ihnen als ein Zeichen der Modernität des Schulunterrichts eingestuft. 45,1% der befragten Schülerinnen und Schüler geben an, mit Projektlernen Erfahrung gemacht zu haben. Zur Überraschung der Autoren wünscht sich aber »nur rund ein Sechstel der Schüler wieder Projektlernen« (1994, S. 141). Zwar wird das Lenkungsverhalten der Lehrer (im lehrerdominierten Unterricht) von den Schülern durchaus kritisch gesehen, zwar werden neuartige Lern- und Arbeitsformen durchgängig begrüßt, aber zugleich werden auch Mängel dieser Methoden herausgestellt. So werden einerseits bei offenen Lernformen die »Abwechslung vom Schulalltag, die lockere Atmosphäre geschätzt, dagegen [andererseits] mangelnde Beteiligung und Mitarbeit von Mitschüler/ innen und Mängel in der Organisation beklagt« (ebd.). Die Autoren stellen deshalb fest, dass bei den Befragten das Projektlernen zu widersprüchlichen Erfahrungen geführt habe: »Abwechslung, Selbstständigkeit, Kommunikation, Lernen ohne Zwang« seien begrüßt, die »unbefriedigende Zusammenarbeit unter den Schülern und zwischen Lehrern und Schülern, mangelhafte Organisation, unzureichende Materialbereitstellung« (ebd.) jedoch kritisiert worden. Dies gilt auch nur so lange, wie die schultypische Struktur aufgehoben ist, wie keine Beurteilung der Arbeiten vorgenommen wird.

Erhebung zur Didaktik des Projektlernens: PETRI
Studie zum Lehrerhandeln beim Projektlernen: SCHÜMER
In die allgemeine Klage über den Mangel an empirischen Untersuchungen zum Projektlernen stimmen auch PETRI (1991) und SCHÜMER (1996) ein. Ihre grundlegenden Studien lassen sich in den zentralen Fragestellungen zusammen, in wichtigen Ergebnissen jedoch besser getrennt darstellen. Übereinstimmend wollen beide genau wissen, wie oft Projektunterricht durchgeführt wird, von welcher Qualität dieser Unterricht ist, durch welche Organisationsformen des Systems Schule das Projektlernen erschwert wird. Daneben sind aber auch Unterschiede hervorzuheben: PETRI arbeitet umfassender die didaktischen Seiten des Projektlernens heraus. Er will klären,

- ob und inwieweit Projektlernen fach- oder fächerüberschreitend erfolgte,
- welche Themen das Projektlernen vorrangig bestimmten,
- welche Erfahrungen Lehrer mit Projektlernen gemacht haben,
- was im Projektunterricht gelernt wurde,
- wie sich echte und unechte Projekte voneinander unterscheiden.

SCHÜMER stellt die Bedeutung der Lehrerpersönlichkeit für die Durchführung einer vom schulischen Alltag abweichenden Methode des Lernens in das Zentrum ihrer Studie. Sie fragt deshalb,

- wie Lehrer, die Projektlernen ermöglichen, sonst ihren Unterricht gestalten,

- ob sich solche Lehrer von ihren Kollegen, die Projektlernen nicht ermöglichen, hinsichtlich des Alters, des Geschlechts, der Ausbildung oder sonstiger Merkmale unterscheiden. Besitzen diese Lehrer – so ihre Frage – »bestimmte Persönlichkeits- und Verhaltensmerkmale« (SCHÜMER, 1996, S. 148), über die andere nicht verfügen?

Interessant ist, dass beide Autoren für die schulischen Verhältnisse in Österreich und für den öffentlichen Unterricht in Deutschland übereinstimmend feststellen:

- Auf die Anfrage wurden viele schulische Veranstaltungen gemeldet, die nicht als Projekte zu bezeichnen waren.
- Echtes Projektlernen wird im Schulalltag nur selten durchgeführt.
- Durchgeführte Projekte verteilen sich ungleich auf verschiedene Fächer schulischen Lernens.
- Schlussprojekte, Projektwochen oder -tage schaden dem Ansehen des Projektlernens, weil sie dieses wie eine Freizeitmethode erscheinen lassen.[43]

Als echtes Projektlernen wurden durchgängig solche Aufgaben bezeichnet, bei deren Ausführung praktische Arbeiten und die Erstellung eines Produkts im Vordergrund standen. Solche Lernaufgaben enthalten Merkmale der Projektarbeit. Sie sind aber allenfalls als projektorientiert zu bezeichnen. *Wirkliche Projekte*,

- die von einem echten Problem und ernsthaften Interessen der Lernenden ausgingen,
- die von diesen selbst geplant, organisiert und in eigener Verantwortung durchgeführt wurden,
- während deren Verlauf die übliche Autoritätsstruktur reduziert bzw. abgebaut war,
- die über die übliche fachliche und zeitliche Begrenzung hinausreichten und
- deren Ergebnisse für das Lernen der Schüler oder für Bewältigung einer gesellschaftlichen Situation bedeutsam war,

wurden nicht mit den genannten Arbeiten durchgeführt. Stattdessen dominierten Vorhaben, bei denen lebensnahe Aufgaben gemeinschaftlich mit anderen gelöst wurden. Dabei standen auch praktische Aufgaben im Vordergrund. Ein konkretes Ziel war zu erreichen, die Beteiligten erlebten eine Bereicherung ihrer Erfahrung durch die gemeinschaftliche Arbeit mit anderen an einer für alle bedeutsamen Aufgabe. Positiv ist trotzdem festzuhalten: Auch wenn bei diesen Vorgängen schulischen Lernens gesellschaftliche und

[43] So auch schon DUNCKER/GÖTZ sowie GUDJONS, die wie alle ernsthaften Vertreter eines Projektlernens diese Fixierung der Methode als Abwertung einstufen.

›demokratische Zielsetzungen‹ – ein Charakteristikum des Projektlernens – fehlten, »verdienen diese Methoden prinzipiell Anerkennung« (SCHÜMER, 1996, S. 146); denn sie bieten über den normalen Unterricht hinausreichende Lernerfahrungen.[44]

SCHÜMER spricht deshalb auch von »Fehlentwicklungen« (1996, S. 152) des Projektlernens und zieht folgendes Resümee: Beide Untersuchungen zeigten, »dass die Realität des Projektunterrichts in aller Regel weit hinter der Idee zurückbleibt« (1996, S. 145). Und PETRI fragt, woran es denn eigentlich liege, dass »eine so hervorragende und dabei relativ einfach anmutende Sache wie das Projektlernen« (1991, S. 171) sich nicht auf breiter Front durchsetze. Zu dieser Frage hatte er nach der Zusammenstellung der Antworten auf seine Befragung durchaus Grund; denn die eingereichten Darstellungen enthielten auch positive Wertungen des Projektlernens.[45] Die befragten Lehrer sahen Vorteile des Projektlernens gegenüber dem Alltagsunterricht vor allem in drei Punkten:

- Projektlernen fördere eigenständiges, einfallsreiches und kritisches Denken der Lernenden; es erweitere deren Perspektive.
- Es biete Gelegenheit zu sozialem Lernen und übe in Kooperation ein.
- Außerdem motiviere es Schüler durch lebensbezogene Arbeitsaufgaben stärker, als dies herkömmlicher Unterricht könne (vgl. PETRI, 1991, S. 164).

Allerdings konnte PETRI in diesen Antworten auch nicht übersehen, dass Lehrer auf gewichtige didaktische und organisatorische Probleme beim Einsatz dieser Lernform verwiesen. Sie nannten im Einzelnen:

- hohen Zeitaufwand bei der Durchführung des Projektlernens, wodurch wenig Zeit für die notwendige Erarbeitung des Lehrstoffs bleibe,
- Probleme bei der Leistungsbeurteilung,
- Schwierigkeiten bei der gemeinsamen Planung von Lehrern und Schülern,
- das Problem der Überforderung für altersübergreifendes Projektlernen,
- die schwierige Motivierung eines Teiles der Schüler, die sich deutlich in einer distanzierten Haltung zu dieser Arbeitsform gezeigt habe,[46]
- Probleme bei der Kooperation in den Gruppen,
- institutionelle Hemmnisse, die im Gegensatz zwischen institutionellen Vorgaben und Offenheit dieses Lernens liegen,
- mangelndes Verständnis bei einem Teil der Kollegen und der Behörde.

---

[44] Petri betont, dass solche Lernformen »zur Bereichung des Unterrichts beitragen« (1991, S. 193).

[45] Man darf nicht übersehen, dass es auch hier nicht um Messungen, sondern um Schätzurteile geht.

[46] Auch Schülerinteressen sind nur die Interessen einiger! Das Problem des Klassenunterrichts stellt sich unter anderen Vorzeichen erneut.

Reibungsstellen und Störfaktoren des Projektlernens

Generell zeigen die Stellungnahmen, dass positiven Bewertungen etliche negative Eindrücke gegenüberstehen. Projektlernen läuft keineswegs so problemlos ab, wie immer wieder in Theorien und Praxisberichten behauptet wird. Die Reibungsstellen sind auf unterschiedliche Ursachen zurückzuführen, so auf fehlende Vorkenntnisse der Schüler, auf mangelndes Engagement eines Teils der Lernenden und auf ein Defizit an bereitwilliger Einordnung in eine Arbeitsgemeinschaft, in der die Rolle des Individuums nicht als einzelner Leistungsträger herausgestellt wird. An dieser Stelle werden die Widerstandsformen deutlich, die auch ZIMMER bei seiner Studie über Reaktionen jugendlicher Schüler auf Projektlernen feststellte. ZIMMER spricht von sechs neuen »Widerstandsformen, die sich nach Art, Konsequenzen und Perspektiven unterscheiden lassen«. Sie zeigen sich als »Ausweichen in praktische Tätigkeiten, Ablehnung restriktiver Arbeiten, Ausweichen auf andere Themen, Ablehnung kollektiver Arbeitsformen, [darin,] dem Lehrer die Schuld für schlechte Zensuren [zu] geben und [in] ›sekundäre[m] Widerstand‹« (1987, S. 343). ZIMMERS Klassifizierung beruht auf Beobachtungen. Die Schüler verweigerten mit diesem Verhalten erforderliche Arbeitsweisen. Sie wollten nicht einsehen, dass vor praktischer Arbeit ein Plan entworfen werden muss. Sie wollten nicht akzeptieren, dass auch bei selbstbestimmter Lernarbeit Verpflichtungen zu anständiger Ausführung und zur Überwindung von Frustrationen notwendig sind. Sie suchten den beschlossenen Vorgaben zu entkommen und sich mit Schuldzuweisungen zu entlasten. Einige lehnten aus Vorteilsgründen Team- oder Gruppenarbeit ab, andere demonstrierten Hilflosigkeit statt Aktivität. ZIMMER verweist damit auf ein wichtiges Problem, das auch bei offener Lernorganisation auftritt und das in den Projektberichten so gut wie überhaupt nicht erscheint.

Möglicherweise hat PETRI mit der Vermutung Recht, dass Störungen beim Projektlernen kaum zu systematisieren sind, dass sie von der gerade angetroffenen Zusammensetzung der Lernenden abhängen und dass deshalb die entsprechenden Wahrnehmungen der Lehrer »stark divergieren« (1991, S. 165). Man darf nämlich nicht übersehen, dass die Einstellung der Lehrer zum Projektlernen in der Schule von persönlichen Überzeugungen getragen wird. Schwierigkeiten entstehen außerdem aus folgenden Gründen:

- Lehrer und viele Schüler bevorzugen den traditionellen Unterricht. ›Da weiß man, was man hat.‹ – Keine Experimente!
- Das Schulsystem verhindert die Durchführung des Projektlernens, weil die institutionelle Organisation (Lehr- und Stundenplan, Leistungsbewertungen und -kontrollen, Klassenunterricht als Fachunterricht im Zeittakt, das Fachlehrerprinzip) der Projektdurchführung Schwierigkeiten bereite.
- Die Öffnung des Unterrichts verhindere, dass die Ziele des Lehrplans erreicht werden.

- Die Vorbereitung des Projektlernens ist zu zeitaufwendig.
- Lehrgangsunterricht und Projektlernen lassen sich nicht angemessen aufeinander zuordnen.

Ergänzend sind die vorläufigen Befunde von SCHÜMER anzufügen, die der Frage nachgegangen ist, ob die pädagogischen Einstellungen und die didaktischen Verhaltensweisen der Lehrer, die Projektlernen durchführen, sich deutlich von denen anderer Lehrer unterscheiden. Generell kann die Autorin feststellen, dass sich Unterschiede zwischen diesen Lehrern erkennen lassen. Sie haben verschiedene pädagogische Einstellungen und Ansichten über das Lernen. Sie nutzen Medien unterschiedlich und variieren den Gebrauch der unterrichtlichen Methoden. Trotzdem kann diese Differenz keine substantielle Erklärung abgeben; denn die projektorientiert arbeitenden Lehrerinnen und Lehrer unterscheiden sich nur geringfügig von ihren Kolleginnen und Kollegen, die eher konventionell unterrichten. Überraschend ist deshalb, dass die folgenden, plausibel erscheinenden Vermutungen, *nicht bestätigt* werden:
- Lehrer mit mehreren Fächern in einer Klasse führen eher Projektunterricht durch.
- Projektlernen wird mit steigender Klassenfrequenz unwahrscheinlicher.
- Jüngere Lehrer führen häufiger Projekte durch als ältere.

Dagegen fand SCHÜMER folgende Annahmen *bestätigt*:
- Lehrer mit Disziplinproblemen in ihrer Klasse betrachten die offene Form des Projektlernens als noch größeres Risiko, die Kontrolle über schulisches Arbeiten zu verlieren.
- Lehrer, die Projektlernen praktizieren, sind kooperativer im Kollegium.
- Projektorientiert unterrichtende Lehrer sind mit ihrem Beruf zufriedener.

Zusammenfassend bleibt festzuhalten: Generell ist bei Lehrern, die Projektlernen durchführen, ein größeres didaktisches Engagement festzustellen. Dass sie damit erfolgreicher sind, ist jedoch nicht gesagt. SCHÜMER resümiert: »Wohl alle projektorientiert arbeitenden Lehrer sind jedoch zumindest bestrebt, ihren Schülern eine anregende Lernumwelt zu bieten, die sie nicht zur bloßen Rezeptivität verurteilt, sondern ihre Aktivität fördert und ihnen sichtbare Erfolge beschert« (1996, S. 149).

Schüler und Projektlernen

In den angeführten Untersuchungen dominiert die Lehrerperspektive. Die Ansicht der Schülerinnen und Schüler zum Projektlernen wird zu wenig erwähnt. Wir wissen bisher, dass Schüler der Orientierungsstufe diese Lernform begrüßten, während Gymnasiasten in den neuen Bundesländern sie nach ersten Erfahrungen überwiegend ablehnten. Hier können die Befunde,

die GÜNTHER aus 295 Interviews mit Sekundarschülern zusammenstellte, hilfreich sein. GÜNTHER interessierte sich vor allem für drei Fragen:
1. Sind heutige Schüler projektnahe oder projektferne Typen?
2. Akzeptieren sie eigentlich den alltäglichen Klassenunterricht?
3. Welche Erfahrungen haben sie mit Projektlernen gemacht?

Zu 1. *Sind heutige Schüler projektnahe oder projektferne Typen*?
GÜNTHER bezeichnet diese Typisierung als ein ›Konstrukt‹. Ein projektnaher Typ ist, wer sich in seinen Lebensäußerungen Merkmale wie Selbstständigkeit, Selbstverwirklichung, kommunikative Orientierung, Interesse an Kooperation, Flexibilität, Kreativität, Konfliktfähigkeit usw. zuschreibt. Der gegenteilige Typus charakterisiert sich eher als ›trocken und nüchtern, skeptisch, passiv, schüchtern, misserfolgserwartend‹. Wenn nun die Renaissance des Projektgedankens in Deutschland auch mit diesem Mentalitätswandel zu postmodernem Denken zu tun hat, dann müsste diese Lernart dem Denken der Schülerinnen und Schüler besonders entsprechen. Schon PETRI betont, wie nötig es sei festzustellen, wie viele Schüler tatsächlich »adäquate Lernaktivitäten« beim Projektlernen entfalten, wie viele dies nicht tun (1991, S. 208 f.). In der projektpositiven Literatur wird im Allgemeinen unterstellt, dass diese Lernform den Lebensgewohnheiten der Schüler in der Postmoderne entspreche und deshalb alle anspreche. Ist das wirklich so?

GÜNTHER jedenfalls kommt zu anderen Ergebnissen über das Selbstbild der Schüler, wenn er die Selbsteinschätzungen auswertet. Etwa ein Drittel der Schüler stuft sich als projektferne Person, etwa ein Drittel als Person mit projektnahen Verhaltensweisen ein. Man muss also bei etwa 35% Unentschiedenen mit einer erheblichen Anzahl rechnen, die das Projektlernen nicht begeistert bejahen, sondern eher abwartend auf dieses Angebot reagieren. Diese Schüler werden auch nicht von sich aus aktiv. Nur etwas mehr als die Hälfte der Befragten hält es für möglich, erfolgreich mit anderen in der Arbeitsgruppe lernen zu können. »Projektunterricht muss [also] mit einem erheblichen Anteil von Schülern rechnen (40%), die es bevorzugen, allein erfolgreich und selbstständig sein zu wollen« (GÜNTHER, 1996, S. 80) und nicht mit anderen zusammenzuarbeiten. Diese wollen möglichst erfolgreich in der Schule vorankommen. Aus diesen Angaben folgert GÜNTHER: »Die Utopie des Projektunterrichts mit projektnahen, hinzutretenden Lehrgängen scheint jedenfalls für bis zu 40% unserer Jugendlichen wenig angemessen« (ebd., S. 81).

Zu 2. *Akzeptieren Schülerinnen und Schüler eigentlich den alltäglichen Klassenunterricht*?
JOHANNES BASTIAN hat vor einigen Jahren (1993, S. 5) behauptet, »dass die Schülergeneration der 90er Jahre mehrheitlich nicht mehr die Voraussetzun-

gen für eine konzentrierte Arbeit im Lehrgang mitbringt«.[47] Das dürfte allenfalls für extreme Situationen in Großstädten oder für einzelne Schüler zutreffen. Aber wie sieht es aus mit der Selbsteinstufung der großen Menge durchschnittlicher Schüler? GÜNTHER entnimmt seinen Interviews: »Die lapidare Feststellung: ›Ich gehe in die Schule um zu lernen‹ stößt auf breiteste Zustimmung. 70% der Schüler stimmen zu, weniger als 10% lehnen eine Lernschule ab« – so nach Auswertung der 295 Interviews. Auch die Ergebnisse, die RIEDEL/GRIWATZ/LEUTERT/WESTPHAL vorlegen, sprechen dafür, dass Schüler traditionelle Formen des Unterrichts aus rationalen Überlegungen akzeptieren. Immerhin 40% der Befragten »lehnen es entschieden ab, dass lehrergeführter Unterricht langweilig ist« (GÜNTHER, 1996, S. 81). Die weiteren Stellungnahmen der Befragten zeigen, dass ein solcher Klassenunterricht, variabel geführt und mit regelmäßiger Leistungsbeurteilung, in dem auch selbstständiges Erarbeiten möglich ist, auf breite Zustimmung stößt.

Zu 3. *Welche Erfahrungen haben Schülerinnen und Schüler mit Projektlernen gemacht?*
»87% der Befragten haben Erfahrungen mit dem Projektunterricht« (GÜNTHER, 1996, S. 82). Zu diesem Punkt bietet GÜNTHER mehrere Antworten:

- Viele Schüler befürworten Projektunterricht, »weil sie dort die Lehrer weniger streng und ohne Benotungen erleben« (ebd.). Sie meinen, für Projektunterricht brauche man nicht so viel zu arbeiten wie für den Klassenunterricht. Er ist eher Entlastung vom Schulunterricht. Trotzdem lehnen zwei Drittel den Vorschlag ab, in der Schule nur Projektunterricht anzubieten (was auch nirgends vorgesehen ist).
- 90% der Befragten sagen, dass in Projektwochen die Arbeit von einigen Eifrigen gemacht wird. Nach ihrer Meinung sind es »nur wenige, die die wichtigsten Aufgaben übernehmen und verantwortlich durchführen« (1996, S. 83). 55% bezeichnen sich selbst sogar nur als »Mitläufer oder Nutznießer des Leistungswillens anderer« (1996, S. 84). Sogar 60% geben an, sich weniger anzustrengen, weil die Arbeit ja doch nicht durch Leistungsbeurteilung oder durch Noten belohnt wird.
- Eindrucksvoll ist auch die folgende Feststellung: »60% lehnen politisch orientierte Projekte in der Schule ab« (ebd.). Die gesellschaftspolitische Bedeutung des Projektthemas gehört für einige Theoretiker zur Grundvoraussetzung für die Bildungswirkung dieser Lernform. Selbst wenn man darüber streiten kann, was unter ›politisch orientiert‹ zu verstehen ist und ob Schule die Pflicht hat, politische Bildung durch diese Form des Lernens zu fördern, darf dieser Hinweis nicht darüber hinwegtäuschen, dass Schüler hinsichtlich ihres schulischen Lernens und des persönlichen Einsatzes für Schule und Unterricht Realisten sind. Sie schätzen die Not-

[47] Wir haben dies bei unseren Schulbesuchen der letzten Jahre nie festellen können.

wendigkeiten, den Aufwand und den möglichen Erfolg schulischer Lernarbeit genau ab.

- Auch die Annahme zur Kooperation im Projektunterricht lässt sich nicht halten. Das immer wieder propagierte gemeinschaftliche Lernen an einer wertvollen Aufgabe ist eben nicht anders als im Leben: Es gibt Außenseiter. »50% sehen das eindeutig« (1996, S. 86). Der Umgang im Projektunterricht ist keinesfalls so »kommunikationsdicht und kontaktfreudig« (ebd.), wie immer behauptet.

Die Befunde müssen dazu anstacheln, das Projektlernen kritischer und vor allem auch aus der Perspektive der Betroffenen zu sehen und zu untersuchen. In der projektstützenden Literatur wird generell so getan, als sei diese Lernform die den Schülerinnen und Schülern angemessene. Hier ist an die Mahnung RÖSLERS zu erinnern: »Fixiert auf das eigene Programm steht der Offene Unterricht nämlich zumindest in der Gefahr, das eigene Innovationspotential zu überschätzen, sodass andere wichtige didaktische Aspekte des Unterrichts unter den Tisch fallen« (1995, S. 63). Es kann doch nicht wahr sein, dass in Schule und Unterricht vor allem solche Anregungsmilieus oder problemorientierte Lernumgebungen bereitzustellen sind, in denen Kinder und Jugendliche ihr Lernen selbst steuern. Vor allem für leistungsschwache Schüler müsste sich das negativ auswirken, profitieren sie doch von einem methodisch strukturierten, anregenden Lehrgang mehr als von offenen Lernumgebungen; denn in einem derart formellen Unterricht wird die vorhandene Lernzeit mehr genutzt als in offenen Lernsituationen, in denen mehr unterrichtsferne Aktivitäten zu beobachten sind (vgl. EINSIEDLER, 1981, S. 173 f.).

5.5.4 Abschließend: Welche Einsichten sind empirischen Untersuchungen zum Projektlernen zu entnehmen?

Die derzeit vorliegenden Erkenntnisse sind schnell aufzuzählen:

- Echtes Projektlernen ist selten.
- Über die Auswirkungen solchen Lernens auf die Schüler kann nur wenig ausgesagt werden.
- Lehrer, die projektorientiert arbeiten, scheinen ein größeres didaktisches Engagement zu entwickeln und umgekehrt.
- Schüler sind keineswegs mehrheitlich begeistert von dieser Form des Lernens. Die Mehrheit nutzt vielmehr die dabei möglichen Freiräume, entzieht sich dem mühseligen Lehr-Lern-Prozess oder schätzt die damit verbundene Erleichterung schulischen Lernens.
- Ob und inwieweit soziales Lernen gefördert, ob kritisches Denken und Forscherdrang angestachelt werden, ist nicht festzustellen.

- Ebenso wenig kann belegt werden, dass solches Lernen eine demokratische Haltung aufbaut, auch wenn die Einübung in gemeinschaftliche Lernarbeit für eine solche Entwicklung spricht.

Fragen:
1. Weshalb bieten Erfahrungsberichte nur beschränkt zutreffende Aussagen über die Auswirkungen des Projektlernens?
2. Welche Annahmen über den Erfolg des Projektlernens sind durch empirische Untersuchungen nicht belegt?
3. Wann schätzen Schüler das Projektlernen, wann stehen sie ihm eher distanziert gegenüber?

Literatur

PETRI, G.: Idee, Realität und Entwicklungsmöglichkeiten des Projektlernens. Graz 1991

JÜRGENS, E.: Offener Unterricht im Spiegel empirischer Forschung. In: Pädagogische Rundschau 51 (1997), S. 677–697

6 Organisation des Projektlernens

Projektlernen will gelernt sein; denn es erfordert von allen Beteiligten neue Verantwortung, die Gewöhnung an andere Lernformen und veränderte Umgangsweisen. Schüler müssen ebenso wie Lehrer ihre Rolle und Funktion im schulischen Sozialisationsprozess umdefinieren. Selbstständigkeit und Planung sollen rezeptives Abwarten ersetzen. Kooperation ist statt Konkurrenz angesagt. Nicht Lehrplan und Schulbuch bestimmen den Ablauf, sondern Erfahrungen und Erkundung sowie die gemeinsame Arbeit an einer Aufgabe, an deren Bewältigung die Mitglieder der Arbeitsgruppe ein Interesse haben. Eine solche ›zweite Schule‹ in der ›ersten‹, gewohnten Institution mitzubauen, verlangt Interesse und Initiative, aber auch Wissen und Können. Wenn wir nun nach Schritten zur Einführung dieses Lernens fragen, wollen wir klären,

- *wie Projektarbeit methodisch vorbereitet,*
- *wie sie an einer Schule eingeführt und*
- *wie sie im zeitlichen Verlauf organisiert werden kann.*

6.1 Hinführung zum selbstständigen Arbeiten

Das Projektlernen beginnt damit, dass sich alle mit der neuen Arbeitsform, mit den ungewohnten Erwartungen an Lehrer wie an Schüler vertraut machen. Hierbei kommt den Lehrern eine Schlüsselrolle zu, wie sich an vielen Praxisberichten ablesen lässt. Sie müssen die neue Perspektive eröffnen, die Schüler für eine andere Art der Lernorganisation gewinnen. Immerhin müssen sichere Traditionen zeitweise aufgegeben werden, Formen, in denen die Rollen und Funktionen der Beteiligten fest geregelt sind. GUDJONS schlägt als motivierenden Einstieg verschiedene Varianten vor: (1) eine Diskussion darüber, was am Unterricht in der Klasse nicht gefällt, (2) ein Rollenspiel zwischen denen, die eine Veränderung des Unterrichts wünschen, und denen, die die bestehende Form des Lernens beibehalten wollen, (3) die gemeinsame Erörterung kritischer Aussagen über den Unterricht (1997, S. 87).

Diese *Einführung* ist ein interessanter Start. Dass sie allein allerdings noch nicht für ein Gelingen des Projektlernens ausreicht, ist auch GUDJONS bewusst. Vielmehr ist es notwendig, dass Schüler zumindest über Grundformen selbstständiger Lernarbeit verfügen, die sie z. T. im Fachunterricht einüben können. Dazu gehören *Techniken des Lernens und Präsentierens* wie etwa:

- Beobachten und Befragen, sich nach einer Sache erkundigen,
- etwas mit Hilfe von Medien darstellen (plakativ veranschaulichen, mit Video passend präsentieren o. Ä.),

- einen Vorgang, eine Sache zusammenhängend beschreiben,
- einen Bericht erstellen,
- eine Sache präzise und verständlich vortragen.

Wurden diese Arbeitsformen immer wieder praktiziert, dann werden wichtige Voraussetzungen für eine sinnvolle Projektarbeit gelegt. Je nach der Aufgabe kommen spezielle Techniken hinzu, wie etwa Experimentieren und etwas mit Handarbeit oder unter Nutzung von Maschinen herstellen. Der Fachunterricht bietet auch hierzu das Übungsfeld zur Vorbereitung, weil er die didaktischen Situationen enthält, in denen Schüler sachorientiert tätig werden müssen.

GUDJONS empfiehlt als nächsten Schritt eine *Projektskizze des Lehrers*. Das widerspricht nur scheinbar dem Grundsatz von der Selbsttätigkeit der Schüler bei dieser Lernform. Vielmehr ist dies ein ausführlicher, aber dann mit der Klasse zu diskutierender Entwurf für das Projektlernen. Die *gemeinsame Planung von Lehrer und Schülern* soll dann zu einem Entwurf für die Durchführung des Projektlernens führen. Hierfür sind erst einmal die Ideen der Beteiligten für diese Lernaufgabe aufzunehmen. Danach sind thematische *Gruppen zu bilden* – ein Vorgang, bei dem besondere Schwierigkeiten sich in der Regel aus Vorlieben und Ablehnungen ergeben. An dieser Stelle spricht GUDJONS von einer »sensiblen Phase« (ebd., S. 91), während der sich die Gruppen ›zusammenraufen‹ oder behutsam umgeschichtet werden müssen. Danach ist die *Arbeit auf die verfügbare Zeit* zu verteilen. Hierfür empfahl GÜNTHER SCHORCH schon 1984 die Anwendung der Netzplantechnik; denn eine entsprechende Übersicht in der Klasse trage dazu bei, dass »jeder Schüler die ihm gestellte Aufgabe gründlich erfasst, d.h. nicht nur isoliert erfüllt, sondern ihre Bedeutung und Stellung in der Gesamtorganisation des Vorhabens erkennt« (1984, S. 20).

Halten wir also fest: Die Vorbereitung der Projektarbeit kann in der Klasse bzw. in der Jahrgangsstufe oder in der Schule folgende Schritte durchlaufen:
- Vorbereitung der neuen Lernform,
- erster Planungsentwurf durch Lehrende,
- kooperative Weiterentwicklung dieses Plans,
- Gruppenbildung und
- Netzplanübersicht.

›Methodenkompetenz, Teamfähigkeit, Planungskompetenz‹
Arbeitstechniken und Lernmethoden richtig einzusetzen, in der Gruppe produktiv zu arbeiten und selbstständig Lernaufgaben zu bearbeiten – das sind drei Qualifikationen, denen besondere Bedeutung für eine erfolgreiche Durchsetzung in Ausbildung und Studium zukommt. Sie können durch eine

effiziente Projektarbeit geübt werden, wenn diese Lernform entsprechend vorbereitet wurde. Das geschieht dann, wenn Organisationsformen schulischen Lernens eingeführt werden, in denen genau diese Qualifikationen angewendet werden müssen. Ein interessantes Beispiel aus der Oberstufe eines Wirtschaftsgymnasiums schildert ROLAND KNOBLAUCH. Schüler werden durch unterschiedliche Aufgaben zur Einarbeitung in Methodenkompetenz, Teamfähigkeit und Planungskompetenz angehalten.

Fachunterricht zur inhaltlichen und methodischen Grundlegung des Projektlernens

Ausgangspunkt ist die Situation, dass Projektlernen im Rahmen sog. Seminarkurse in der Jahrgangsstufe 12 stattfinden soll. Also müssen entsprechende Verhaltens- und Arbeitsweisen bereits in der vorhergehenden Stufe eingeübt werden. Drei Schwerpunkte folgen daraus für die didaktische Organisation des Jahresplans:

1. Im Fachunterricht müssen *allgemeine Arbeitstechniken* wie Beobachten, Recherchieren, Protokollieren, Referieren, Darstellen etc. sowie fachspezifische Arbeitsweisen (Interpretieren, Experimentieren, Messen) verlangt und eingeübt werden. Dazu eignet sich am besten ein lehrerzentrierter Fachunterricht mit problemhaltigen Aufgabenstellungen. Gleichzeitig sind aber auch Lernmethoden zu erarbeiten. Wie lernt man am besten ...? Wie prägt man sich ein ...? Wie wiederholt man, wie lassen sich moderne Medien und traditionelle Methoden verbinden? Der erste Schwerpunkt besteht somit eindeutig darin, lehrerzentriert Wissen und Können einzuüben.
2. Auf der zweiten Stufe der Lernfolge werden schülerzentrierte, *kooperative Arbeitsformen* wichtiger. Dabei soll geübt werden, in Gruppen zusammenzuarbeiten, Arbeit zu koordinieren und Konflikte über das Arbeitsverhalten zu regulieren. Ziel ist eine produktive, erfolgreiche Arbeit mit der Gruppe, die als längere Erfahrung ermöglicht werden soll.
3. »Schwerpunkt des zweiten Halbjahres ist eine mehrwöchige unterrichtsbegleitende *Projektarbeit*« (KNOBLAUCH, 1998, S. 3). Hier sollen die Schülerinnen und Schüler zeigen, was sie an Methodenkompetenz und an Teamfähigkeit bereits besitzen und Planungskompetenz allmählich einüben. Die Projektarbeit mündet in eine Präsentation des Geleisteten.

Die Autoren des Konzepts betonen, dass sie diese drei Entwicklungsstufen als einen Weg hin zur Projektfähigkeit der Lernenden ansehen. Schülerinnen und Schüler erlangen durch diese Arbeitsformen die Kompetenz,

- konstruktiv in der Gruppe zusammenzuarbeiten,
- dabei ›planvoll und ergebnisorientiert‹ vorzugehen und
- Ergebnisse ihrer Arbeit selbstständig zu dokumentieren und mündlich darzustellen.

Besonders überzeugend wirkt an diesem Konzept, dass spätere Anforderungen konsequent vorbereitet werden. Das stimmt im Übrigen mit dem pädagogischen Grundsatz überein, dass der Lehrer im Verlauf der Erziehung und Bildung immer weiter zurücktrete! Studier- oder ausbildungsfähig ist, wer gelernt hat, für seine vielseitige Bildung selbst zu sorgen. Ihr Konzept haben die Autoren in einem Drei-Stufen-Plan grafisch zusammengefasst (KNOBLAUCH 1998, S. 3):

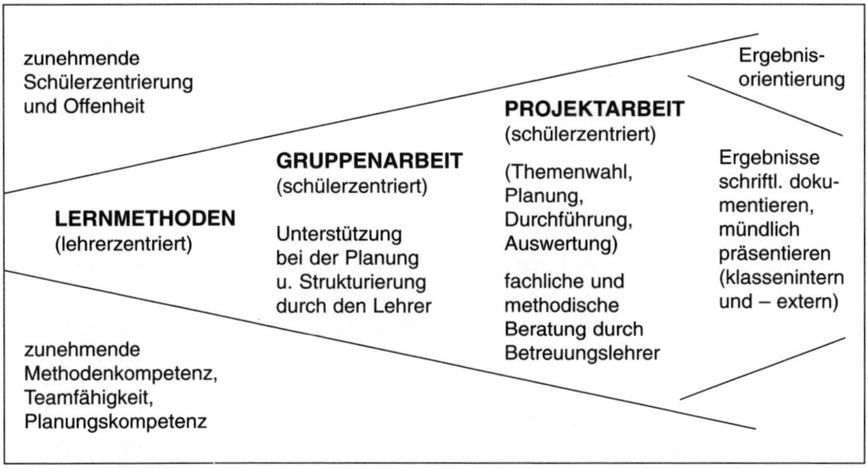

Sie sprechen von einem ›Drei-Stufen-Plan‹, durch den von einem lehrerzentrierten Fachunterricht ausgehend zunehmend ein stärker schülerzentrierter Unterricht erstrebt wird, ohne jedoch auf den Anspruch zu verzichten, in der Schule ergebnisorientiert zu lernen. Durch diese Lernorganisation wollen die Lehrer die Einübung in Qualifikationen kooperativen Arbeitens mit Erfolg in Wissen und Können verbinden. Projektlernen soll eine Bereicherung schulischer Lehr-Lern-Situationen bilden.

6.2 Organisation und Planung des Projektlernens

Im April 1983 wurde das folgende Schreiben an Schüler, Eltern und Lehrer eines Gymnasiums in NRW verschickt, um die im September geplante Projektwoche vorzubereiten. Es wird als ein gutes Beispiel dafür herangezogen, wie die neue Form schulischen Lernens neben den Schülern auch den Eltern vermittelt werden kann und soll.

An die
Schüler, Eltern und Lehrer
unserer Schule

den 15.04.1983

Betr.: Projektwoche

Liebe Schüler, Eltern und Lehrer,

nach den zustimmenden Entscheidungen von Lehrerkonferenz, Schulpflegschaft und Schülerrat hat die Schulkonferenz beschloßen, in der Zeit von Dienstag, dem 06.09.83 bis Samstag, dem 10.09.83 eine Projektwoche zum Thema ›Leben in xxxx‹ durchzuführen.

Zunächst noch einmal ein kurzer Hinweis, was unter ›Projektwoche‹ zu verstehen ist:
Es geht um eine andere Form des Lernens. Normalerweise lernt man in der Schule in Klassen oder Kursen jedes Fach für sich, ohne das Gelernte in der Praxis zu erproben. Im Projektunterricht sollen die Themen der außerschulischen Wirklichkeit entnommen werden, lebens-, alltagsnäher sein, und können deshalb nicht mehr mit dem Fachwissen eines einzelnen Faches allein erarbeitet werden. Wenn eine Gruppe sich z.B. aufmacht, den Problemen unserer Trinkwasserversorgung nachzugehen, dann braucht sie Kenntnisse in Chemie, in Erdkunde, in Physik, in Technik, und vor allem muß sie wissen, welche Behörden zuständig sind und wie diese Behörden arbeiten. Das Lernen ist also näher an der Wirklichkeit und fächerübergreifend.

Besonders interessant wird die Arbeit an einem solchen Projekt dann, wenn die Projekte nicht innerhalb der Klassen bearbeitet werden, sondern wenn alle Schüler der Schule sich neu gruppieren um ein bestimmtes Thema herum, das sie interessiert. Sie können sich also das Thema auswählen, das ihrer Neigung am meisten entspricht, und sie lernen, mit Mitschülern anderer Klassen und anderer Altersstufen auszukommen; der gemeinsame Nenner: das gemeinsame Interesse an der Sache.

Und da ein solches Projekt oft Fähigkeiten und Kenntnisse mehrerer Fächer erfordert, ist nicht mehr der Fachlehrer gefragt, der den Unterricht vorausplant, sondern der Lehrer ist Mitlernender, Partner. Das heißt aber auch: die Schüler haben mehr Entscheidungsmöglichkeit, mehr Selbständigkeit und mehr Verantwortung für das Gelingen oder auch Scheitern eines Projekts.

Das Scheitern ist übrigens hier weniger auszuschließen als im normalen Unterricht, weil man das Leben und seine Abläufe nicht so leicht in den Griff bekommen kann wie den vom Lehrer überschaubar gemachten Unterrichtsstoff. Wenn eine Projektgruppe z.B. bei Behörden anfragt, ob diese sich genügend für die Reinerhaltung des Wassers einsetzen, und die Behörden geben unzureichend Antwort: dann ist ein Teil des Projekts gescheitert, aber man hat erfahren, wie die Wirklichkeit ist.

Wie wird diese Art von Lernen organisiert?

Der normale Stundenplan und die Einteilung in Klassen und Kurse treten für diese 5 Tage außer Kraft. Es werden eine Reihe von Themen angeboten, Schüler und Lehrer wählen sich eines der Themen, und die, die sich für dasselbe Thema entschieden haben, arbeiten 4 Tage zusammen, in der Schule oder vor Ort (Arbeitsminimum: 4 Zeitstunden pro Tag). Am 5. Tag soll dann das Ergebnis der 4 Tage vorgestellt werden (Präsentationstag), z.B. eine künstlerisch wertvolle Großplastik aus dem Müll von wilden Müllkippen, die man außerdem für das Rathaus auf Karten markiert hat, oder ein Film wird vorgeführt oder Gemaltes ausgestellt usw.

Eine andere Aufgabe als sonst haben bei der Projektwoche auch die Eltern. Zunächst: Sie dürfen bei jedem Projekt mitmachen, sofern sie Zeit haben. Vor allem: Da die Schule sich in die Lebenswirklichkeit begibt, z. B. in die Arbeitswelt, könnten Eltern ihre Fachkenntnisse zur Verfügung stellen, Information und Material beschaffen, Kontakte herstellen. Um solche Mithilfe wird herzlich gebeten.

Zuletzt noch eine Information zum Finanziellen: Die Schulkonferenz hat empfohlen, dass ein Betrag von 4.– DM je Arbeitstag und Schüler nicht überschritten werden soll. Es wurde beschlossen, daß Projektvorhaben mit Nachfolgekosten den Schülern und deren Eltern nicht beschlußmäßig und verpflichtend auferlegt werden können.

Und dies ist der Zeitplan für die Vorbereitung:

1. Bis zum 02.05. werden Schüler, Eltern und Lehrer durch dieses Schreiben informiert; evtl. geben die Klassenlehrer und die Lehrer der Leistungskurse noch zusätzliche Informationen.
2. Bis zum 31.05. sollen die Themen, die zum Gesamtthema ›Leben in xxxx‹ in Beziehung stehen, gesammelt sein. Es werden sowohl Vorschläge der/des gesamten Klasse/Kurses als auch Vorschläge einzelner Schüler angenommen. Der Lehrer achte bitte darauf, dass Themen sich

nicht wiederholen und auch realisierbar sind (im Zweifelsfall entscheidet der Organisationsausschuß, der aus 4 Schülern, 2 Eltern, 6 Lehrern und dem Schulleiter besteht). Klassenlehrer und Lehrer der Leistungskurse geben die Themenvorschläge der Schüler im Sekretariat, die Lehrer ihre Vorschläge bei OStR N. ab (dazu werden Formblätter ausgegeben).

3. Bis zum 07.06. sichtet der Organisationsausschuß die Themen und hängt sie am schwarzen Brett und in den Klassenräumen aus.
4. Jeder Schüler und Lehrer erhält einen Wahlzettel und trägt darauf das Thema seiner Wahl ein. Zwei weitere Themen benennt er als Ersatzwahl. Abgabetermin: 14.06.
5. Der Organisationsausschuß sichtet die Wahllisten in der Woche vom 20.06. bis 25.06. und stellt die Projektgruppen zusammen, die die Größe von 10 bis 25 Schülern haben. Die Schüler werden durch Aushang über die Zusammensetzung der Arbeitsgruppen und die Raumzuordnung informiert.
6. Am 30.06. findet in der ersten und zweiten Stunde eine erste Sitzung der Projektgruppen in den angegebenen Räumen statt. Dort sollen Vorgespräche geführt und evtl. schon einzelne Aufträge durch Verabredung in den Gruppen verteilt werden.
7. Am 24.08. findet in der ersten und zweiten Stunde eine zweite Sitzung der Projektgruppen statt, auf der die Gruppen einen genauen Plan für den Ablauf der Projektwoche erarbeiten.

Wir wünschen uns, daß alle Beteiligten sich voll engagieren und die Projektwoche die Freude und den Erfolg bringt, den wir uns von ihr versprechen.

Der Organisationsausschuss

Der Brief enthält vier wichtige Informationen für alle Interessierten und Betroffenen:

1. Die Gremien der schulischen Selbstverwaltung haben die Durchführung einer Projektwoche vom 06.09. bis zum 10.09. beschlossen.
2. Projektlernen ist nicht mit den gewohnten Formen des Lernens im herkömmlichen Unterricht zu vergleichen. Es ist ein Verfahren, bei dem selbst erfahrene Fragen oder besonders interessierende Probleme zusammen mit anderen bearbeitet werden können. Damit sprengt diese Form des Lernens die Struktur der Schule. Die Lehrer treten nicht mehr als Vermittler spezieller Fachkenntnisse vor die Lerngruppe, sondern müssen an der Klärung der übernommenen Aufgabe mitarbeiten. Projektlernen ist produktorientiert. An seinem Ende muss ein Ergebnis der Lernarbeit vorgezeigt werden.

3. Die bestehende Organisation der Schule durch Klassen und Stundenpläne wird für die Zeit des Projektlernens aufgehoben. Für diese Woche bestimmen die Schülerinnen und Schüler selbst über ihre Lernzeit, müssen aber vier Zeitstunden pro Tag an der übernommenen Aufgabe arbeiten. Die Eltern können – sofern sie Zeit haben – an den Lerngruppen mit Rat und Tat teilnehmen.
4. Die bestehende Zeit bis zur Projektwoche ist zur Vorbereitung – Themenwahl, Gruppenzusammenstellung, erste vorbereitende Sitzungen – zu nutzen. Die Termine für Vorschläge und Entscheidungen sind deshalb verbindlich.[48]

In moderner Terminologie würde man heute von der Schule als einer lernenden Organisation sprechen. Die Anregung zur Durchführung des Projektlernens geht zunächst von den Befürwortern im Lehrerkollegium aus (vgl. WARNKEN, 1990). Sie schlagen die Änderung schulischen Lernens vor und informieren die Zweifelnden. Auf internen Konferenzen ist die Aufmerksamkeit des Kollegiums auf dieses Vorhaben zu richten, ist Überzeugungsarbeit zu leisten. Von diesen sind Projektvorschläge zu erbitten. Möglich ist auch, zunächst in regelmäßigen Abständen *Projekt-, Studien- oder Fachtage* zu planen, zu denen unterschiedliche Angebote von den Lehrern gemacht werden und an denen frei gewähltes Arbeiten nach Interesse von den Schülern erprobt wird. Über die Erfahrung mit diesem Lernen könnte eine Diskussion in den Gremien der Selbstverwaltung geführt werden; in der Schulzeitung könnte ein Bericht der Schüler und einer der Lehrer erscheinen. Darauf aufbauend können umfangreichere Themen gewählt werden; das Projektlernen kann dann auf zwei oder drei Tage ausgedehnt werden. Wichtig ist in diesem Stadium, die Schüler an der Planung der Lernangebote zu beteiligen; denn nur so können deren Interessen eingebunden werden.

Die Einführung des Projektlernens könnte sich neben dem normal weiterlaufenden Lehrgangslernen so gestalten:
- Erprobung des Projektlernens an Projekt-, Studien-, Fachtagen (sog. Kurzprojekte); Diskussion der Erfahrungen: Welche Arbeitskompetenzen (selbstständiges Lernen, kooperatives Arbeiten) müssen eingeübt werden? Welche Schwierigkeiten zeigen sich bei selbstständigem Arbeiten? Wie werden Arbeitsangebote umgangen? Wie sollten Lehrer mit selbsttätigen Schülern umgehen?
- Erweiterung der Aufgaben zu zwei bis drei Projekttagen, deren Ergebnisse in derselben Weise diskutiert werden.
- Versuch, eine Projektwoche durchzuführen.

[48] Vergleichbare Planungen findet man häufiger, so z.B. wieder in JÄGER, 1998, S. 52 f.

6.3 Projektwoche, Projekttag, Projektstunden

Die Projektwoche. Erst die Projektwoche bildet jene Einheit, in der sich ein konsequentes Projektlernen durchsetzen lässt. Das Geschichtsprojekt ›Wie lebte man im Nationalsozialismus?‹ kann nur dann realisiert werden, wenn Quellen und Dokumente studiert, Fotos und Tonaufzeichnungen gesichtet, Zeitzeugen befragt werden. Hierzu ist Planung, Durchführung, Aufarbeitung und Präsentation ein Vollzeitprogramm für eine Projektwoche. Das Programm ›Wir bauen eine Wetterstation‹ ist ebenfalls nur in mehreren Tagen realisierbar. Nicht anders ist es mit Projekten wie: ›Wir legen den Schulgarten neu an‹, ›Wir planen ein Musical‹.

Die Projektwoche bietet die Möglichkeit, die einzelnen Schritte der Projektarbeit auch wirklich über die Zeit verteilt durchzuführen. Allerdings beginnt das Projektlernen schon früher. Die Themenfestlegung, die Gruppenbildung, die erste Vorbesprechung fanden bereits vor dem Beginn der Projektwoche statt. In der Projektwoche sollen die Lernenden sofort mit der Projektarbeit beginnen. Die Mitarbeiter an der Fotovoltaikanlage starten die Montage; die Gruppe des zeitgeschichtlichen Projekts beginnt mit der Sichtung von Quellen und Dokumenten; die Mitglieder der Theatergruppe beginnen mit Proben, die Bühnenbildner stellen Kulissen her.

Typisch für die Projektwoche ist, dass die Schule zu einem Betätigungs- und Lernfeld wird, in dem Arbeiten ausgeführt werden, die nicht im Lehrplan stehen. Ziel ist es, dass die Mitglieder der Projektgruppen diese Arbeiten selbst planen und sich die Zeit ihres Arbeitens einteilen, wobei sie sich nach Sachzwängen richten müssen. Ein zweites wichtiges Element jeder Projektwoche ist *die begleitende Schulzeitung*. In ihr werden die Aktivitäten der Schülerinnen und Schüler redaktionell kommentiert. Die Schulzeitung soll täglich erscheinen und Berichte aus den Arbeitsgruppen sowie Lustiges und Unterhaltsames enthalten. Leben und Lernen soll an Arbeiten in einem Projekt gebunden sein, sodass eine oder zwei Wochen lang eine andere Erfahrung schulisch veranstalteten Lernens gemacht werden kann, die dann möglicherweise für systematisches Lernen motiviert. HELLER/SEMMERLING fassen die typischen Merkmale einer Projektwoche in einem (optimistischen) ›Steckbrief‹ zusammen:

- »Eine Projektwoche dauert zwei Wochen.
- Alle Kinder und Jugendlichen vom 5. bis 13. Jahrgang nehmen teil. Sie lernen zusammen mit Eltern, Lehrern/Lehrerinnen und Experten in Projekten.
- Alle zusammen suchen schon vor der Projektwoche nach Themen und Aufgaben.
- Jeder wählt dann das Thema, an dem er zwei Wochen lang am liebsten mitarbeiten will.

- Es wird dort gelernt, wo das Projektthema am besten bearbeitet werden kann.
- Jede Projektgruppe stellt sich ihren Lernplan selbst auf.
- Die Projektwoche endet mit einem Präsentationstag«. (HELLER/SEMMERLING, 1983, S. 18).

Die Projektwoche ist in erster Linie eine organisatorische Umsetzung des Projektlernens auf eine begrenzte Zeit (vgl. LANDESINSTITUT, 1990). Drei Schritte sind notwendig, um eine Projektwoche überhaupt erst einmal durchzuführen:
1. eine entsprechend lange Planung,
2. die unmittelbare Vorbereitung des Projektlernens und
3. die Durchführung der Projektwoche bis hin zur Auswertung.

Die vorausschauende Planung beginnt damit, dass die Schulkonferenz den Beschluss fasst, eine Projektwoche durchzuführen und dass ein Organisationsteam eingerichtet wird. Dieses informiert Schüler und Eltern über den Sinn und Zweck dieses Lernens und ruft gleichzeitig dazu auf, interessierende Themen einzureichen. Die Themen werden gesammelt und vom Organisationsteam geordnet. An einem Thementag werden die verschiedenen Themen aus Sicht der betreuenden Lehrer vorgestellt, damit die Schüler sich leichter für die Mitarbeit an einem der Themen entscheiden können. Mit der Wahl des Themas durch die Schüler endet die vorausschauende Planung.

Die unmittelbare Vorbereitung beginnt kurz vor der Projektwoche. Die Mitglieder der Projektgruppe treffen sich, um ihre Vorstellungen zum Projektverlauf einzubringen und den Ablauf zu planen. Bestenfalls wird bereits ein Plan zur Durchführung der Projektarbeit entworfen (Arbeitsgruppen, Verteilung der Aufgaben auf Tage, Aufarbeitung und Präsentation).

Die eigentliche Projektwoche beginnt damit, dass sich die Projektgruppen treffen, dass Organisatorisches noch geklärt wird, möglicherweise noch die Projektziele abgeklärt und die Aktivitäten vereinbart werden. Danach erfolgt die engere Projektarbeit bis hin zur Darstellung des Ergebnisses.

Die Auswertung kann schon ein eigener Punkt außerhalb der Projektwoche sein.

Die Projektwoche darf aber nicht unkritisch gesehen werden. In ihr finden vielfach Vergnügungsprojekte statt, die sog. Nebenfächer rücken durch spielerische oder erlebnisbetonte Anregungen ins Zentrum. GUDJONS sieht die Problematik treffend: Zwar dienen Projektwochen auch als »Ventil« für jene Dinge und Umgangsformen, die Lehrern und Schülern auch einmal ein

Bedürfnis im täglichen Umgang miteinander sind. In ihnen wird möglich, was im »normalen Lernalltag zu wenig Berücksichtigung« findet. Aber die Projektwoche muss sich den »Vorwurf der Verengung gefallen lassen«, »weil sie als Insel im Meer des traditionellen Fachunterrichts isoliert ist« (GUDJONS, 1997, S. 71). Die Projektwoche bietet vor allem Entlastung vom Schuldruck; sie gilt etlichen auch als ein Spaß, wie z. B. GÜNTHER bei seinen Befragungen der Schüler feststellte. Hier herrscht die Entlastung vom Leistungs- und Beurteilungsdruck, was bei einem wesentlichen Teil der Schüler zur Vermeidung von Anstrengung führt. Während die Projektwoche zur Ausbreitung des Projektgedankens beiträgt, bewirkt sie in der zumeist praktizierten Form – man durchsuche nur das Internet – eine Reduktion der Projektkonzeption, wie GUDJONS zutreffend festhält.

Der Projekttag. Projektlernen beginnt in der Regel mit kleinen, an Unterrichtsstunden gebundenen Vorhaben. Daraus kann ein Projekttag entwickelt werden, an dem die geltende Ordnung der Schule wie Stundenplan, Klassenunterricht, fachspezifisches Lernen aufgehoben wird, um eine Situation zu schaffen, in der Interessierte unterschiedlichen Alters sich zur Arbeit an verschiedenen Aufgaben zusammentun können. Typische, überfachliche Themen eines Projekttages können sein:

- Mittelalterlicher Markt,
- Computer- und Internet,
- Reinigung eines Waldstücks,
- Schulhofgestaltung.

Projekttage sind Aktionstage, also auf einen Tag beschränkte Aktivitäten, die weniger zur Anwendung der Projektmethode als vielmehr zur Auflockerung des schulischen Lernens und zur Selbstdarstellung der Schule genutzt werden. Die Artikulation des Projektlernens kommt bei der Kürze des Ablaufs nicht zur Ausführung. Vielmehr dominiert das Erleben und die gemeinsame Arbeit an einer Sache. Vielfach geht die Aktivität des Projekttages in eine Erkundung, in einen Ausflug, in eine Suchaktion (›Wir suchen Versteinerungen‹) über. Die entscheidende Arbeit liegt hier nicht am Aktionstag selbst, sondern erfolgt bereits vorher bei der Planung. Die Planung des Projekttages kann deshalb das eigentliche Projekt sein.

Die Projektstunden. Damit ist eine Projektpraxis gemeint, bei der Projektlernen in festgelegten Stunden pro Woche über eine längere Zeit hinweg durchgeführt wird. Das Projekt ›Kriegsende in unserer kleinen Stadt – Einmarsch der Alliierten 1945‹ wurde als Erinnerungsprojekt zunächst im Geschichtsunterricht einer neunten Klasse begonnen. Die Schüler arbeiteten nur in den Geschichtsstunden der Woche projektartig. Schon bald mussten grundlegende Englischkenntnisse erbracht werden. Die Schüler korrespondierten mit Veteranen einer US-Division, die 1945 in ihren Ort einmarschiert waren. Daneben sammelten sie in der Freizeit ergänzend Bildmaterial und analysierten auch vorliegende Quellen und Dokumente im Stadtarchiv (außerhalb der Unterrichtszeit). Das ursprünglich im Geschichtsunterricht begonnene Projekt bezog schließlich den Fremdsprachenunterricht mit ein, in dem entsprechende Texte übersetzt und analysiert wurden. Den Abschluss bildete eine kleine Ausstellung darüber, was die Schüler erarbeitet hatten.

Ein solches Projekt könnte man auch als Langzeitprojekt bezeichnen. Es ist eine Form unterrichtlichen Lernens, in der die Projektarbeit stärker an unterrichtliche Vorgaben gebunden bleibt, weil das eigentliche Projektlernen fachgebunden erfolgt. Allerdings muss gelegentlich die Fachgrenze überschritten werden. In diesem Projekt muss mehr Freizeitarbeit investiert werden, weil in den wenigen Schulstunden nicht die Zeit zur Verfügung steht, um entsprechende außerschulische Erkundungen einzuziehen.

6.4 Schlussbemerkung

Wer Projektlernen längerfristig bildend einsetzen will und nicht nur eine kurzfristige Alternative zum Schultrott dazwischenschaltet, muss als Erstes den Fachunterricht dazu nutzen, Techniken selbstständigen Lernens an begrenzten Aufgaben einzuüben. Hier ist auch der Ort, zeitweise in Kleingruppen an der Lösung eines Vorhabens zu arbeiten. Der zweite Schritt könnten Studien-, Fach- oder Projekttage sein, an denen überblickbare Aufgaben selbstständig gelöst werden sollten. Dabei sollten alle die Grunderfahrung machen, für ihr Lernen verantwortlich zu sein. Der dritte Schritt könnte über Projekttage zu einer Projektwoche führen. Diese erfordert umfangreiche organisatorische Vorplanung.

Fragen:

1. Benennen Sie einzelne Schritte, durch die Projektlernen geplant werden kann.
2. Projektwoche, Projekttag, Projektstunden sind unterschiedliche Organisationsformen des Projektlernens. Formulieren Sie Vor- und Nachteile jeder Organistionsform.

Literatur

HELLER, A./SEMMERLING, R. (Hrsg.): Das Prowo-Buch. Leben, Lernen, Arbeiten in Projekten und Projektwochen. Königstein 1984[2]

KLIPPERT, H.: Projektwochen. Arbeitshilfen für Lehrer und Schulkollegen. Weinheim/Basel 1994[3]

LANDESINSTITUT FÜR SCHULE UND WEITERBILDUNG (Hrsg.): Projektwoche. Soest 1990[8]

7 Projektbeispiele

In diesem Kapitel werden Beispiele durchgeführter Projekte verschiedener Schularten vorgestellt. Sie dienen als Beispiele für erfolgreiches Projektlernen und sollen zu eigenen Versuchen mit Projektlernen anregen und ermutigen.

Bei der Auswahl der Projekte gingen wir nach folgenden Gesichtspunkten vor: Die folgenden Projekte lassen in ihrer Darstellung methodische Grundmuster des Projektlernens, wie z. B. Problem- und Zielentscheidung, Planung, Durchführung, Reflexion erkennen. Ein Lehrplanbezug ist feststellbar. Die Ergebnisse des Projektlernens wurden dokumentiert. Außerdem wurde darauf geachtet, inwieweit Formen des kooperativen Handelns verwirklicht wurden und ob zumindest teilweise die traditionelle schulische Organisationsstruktur (45-Minuten-Takt, Klassenverband, Unterricht im Klassenzimmer etc.) für die Zeit des Projektlernens aufgelöst werden musste.
Der zeitliche Umfang des Lernens in und durch Projekte war nicht ausschlaggebend. Denn mit der Forderung, dass von Projekten nur dann gesprochen werden kann, wenn »ihre Planung, Durchführung und Auswertung einen Zeitraum im Umfang von mindestens einer Woche erfordert« (Wöll, 1998, S. 217), besteht ähnlich wie nach der konsequenten Forderung nach ›Projektwochen‹ die Gefahr, dass auch diese Methode in ein institutionelles Korsett gezwängt wird. Lehrer und Schüler werden dadurch in ihrer Kreativität eingeengt, Motivation geht verloren. Sie werden gezwungen, in einem von der Organisation her bestimmten Zeitraum ›irgend etwas‹ zu tun. Der besondere Ansatz des Projektlernens, dass Ideen aus der Klassengemeinschaft kommen oder von einer besonderen unterrichtlichen Situation bestimmt werden, fällt weg. Ideen werden von außen der Klasse oder der Gruppe ›übergestülpt‹ und verkommen ähnlich wie der ›Tag des Baumes‹, der ›Tag des Umweltschutzes‹ oder der ›Tag des multikulturellen Miteinanders‹ zu Ritualen ohne persönlichen Bezug. Die Praxis zeigt auch, dass in sogenannten ›Projektwochenausschüssen‹ Ideen und Themen zerredet oder Probleme aufgebaut werden, die der Durchführung des Projektlernens eher hinderlich sind. Die ausgewählten Projekte sollten einer Öffentlichkeit zugänglich gemacht werden, damit die Schüler ihr Werk und damit auch sich dar- und vorstellen konnten. Das Ergebnis sollte aber nicht vorrangig der medienwirksamen Präsentation von Schulleitern und Lehrern dienen.

7.1 Projekt ›Am Neuensee‹

Volksschule An der Göritze, Schwürbitz

Schulart:	Grundschule
Projektleiter:	Katja Köhler
Schuljahr:	1998
Jahrgangsstufe:	3

Das Projekt ›Am Neuensee‹ verdeutlicht, wie lernzielorientiertes und Projektlernen in der Grundschule ineinander greifen, sich ergänzen und zu neuem Lernen anregen können. Die Thematik ergibt sich hier aus dem bayerischen Grundschullehrplan, in dem gefordert wird, den Schülern einen »Einblick in das vielfältige Leben in und an einem Gewässer« (Bayer. Grundschullehrplan, 1981, S. 109) zu vermitteln. Dabei sollen Schüler Tiere beobachten, einzelne Pflanzen betrachten und untersuchen, einige Wasserpflanzen und -tiere beschreiben und unterscheiden und sie in der Natur und auf Bildern wiedererkennen. Schließlich sollen sie die Bedeutung des Gewässerschutzes an einem Beispiel erörtern. In vielfacher Weise werden durch die Unterrichtssequenz folgende Ziele und Aufgaben des Heimat- und Sachunterrichts erfüllt:

- Die Vielfältigkeit des Lebensraums Gewässer und die gute Anpassung der Organismen an diesen Lebensraum können erkannt werden (Vielfältiges Leben).
- Zwischen Pflanzen und Tieren können Abhängigkeiten aufgezeigt werden (Wechselbeziehungen).
- Die Wichtigkeit des Wassers für das Überleben aller Lebewesen, einschließlich der Menschen, kann erkannt werden (Wasser als Lebensgrundlage).
- Die Erkenntnis, dass sauberes Wasser lebensnotwendig ist und dementsprechend gepflegt werden muss (Gewässerschutz), wird verdeutlicht.
- Der Umgang mit Käschern, Lupen, Ferngläsern, Bestimmungsbüchern, etc. wird erlernt, Tiere und Pflanzen werden bezeichnet (Einsatz von Hilfsmitteln).
- Fachliche und fachspezifische Arbeitsweisen werden am konkreten Tun erlernt und angewendet (Praktisches Lernen).

Methodisches Raster

Problem/ Aufgabe	Wir erstellen und gestalten einen Naturführer und einen Lehrpfad.
Planung	• Bestandsaufnahme von Tieren und Pflanzen am Neuenseer Weiher (Unterrichtsgang) • Erstellen und Zeichnen von Tieren und Pflanzen • Gestalten eines Naturführers • Anfertigung von Begrüßungs-, Überblick-, Pflanzen- und Tiertafeln • Präsentation der Öffentlichkeit

Ausführung	• Unterrichtsgang: Was müssen Ralf und Lisa beachten, wenn sie an einen Teich gehen? Welche Pflanzen und Tiere leben in und am Neuensee? Welche besonderen Merkmale haben Pflanzen und Tiere? • Auswertung des Unterrichtsganges: a) Erstellen des Naturlehrführers: Den örtlichen Gegebenheiten als Einleitungsseite folgt die Anknüpfung an den erforschten Artenbestand der Pflanzen, die nach Pflanzenzonen am Neuensee geordnet werden. Wie zeichne ich Pflanzen und Tiere richtig? Pflanzenzonen am Neuensee können geordnet werden. Welche Pflanzen und Tiere gibt es noch? Warum leben Pflanzen und Tiere am Teich zusammen? Warum kann der Wasserläufer Theobald auf dem Wasser laufen? Welche Dinge verschmutzen Gewässer? Was können wir tun, um Gewässerverschmutzung zu vermeiden? b) Bau des Naturlehrpfades: Anfertigung der Pflanzen- und Tiertafeln Beschriften und Gestalten der Lehrtafeln Anordnung der Tafeln um den Weiher (Plan) Aufstellen der Tafeln
Präsentation/ Reflexion	• Einweihung des Naturlehrpfades und Durchführung eines Teichfestes • Manöverkritik über Vorgehensweise und Umsetzung des Projektes (Schwierigkeiten, Erfahrungen, soziales Zusammenarbeiten etc.)

Kommentar

An diesem Projekt kann man den Zusammenhang von Lehrgangs- und Projektlernen gut aufzeigen. Der eigentliche Anlass für die Erstellung eines Lehrpfades ist die Anregung einer kleinen Schülergruppe. Im Klassenverband wird die Idee diskutiert, erste Lösungs- und Planungsansätze werden

erarbeitet. Sehr schnell wird die Notwendigkeit eines Unterrichtsganges deutlich, um die Vielfalt von Tieren und Pflanzen am Neuenseer Weiher festzustellen und sie bestimmen zu können. Lehrgangsmäßig wird behandelt, wie man sich am Gewässer verhalten muss, bevor die verschiedenen Arbeitsgruppen ihre Beobachtungen notieren und erste Merkmale von Tieren und Pflanzen herausarbeiten. Diese werden wiederum im Klassenunterricht mit Hilfe verschiedener Medien vervollständigt und präzisiert.
Projekttypisch bzw. als eigenständiges Projekt zu bezeichnen ist dann die Erstellung des ›Naturführers Neuensee‹. Hier zeichnen und beschreiben Schüler arbeitsteilig verschiedene Pflanzen und Tiere, ordnen sie nach den gemeinsamen Merkmalen und kennzeichnen den Standort auf einem Plan des Neuenseer Weihers. Traditionell wiederum kann man die einzelnen Unterrichtssequenzen des ›Zusammenlebens von Pflanzen und Tieren‹, zur Thematik ›Warum kann ein Wasserläufer auf dem Wasser laufen?‹ bzw. ›Welche Dinge verschmutzen Gewässer?‹ bezeichnen. Allerdings ist die Notwendigkeit der Behandlung der Gewässerverschmutzung wiederum von einer kleineren Schülergruppe angeregt worden, die auch die Sachzusammenhänge darstellen will, sodass hier ebenfalls Kennzeichen des Projektlernens sichtbar werden.
Deutliche Kennzeichen eines Projektlernens bietet der Bau des Naturlehrpfades. Schüler werden handwerklich tätig, sie sägen, nageln und leimen zusammen. Sie bekleben die Tafeln mit selbst erstellten Texten und Bildern, sie überziehen sie mit Schutzfolie, zeichnen Pläne und ordnen Standorte den Tafeln zu. Einzelne Gruppen wählen dann die Standorte am Weiher aus, graben Löcher und stellen die verschiedenen Tafeln auf.
Ein wichtiges Kennzeichen des Projekts ist schließlich die Präsentation, die hier im Rahmen eines großen Teichfestes erfolgt. In Anwesenheit von Eltern und Personen des öffentlichen Lebens wird der Naturlehrpfad eingeweiht. Den Abschluss bildete eine Phase der Reflexion, in der offen über Schwierigkeiten aber auch Erfolge gesprochen wurde.

Im Rahmen dieses Projekts entstanden ein ›Naturführer Neuenseeer Weiher‹, sowie 25 Pflanzen- und 23 Tiertafeln, zwei Begrüßungs- und drei Überblicktafeln, eine Informationstafel zum Neuensee und zwei Überblickschaukästen, die von den Schülern erarbeitet und hergestellt wurden und der Öffentlichkeit zugänglich sind.
In diesem Grundschulprojekt sind lehrgangsmäßige Ergänzungen notwendig, gleichzeitig werden die Lernergebnisse im Projekt angewendet. Deutlich wird hier die Verzahnung von Lehrgangs- und Projektlernen sichtbar. Erkennbar wird aber auch, dass ein ›Großprojekt‹ aus kleineren ›Einzelprojekten‹ bestehen kann.
Projekttyp: integratives Projektlernen mit Anleitungen

7.2 Projekt ›Bau einer Wetterstation‹

Hauptschule Altenstadt an der Waldnaab

Schulart:	Hauptschule
Projektleiter:	Heribert Zeis
Schuljahr:	1998
Jahrgangsstufe:	7

Einblicke in meteorologische Zusammenhänge zu gewinnen, ist eine wichtige Zielsetzung sowohl des Physik-Chemie-Biologie-Unterrichts als auch des Geschichts-Sozialkunde-Erdkunde-Unterrichts[49] in der 7. Jahrgangsstufe der Hauptschule. Durch den Bau der Wetterstation und durch anschließende Wetterbeobachtungen werden Schüler an wichtige fachliche Denkweisen herangeführt, üben fachgemäße Arbeitsweisen und -techniken ein und wenden sie an. In diesem Projekt gewinnen sie ausgehend »von eigenen Erfahrungen … Grundkenntnisse über Wetterfaktoren. Beim Beobachten und Aufschreiben des Wetters wird ihnen zunehmend einsichtig, welche Vorteile die Arbeit in Gruppen bietet. Die Schüler sollen verstehen, was Wetterkarten aussagen; sie erfahren, unter welchen Voraussetzungen Wolken und Niederschläge entstehen, und erhalten einen Einblick in das Phänomen des Luftdrucks und dessen Zusammenhang mit dem Wettergeschehen…«[50] Das gesamte Projekt ›Bau einer Wetterstation‹ ist zunächst als Jahresprojekt vorgesehen, allerdings soll sich die Arbeit mit der Wetterstation auch über die Folgejahre erstrecken.

Methodisches Raster

Problem/ Aufgabe	Bau einer Wetterstation
Planung	• Informationen über meteorologische Messgeräte (auch im Internet) • Klären der Fragen von Kosten • Planen der Standorte der Messgeräte • Aufstellen der Geräte
Ausführung	• Kontaktaufnahme mit dem Deutschen Wetterdienst (DWD): Telefonieren, Schreiben • Besuch der Wetterstation Weiden • Funktionsweisen der verschiedenen Messgeräte • Die Arbeit mit den Messinstrumenten • Auswahl der gewünschten Messgeräte

[49] Im bayerischen Hauptschullehrplan sind die Einzelfächer zu Fächergruppen Physik, Chemie und Biologie bzw. Geschichte, Sozialkunde und Erdkunde zusammengefasst.
[50] Amtsblatt KWMBl I So.-Nr. 1/1997: Lehrplan für die Hauptschule, S. 201.

	• Reinigung bzw. Instandsetzung der gebrauchten Geräte • Vorstellung der Instrumente durch Kurzreferate • Standortsuche und -planung • Aufstellen der Messinstrumente • Kennzeichnung der Geräte mit Hilfe von Beschreibungsschildern
Präsentation/ Reflexion	• Offizielle Feierstunde mit den Beteiligten und Vertretern des öffentlichen Lebens • Veröffentlichung des Projekts im Internet Abschlussbesprechung

Kommentar
Ausgangspunkt ist ein Gespräch mit den Schülern über die generelle Zielsetzung ›Wir bauen eine Wetterstation‹. Dabei werden im groben Umriss die Planungsschritte diskutiert. Der Klassenleiter führt als Projektleiter anschließend die notwendigen Gespräche zur Durchführung des aufwendigen Vorhabens. Die Schulleitung wird informiert und sagt ebenso wie der Elternbeirat und der Sachaufwandsträger, die Gemeinde, ihre Unterstützung zu.

Schnell wird der Klasse in der detaillierten Planung bewusst, dass sie kaum konkrete Vorstellungen vom Umfang und von der Qualität einer Wetterstation hat. Hieraus ergibt sich die Notwendigkeit, Informationen über meteorologische Messgeräte einzuholen. Deshalb wird der Deutsche Wetterdienst (DWD) um Mithilfe gebeten. Die Klasse verschafft sich erste Einblicke durch eine Erkundung in der nahe gelegenen Wetterstation Weiden. Dort wird den Schülern erklärt, welche Messinstrumente notwendig sind, wie sie aufzubauen sind, wie man Messdaten gewinnt und wie man sie dokumentiert. In der Klasse werden die Informationen ausgewertet und sauber niedergeschrieben; die entsprechenden Prospekte werden gesichtet und eine Liste der gewünschten Geräte erstellt:

- Thermometerhütte
- Trocken-, Feucht-, Maximum-, Minimumthermometer
- Halterungen für Thermometer
- Aspirator, Glasansatzrohr
- Minimumthermometer am Erdboden, mit versch. Längen an Erdspießen
- Erdbodenthermometer mit Führungsrohr in verschiedenen Längen
- Niederschlagsmesser (Messglas)
- registrierendes Messgerät (evtl. Thermograph, Hygrograph).

Der Deutsche Wetterdienst hat mittlerweile informiert, dass dort keine Geräte zu kaufen wären, dass er allerdings leicht beschädigte Geräte zur Verfügung stellen könne. Daher erfolgt im Oktober eine ›Bestellung‹ beim DWD in Oberschleißheim. Im November wird eine komplette Klimahütte mit den erwünschten Geräten geliefert. Mit Unterstützung von Fachleuten der Wetterstation erfolgt eine Sichtung, Reinigung bzw. Instandsetzung der Geräte durch die Schüler. Gleichzeitig informieren Schüler durch Kurzreferate über einzelne Geräte, ihren Einsatz, ihre Besonderheiten und fertigen einzelne Messgeräte selbst an. Andere Schüler wiederum sammeln Informationen über den Projektverlauf und schreiben Berichte für eine spätere Dokumentation. Ein richtiger Standort wird nach längerer Suche gefunden. Ein gepflasterter Boden ist ungünstig, da er sich enorm aufheizt und die Ergebnisse verfälscht. Der Sonnenstandmesser soll frei stehen, um den gesamten Sonnenbahnlauf aufzeichnen zu können. Auch müssen die Geräte vor mutwilliger oder unbeabsichtigter Beschädigung geschützt werden. Nachdem der Sachaufwandsträger die Bodenarbeiten erledigt hat, werden von den Schülern Löcher für die Füllrohre der Erdbodenthermometer gebohrt. Ein Vater fertigt nach den Plänen der Schüler den Halter für den Sonnenlaufschreiber an. Da die Wetterstation im Bereich des Sportplatzes stehen muss (nur hier war eine ganztägige Einstrahlung der Sonne möglich), bringen Schüler rot/weiße Schutzmarkierungen an. Parallel hierzu werden Beschreibungsschilder für den Klimagarten erstellt und montiert. Schließlich können die Messanlagen durch eine offizielle Feierstunde ihrer Bestimmung übergeben werden. Hat man sich bereits im Vorfeld im Internet Informationen zum umfassenden Thema Wetter besorgt, so wird nun selbst eine Veröffentlichung konzipiert und eingespeist.

Dieses Projekt zeigt deutlich, wie umfassend sich Projektlernen entwickeln kann. Hier wird von außerschulischen Fachleuten informiert und mit ihnen diskutiert. Pläne werden entwickelt und aufgezeichnet, Protokolle geschrieben, Anschreiben und Dankschreiben werden verfasst. Es wird telefoniert und gefaxt. Schüler arbeiten eigenverantwortlich, sie diskutieren und reflektieren Vorgehensweisen und Zusammenarbeit. Sie gewinnen fachliche Zusammenhänge, arbeiten handwerklich, lernen technisch hochinteressante Messinstrumente kennen und praktizieren Teamarbeit.
Oftmals ist es, wie hier dargestellt, sinnvoll, wenn Lehrer Projektthemen vorgeben und auch phasenweise stärker anleiten. Allerdings ist für einen Erfolg die Identifikation zumindest der Mehrheit der Klassenmitglieder mit den Inhalten notwendig. Lehrer haben zu verantworten, wie stark sie sich zurücknehmen können, um den Erfolg des Vorhabens nicht zu gefährden. Hierzu ist aber auch der Mut des Ausprobierens notwendig.
Projekttyp: integratives Projektlernen mit Anleitungen

7.3 Projekte im gymnasialen Mathematikunterricht

Gymnasium Marktbreit	
Schulart:	Gymnasium
Projektleiter:	Dr. Matthias Ludwig
Schuljahr:	1997/98
Jahrgangsstufen:	6, 9, 11

Die nachfolgenden Beispiele sind kleinere fachgebundene Projekte. Sie wurden durchgeführt von Matthias Ludwig, der sich mit der Umsetzung naturwissenschaftlicher Inhalte durch und in Projekten befasst.

Wir vermessen unsere Schüler (Klasse 6)
Voraussetzung für dieses Vorhaben ist, dass Schüler Prozentrechnung, Mittelwertbestimmung und Proportionalitäten behandelt haben, sowie Schaubilder (Diagramme) lesen und erstellen können. Anschließend wird ihnen die Aufgabe gegeben, die Schüler ihrer Schule zu vermessen. Welche Größen sie messen und wiegen, wird ihnen überlassen.
Es werden insgesamt 320 Schülerinnen und Schüler während der Schulpausen im Verlauf von zwei Wochen vermessen.
Die nachfolgende Abbildung zeigt die Komplexität der Lernmöglichkeiten auch bei solch einem kleineren fächergebundenen Projekt.

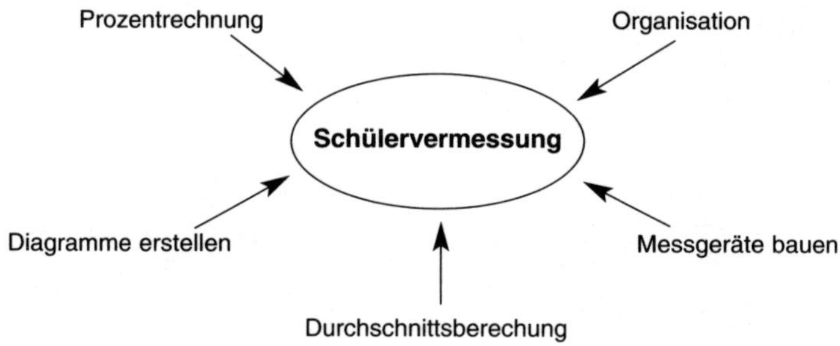

Jeder zu vermessende Schüler erhält ein Messkärtchen, auf dem er sein Alter, seinen Geburtsmonat und sein Geschlecht eintragen muss. Die anderen Messdaten (Körpergröße, Fußlänge, Büchertaschengewicht) werden an den einzelnen Messstationen eingetragen. Abschließend werden die Kärtchen wieder eingesammelt und nach Alter sortiert. Nach den Messungen werden im Klassenzimmer während der Mathematikstunden die Kärtchen ausgewertet und Diagramme auf DIN A1 Kartons gezeichnet. Wichtig ist die anschließende Präsentation der rechnerischen und grafischen Ergebnisse.

Projekttyp: Übungs-Projekt

Die Platonischen Körper als Heißluftballone (Klasse 9)
Schüler lernen im Physikunterricht des 8. Schuljahrs den Auftrieb und im 9. Jahr die Gasgesetze kennen, sowie in Mathematik die Platonischen Körper (Tetraeder, Oktaeder usw.) und die Quadratischen Funktionen. Es liegt nahe, im Sinne eines fächerverbindenden Unterrichts diese Sachverhalte aufzu-

greifen. Dies geschieht durch das nachfolgende Projekt. Die Platonischen Körper stehen also im Mittelpunkt vielfältiger Lernergebnisse:

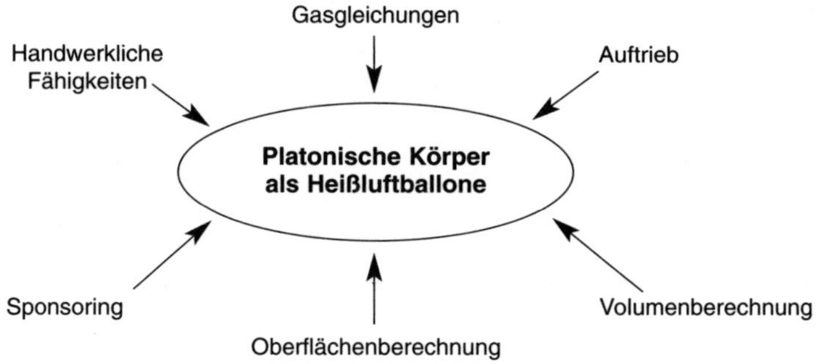

Jeder kennt das Prinzip des Heißluftballons. Ziel des Projektes ist, in verschiedenen Gruppen alle fünf Platonischen Körper in die Luft steigen zu lassen. Die alles entscheidende Frage lautet: Wie groß muss der Ballon sein, damit er fliegt? Hier wird dann experimentell die Flächendichte der Ballonhaut (Seidenpapier mit Klebstoff) auf $25g/m^2$ ermittelt. Ebenso kann man die Auftriebskraft pro Kubikmeter bei einem Temperaturunterschied von 30 °C mit den Gasgleichungen berechnen. Sie beträgt ungefähr $1N/m^3$. Mit diesen Faustwerten kann man nun die Kantenlänge der einzelnen Körper abschätzen.
Die Präsentation ist ein Simultanstart der Körper während einer Schulpause.
Projekttyp: lineares Projektlernen mit Gestaltungsaufgabe

Unendlichkeit (Klasse 11)
Als Projektthema für diese Klasse ist die ›Erfassung der Unendlichkeit‹ bestimmt. Nun ist dieses Thema viel zu komplex, als dass es nur durch ein Fach – der Mathematik – bearbeitet werden kann. Deshalb ist es notwendig, dass Kollegen, die in dieser Klasse unterrichten, die Projektidee unterstützen. So ist zum einen die Behandlung der Ewigkeit (Unendlichkeit) im Ethikunterricht und im Religionsunterricht sinnvoll. Im Chemieunterricht versuchen die Schüler die Größe der Stoffmenge 1 Mol (das sind immerhin $6{,}022 \times 10^{23}$ Teilchen) darzustellen. Die Kunstlehrerin setzt die Farbe Blau als künstlerisches Pendant zur Unendlichkeit (Yves-Klein-Blau). Deutsch beteiligt sich als viertes Fach mit Literatur und Lyrik am Unendlichkeitsprojekt. Als fünftes Fach wird die Mathematik eingebunden. Hier wird u.a. die ›Unendlichkeit‹ mit Hilfe einer komplexen Funktion auf einen endlichen Punkt abgebildet. Die ›Unendlichkeit‹ wird erfasst von:

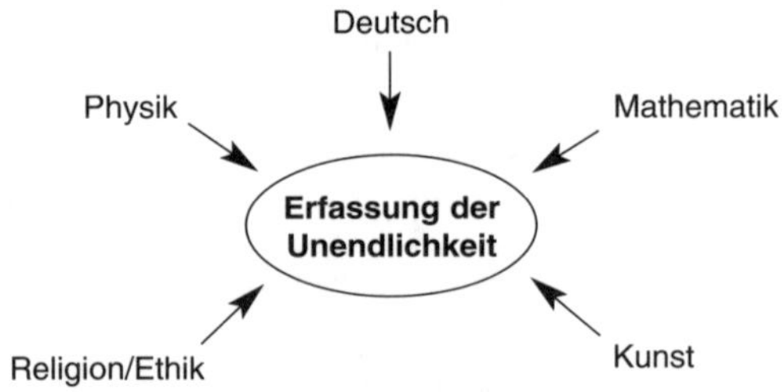

Es ergeben sich folgende Arbeitsgruppen:

- Lyrik-Gruppe (Beschreibung des unendlich Großen und des unendlich Kleinen)
- Die Unendlichkeit in der Philosophie (Was bedeutet Ewigkeit wirklich? Was ist am ewigen Leben schön?)
- Grafische Darstellung unendlicher Mengen, bzw. Abbildungen von Mengen
- Interpretation des Unendlichen in der Kunst
- Sammlung sehr großer Zahlen in der Natur (Vergleiche)
- Darstellung unendlicher komplexer Iterationen
- Programmierung von komplexen Abbildungen

Projekttyp: lineares Projektlernen

Diese kleineren, teils fächergebundenen Projekte zeigen die vielfältigen Möglichkeiten des Projektlernens. Deutlich wird aber auch die Notwendigkeit eines lehrergeleiteten und lehrgangsabhängigen Unterrichts. Das Ziel eines Lernens im Projekt muss die stärkere Ausrichtung der Lehr-Lernsituation nach Selbstständigkeit und Selbsttätigkeit sein, nicht eine Loslösung aus dem Verantwortungsbereich der Lehrer.

7.4 Projekt ›Alternativenergieanlage‹

Hans-Wilsdorf-Schule, Kulmbach

Schulart:	Berufsschule
Projektleiter:	Ottmar Walter, Manfred Karl
Schuljahr:	1995
Jahrgangsstufe:	Heizungsbauer-Fachklassen 12

Mit der Alternativenergieanlage soll das Verständnis für einen ganzheitlichen Lösungsansatz moderner Energieprobleme geschaffen werden. Deshalb werden Messmöglichkeiten hergestellt, die eine optimale Auswertung sowie didaktisch und pädagogisch eine sinnvolle Handlungsweise erlauben. Die gesamte Anlage ist in folgende Teile gegliedert:

1. Brennwerttechnik
2. Boilertechnik
3. Solartechnik
4. Messfeld für Gesamtanlage
5. PC-Messwerterfassung
6. Wetterstation
7. Abgasanalyse[51]

Durch den Aufbau der Anlage soll erfahren werden, wie man Umweltwärme mit Solarwärme, Solarstrom, Wärmepumpen und Brennwerttechnik sinnvoll kombinieren und im Alltag nutzen kann.

Im Einzelnen beinhaltet das Projekt folgende Lerninhalte aus dem Lehrplan des 11. bis 13. Schuljahrganges an Berufsschulen:
- Rohrverteilungssysteme, Rohrmontage
- Armaturen, Sicherheitseinrichtungen
- Pumpen, Wärmeträgermedien
- Wärmeverbraucher, Wärmemengenerfassung, Speicherung von Wärme
- Aufbau, Funktion und Einsatz von Wärmepumpen
- Arten, Aufbau und Funktion von Sonnenkollektoren
- Brennwert- und Niedertemperaturheiztechnik
- multivalente Heizsysteme
- Regelungstechnik

Durch die Einbindung einer Wetterstation werden die klimatischen Voraussetzungen für die Nutzung alternativer Energien geklärt. Die PC-Messwerterfassung ermöglicht die Auswertung und Ermittlung der Wirtschaftlichkeit des Projektes. Außerdem können gespeicherte Werte jederzeit für unterrichtliche Zwecke abgerufen werden.
Der Umweltschutz ist nicht das alleinige Lernziel, sondern er zieht sich wie ein roter Faden durch alle Lerninhalte. So wird an der Aufgabe deutlich, die ausgewählten Materialien sparsam einzusetzen, durch sinnvolle Arbeitsmethoden und den Einsatz alternativer Energien zum Umweltschutz beizutragen und den Ressourcenverbrauch zu mindern.

[51] WALTER, O.: Projektbeschreibung. Kulmbach 1996.

Unter dem Oberbegriff ›Anlagen- und Systemtechnik‹ finden sich zum Abschluss der Lehrzeit in den einzelnen Fächern folgende Lernziele, zu deren Erreichen das Projekt beitragen kann:

Fachtheorie: ›Einsicht in die Funktionszusammenhänge von Heizungsanlagen‹

Fachrechnen: ›Verständnis der Vorgehensweise zum Lösen einer Projektierungsaufgabe‹

Praktische Fachkunde: ›Verständnis der Vorgehensweise zum Lösen von Problemstellungen aus der Heizungsinstallation‹[52]

KERL verweist auf die Notwendigkeit eines fächerverbindenden Unterrichts, wenn er betont: In der Fachtheorie wird das Projekt dargestellt, die einzelnen Komponenten werden zusammengestellt, die Materialauswahl und die fachliche Durchdringung erfolgen und die Funktionszusammenhänge werden aufgezeigt. In der Arbeitsplanung erfolgen die Materialzusammenstellung und zeichnerische Darstellung und im Fachrechnen erfolgt die größenmäßige Auslegung der Aggregate und Rohrleitungen. In der Praktischen Fachkunde wird dann die Anlage erstellt und damit gearbeitet. Selbst die Fächer Sozialkunde und Deutsch lassen sich einbeziehen mit Themen wie ›Erkunden der Zuschussfähigkeit beim Einsatz von alternativen Energien‹, ›Antrag auf Bezuschussung‹, ›Brief an ein Industrieunternehmen mit der Bitte um kostenlose Bereitstellung eines Wärmeerzeugers‹, ›Ausfüllen der Unternehmererklärung lt. Heizungsanlagenverordnung‹ usw.

In über 2600 Schülerstunden, davon etwa 600 Stunden während der Freizeit und über 450 Lehrerstunden (237 im Unterricht, 217 in der Freizeit) wird die Anlage hergestellt, die einen Marktwert von etwa 200.000 DM darstellt. Die Anlage wird heute noch genutzt und im Unterricht eingesetzt.

Projekttyp: lineares Projektlernen

Wie sinnvoll Projektlernen sein kann, zeigt das hier dargestellte Beispiel. Fordert der handwerklich orientierte Berufsschulunterricht generell eine Lehr-Lernsituation, die sich an der Tätigkeit orientiert, so werden die oftmals zersplitterten Einzelaktionen in einem, die Fächer verbindenden Gesamtprojekt integriert. Schüler beteiligen sich von der Planungsphase über die Umsetzung bis hin zur weiteren Betreuung (Wartung, Auswertung der Daten) an diesem Großprojekt. Die Tatsache, dass die Beteiligten einen Teil der Arbeiten in ihrer Freizeit ausführen, zeigt die hohe Attraktivität des Vorhabens und des Projektlernens.

---

[52] KERL, MANFRED: »pädagogische Begründung«, Kulmbach 1996

8 Projektlernen – kurzes Fazit

Nach dem ausführlichen Text über die Möglichkeiten, Grenzen und Illusionen des Projektlernens fassen wir zum Schluss unsere Position in wenigen Aussagen zusammen.

Wir sehen im Projektlernen die Chance, schulische Lernformen zu erweitern; denn die Arbeit am Projekt bietet den Lernenden andere, möglicherweise sogar tiefere Erfahrungen als das systematische Lernen im Klassenunterricht. Vor allem erhalten Schülerinnen und Schüler die im Schulunterricht seltene Gelegenheit, eine Aufgabe durch praktische Arbeit zu bewältigen und ein Produkt ihrer Bemühungen vorweisen zu können. Dabei sollen sie mehr Verantwortung für die Planung und Ausführung ihres Lernens übernehmen. Gelingendes Projektlernen kann bildendes Lernen sein, weil sich individuelle Fähigkeiten und Fertigkeiten durch vielseitige Lernerfahrungen entwickeln können.

Alle Befürworter des Projektlernens setzen hohe Erwartungen in diese Lernform. Immer wieder unterstreichen sie, dass erst Projektlernen dazu beitrage, Schule zu ›humanisieren‹. Projektlernen – so eine häufig vertretene Ansicht – sei die angemessene unterrichtliche Methode, auf die Sozialisationsbedingungen der Zeit zu reagieren und auf ein mündiges Handeln in der Demokratie vorzubereiten. Gerade bei dieser Form des Lernens könnten die Schüler erfahren und üben, wie man über Vorgänge mitbestimmt und entscheidet. Wir kommen nach der Sichtung unterschiedlichster Positionen zu der Einschätzung, dass diese Ansicht nur zum Teil zutrifft. Dass erst Projektlernen Schule und Unterricht ›humanisieren‹ könne, ist unzutreffend, ohne etwas an der Bedeutung des Projektlernens zu ändern: Es ist neben anderen eine Methode schulischer Sozialisation und als solche eine ergänzende Bereicherung schulischen Lernens – nicht mehr und nicht weniger.

Dass Projektlernen in der Praxis verglichen mit anderen unterrichtlichen Formen selten erfolgt, hat viele Gründe. An dieser Stelle weisen wir nur noch einmal darauf hin, dass der Schule die Aufgabe zukommt, gesellschaftlich erwünschtes Wissen und Können – sog. ›kulturelles Basis- und Orientierungswissen‹ sowie ›Wissen über das eigene Denken und Lernen‹ und ›soziale Kompetenzen‹ (BLK) – durch Unterricht zu sichern. Das erfordert unterschiedliche Formen der Lehr-Lern-Organisation.

Projektlernen wird vielfach mit ›sozialisationstheoretische[n] und lernpsychologische[n] Argumente[n]‹ (GUDJONS, 1990, S. 48) begründet. Wir verweisen ausdrücklich auf eine bildungstheoretisch-didaktische Begründung als

Ergänzung dieser Positionen. Aus unserer Sicht wird Projektlernen wichtig, weil die Bildung des Menschen auf einer vielseitigen Entfaltung seiner Möglichkeiten beruht. Dazu kann beitragen, dass seine Fähigkeiten durch verschiedene Herausforderungen angeregt werden. Schüler sollen erproben können, was es heißt, allein oder zusammen mit anderen eine Aufgabe zu übernehmen, verantwortlich zu planen, Folgen zu akzeptieren, selbstständig zu entscheiden und die gestellte Aufgabe zu Ende zu führen. Hierbei lassen sich Qualifikationen wie Planungskompetenz, Kooperationsfähigkeit, Verantwortung, Handlungskompetenz, Sprachkompetenz einüben, die in anderen Lehr-Lern-Situationen nicht in dieser Weise gefordert werden. Aber ob sie gefördert oder sogar erreicht werden, hängt ganz entscheidend von den Lernenden selbst ab. Die Lehrenden können den Prozess nur unterstützen. Daneben muss immer versucht werden, durch einen fachlich anregenden Unterricht zu selbstständigem Weiterlernen aufzufordern. Ob solches Lernen durch einen Lehrgang oder durch Projektlernen geschieht, ist weniger bedeutsam, solange der Unterricht das Denken herausfordert und selbstständiges Urteilen übt. Beide Großformen des Unterrichtens eröffnen jeweils besondere Chancen und ergänzen sich. Ein fachlich kompetenter Lehrgangsunterricht kann die Augen öffnen für Dinge, die man sonst gar nicht gesehen hätte; das Projektlernen kann Erfahrungen eigenen Könnens durch die Arbeit an praktischen Lernaufgaben vermitteln.

9 Glossar

10 Literaturverzeichnis

ADL-AMINI, B.: Systematik der Unterrichtsmethode. In: Ders. u. a.: Unterrichtsmethode in Theorie und Forschung. Bilanz und Perspektiven. Weinheim 1993, S. 82–110

ADL-AMINI, B.: Medien und Methoden des Unterrichts. Donauwörth 1994

AEBLI, H.: Zwölf Grundformen des Lehrens. Stuttgart 1983

APEL, H.J.: Theorie der Schule in einer demokratischen Industriegesellschaft. Rekonstruktion des Zusammenhangs von Erziehung, Gesellschaft und Politik bei John Dewey. Düsseldorf 1974

APEL, H.J.: ›Die Stühle sind hart.‹ – ›Wir haben nichts zu sagen.‹ In: SEIBERT, N. (Hrsg.): Anspruch Schulkultur. Bad Heilbrunn 1997, S. 119–139

APEL, H.J.: Im Rückblick mit der Schule zufrieden. Studierende befragt über Leben und Lernen in der gymnasialen Oberstufe. In: Das Gymnasium in Bayern, H 6, 1997a, S. 12–16

ARBEITSGRUPPE OBERKIRCHER LEHRMITTEL (AOL) (Hrsg.): Das AOL-Projekte-Buch. Reinbek 1986

ASCHERSLEBEN, K.: Moderner Frontalunterricht. Neubegründung einer umstrittenen Unterrichtsmethode. Frankfurt/Main 1986[2]

AUTORENTEAM OBERSTUFENKOLLEG: Mind-mapping etc. Lernbox. Friedrich Jahresheft 1997

BASTIAN, J./GUDJONS, H. (Hrsg.): Das Projektbuch I. Theorie, Praxisbeispiele, Erfahrungen. Hamburg 1986, 1994[4]

BASTIAN, J./GUDJONS, H. (Hrsg.): Das Projektbuch II. Über die Projektwoche hinaus. Projektlernen im Fachunterricht. Hamburg 1990, 1993[2]

BASTIAN, J./GUDJONS, H.: Streit um den Projektbegriff. Zur Kontroverse über Geschichte und gegenwärtige Bedeutung des Projektbegriffs. Pädagogik, 45, H 7/8, 1993, S. 57–73

BASTIAN, J.: Freie Arbeit und Projektunterricht. In: Pädagogik, 45, H 10, 1993, S. 5–9

BASTIAN, J./GUDJONS, H./SCHNACK, J./SPETH, M. (Hrsg.): Theorie des Projektunterrichts. Hamburg 1997

BAUMERT, J./KÖLLER, O.: Nationale und internationale Schulleistungsstudien. In: Pädagogik, 50, H 6, 1998, S. 12–18

BIELEFELDT, H.: Projektorientiertes Arbeiten und Gestaltung des Schullebens. In: LANDESINSTITUT FÜR SCHULE UND WEITERBILDUNG (Hrsg.): Schularbeiten. H 1. Projektorientiertes Arbeiten. 1988, S. 13–15

BIELEFELDT, H./EMUNDTS, M.: Lehrgang und Projekt. Zwei Seiten der Medaille ›Unterricht‹. Heinsberg 1987

BLK (Bund-Länder-Konferenz) (Hrsg.): Gutachten zur Vorbereitung des Programms ›Steigerung der Effizienz des mathematisch-naturwissenschaftlichen Unterrichts‹. Materialien zur Bildungsplanung und Forschungsförderung. H 60, 1997

BLUMENFELD, P.C. U. A.: Motivating Project-Based Learning: Sustaining the Doing, Supporting the Learning. In: Educational Psychologist, H 3 & 4, 1991, S. 369–398

BLUMENFELD, P.C. U. A.: Lessons Learned: How Collaboration Helped Middle Grade Science Teachers Learn Project-based Instruction. In: The Elementary School Journal, H 5, 1994, S. 539–551

BOHNSACK, F.: Erziehung zur Demokratie. John Deweys Pädagogik und ihre Bedeutung für die Reform unserer Schule. Ravensburg 1976

BONN, P.: Projekt, Projektorientierter Unterricht, Projektstudium. In: WULF, CHR. (Hrsg.): Wörterbuch der Erziehung. München/Zürich, 1974, 1989[7],S. 470–474

BOSSING, N. L.: The Project Method. In: Ders.: Progressive Methods of Teaching in Secondary Schools. Boston: Houghton Mifflin, 1935, S. 555–595

BOSSING, N. L.: Die Projekt-Methode. In: KAISER, A./KAISER, F.J. (Hrsg.): Projektstudium und Projektarbeit in der Schule. Bad Heilbrunn 1977, S. 113–133

BRINKMANN-HERZ, D.: Strategien zur Beteiligung von Schülern an der Unterrichtsplanung. Simulierende Unterrichtsmethoden, Projektunterricht und Partizipation an Hand ›offener Curricula‹. In: Unterrichtswissenschaft, 1979, S. 182–193

BRUBACHER, J. S.: A History of the Problems of Education. New York 1947

BUNK, H. D.: Zehn Projekte zum Sachunterricht. Frankfurt a.M. 1990

CHOTT, P.: Projektorientierter Unterricht. Eine Einführung. Weiden 1990

COLLINGS, E.: An Experiment with the Project Curriculum. New York 1923

CORRELL, W.: Die psychologischen und philosophischen Grundlagen des Erziehungsdenkens John Deweys. In: Ders. (Hrsg.): Reform des Erziehungsdenkens. Eine Einführung in John Deweys Gedanken zur Schulreform. 1963, S. 9–25

CREMIN, L. A.: The Transformation of the School. Progressivism in American Education, 1876–1957. New York 1961

DEWEY, J. The School and Society (1900). In: Ders.: The Middle Works. Vol. 1. Carbondale 1976, S. 1–109

DEWEY, J.: Democracy in Education (1903). In: Ders.: The Middle Works. Vol. 3. Carbondale 1977, S. 229–239

DEWEY, J.: How We Think (1910). In: Ders.: The Middle Works. Vol. 6. Carbondale 1978

DEWEY, J.: Democracy and Education (1916). In: Ders.: The Middle Works. Vol. 9. Carbondale 1978

DEWEY, J.: The Way Out of Educational Confusion (1931). In: Ders.: The Later Works. Vol. 6. Carbondale 1985, S. 75–89

DEWEY, J.: How We Think. A Restatement of the Relation of Reflective Thinking to the Educative Process (1933). In: Ders.: The Later Works. Vol. 8. Carbondale 1986

DEWEY, J.: Experience and Education (1938). In: Ders.: The Later Works. Vol. 13. Carbondale 1988, S. 1–62

DEWEY, J.: Schule und öffentliches Leben. Berlin 1905

DEWEY, J.: Der Ausweg aus dem pädagogischen Wirrwarr. In: DEWEY, J./KILPATRICK, W.H.: Der Projekt-Plan. Weimar 1935, S. 85–101

DEWEY, J.: Erfahrung und Erziehung. In: DEWEY, J./HANDLIN, O./CORRELL, W.: Reform des Erziehungsdenkens. Weinheim 1963, S. 27–99

DEWEY, J.: Demokratie und Erziehung. Weinheim 1993[4]

DIETRICHS, J.: Zweifel an Projekten. In: Friedrich Jahresheft 1994, S. 92–94
DINGELDEY, E.: Projektunterricht. In: DINGELDEY, E./VOGT, J. (Hrsg.): Kritische Stichwörter zum Deutschunterricht. München 1974
DOLCH, J.: Grundbegriffe der pädagogischen Fachsprache. München 1965[5]
DUNCKER, L./GÖTZ, B.: Projektunterricht als Beitrag zur inneren Schulreform. Begründungen, Erfahrungen, Vorschläge für die Durchführung von Projektwochen. Langenau 1984, 1988[2]
EGGERSDORFER, F.X.: Jugendbildung. München 1950
EINSIEDLER, W.: Didaktik eines schülerorientierten Unterrichts. In: EINSIEDLER, W./HÄRLE, H. (Hrsg.): Schülerorientierter Unterricht. Donauwörth 1976, S. 172–226
EINSIEDLER, W.: Lehrmethoden. München – Wien 1981
EINSIEDLER, W./HÄRLE, H. (Hrsg.): Schülerorientierter Unterricht. Donauwörth 1976
EMER, W./OHLY, P. (Hrsg.): Wie im richtigen Leben ... Projektunterricht für die Sekundarstufe II. Bielefeld 1994
EMUNDTS, M.: Projektunterricht versus Fachunterricht? In: IPFLING, H. J.: Unterrichtsmethoden der Reformpädagogik. Bad Heilbrunn 1991, S. 71–84
FISHMAN, S. /MARTIN, L.: Estranged Twins. Education and Society in the Two Germanys. New York 1987
FREY, K.: Theorien des Curriculums. Weinheim/Basel 1971
FREY, K.: Die Projektmethode. Weinheim 1992, 1993[3], 1995[6], 1998[8]
FRITZ, D.: Chancen und Grenzen der Projektmethode im Biologieunterricht der gymnasialen Oberstufe. Diss. Tübingen 1998
GARBER, E.: The Project Method in Teaching Chemistry. In: School science and Mathematics, 22, 1922, (January), S. 65–73
GATES, A. I. U. A.: A Modern Systematic Versus an Opportunistic Method of Teaching. In: Teachers College Record, 27, 1926 (April), S. 679–700
GEISLER, W./SCHOLZ, H./SCHWEIM, L. (Hrsg.): Projektorientierter Unterricht. Lernen gegen die Schule? Weinheim/Basel 1978
GEISSLER, G. (Hrsg.): Das Problem der Unterrichtsmethode in der pädagogischen Bewegung. Weinheim 1970, 1994[9]
GEIST, M./JUNGBLUT, G./PHILIPP, E.: Projektlernen – Eine Zauberformel? Ansätze zur Qualitätsverbesserung von Schule – Ergebnisse einer Schülerbefragung. Die Deutsche Schule, 78, 1986, S. 306–316
GIEST, H.: Projektarbeit. Ansätze für einen fächerübergreifenden Unterricht in der Grundschule. Berlin 1994
GOETSCH, K.: Projektunterricht bewerten. In: BASTIAN, J./GUDJONS, H. (Hrsg.): Das Projektbuch II. Hamburg 1990, S. 257–265
GRÄSEL, C.: Problemorientiertes Lernen. Strategieanwendung und Gestaltungsmöglichkeiten. Göttingen 1997
GROß, E.: Projekt-Didaktik Religion. Historisch-strukturelle Grundlegung und exemplarische Praxis. Bad Heilbrunn 1996
GUDJONS, H.: Projektunterricht begründen. In: BASTIAN, J./GUDJONS, H. (Hrsg.): Das Projektbuch II. Hamburg 1990, S. 48–64

GUDJONS, H.: Handlungsorientierter Unterricht. In: KECK, R.W./SANDFUCHS, U. (Hrsg.): Wörterbuch Schulpädagogik. Bad Heilbrunn 1994a, S. 144–145.

GUDJONS, H.: Projektunterricht. In: KECK, R. W./SANDFUCHS, U. (Hrsg.): Wörterbuch Schulpädagogik. Bad Heilbrunn 1994b, S. 249–250

GUDJONS, H.: Handlungsorientiert lehren und lernen. Schüleraktivierung, Selbsttätigkeit, Projektarbeit. Bad Heilbrunn 1986, 1997[5]

GÜNTHER, H.: Kritik des offenen Unterrichts. Bielefeld 1996

HAASE, O.: Gesamtunterricht, Training, Vorhaben – Drei Elementarformen des Volksschulunterrichts. Die Volksschule 1932, 28, S. 727–733

HACKL, B.: Projektunterricht in der Praxis. Utopien, Frustrationen, Lösungswege. Wien 1994

HAGE, K. U. A.: Das Methoden-Repertoire von Lehrern. Eine Untersuchung zum Schulalltag der Sekundarstufe I. Opladen 1985

HAGSTEDT, H.: Reformpädagogische Ketzereien. Klassenvorhaben – Projektwochen. In: Grundschule 17, 1985, S. 50–51

HAHNE, K./SCHÄFER, U.: Geschichte des Projektunterrichts in Deutschland nach 1945. In: BASTIAN, J. U. A. (Hrsg.): Theorie des Projektunterrichts. Hamburg 1997, S. 89–107

HAMEYER, U. (Hrsg.): AKTIF. Erfahrungsberichte und Studien. Kiel 1987.

HÄNSEL, D. (Hrsg.): Das Projektbuch Grundschule. Weinheim/Basel 1986, 1995[5]

HÄNSEL, D. (Hrsg.): Handbuch Projektunterricht. Weinheim 1997, 1999[2]

HÄNSEL, D. (Hrsg.): Projektmethode und Projektunterricht. In: Dies. (Hrsg.): Handbuch Projektunterricht, Weinheim 1997, S. 55–92

HÄNSEL, D./MÜLLER, H. (Hrsg.): Das Projektbuch Sekundarstufe. Weinheim/Basel 1988

HEIDORN, F.: Reformruine Projektunterricht. Über die Fragwürdigkeit eines didaktischen Modebegriffs. In: KREMER, A./STÄUDEL, L. (Hrsg.): Praktisches Lernen im naturwissenschaftlichen Unterricht. Marburg 1987, S. 55–74

HEIPCKE, K.: Lernen in Projekten – Entwurf und Gestaltung des Daseins. Studienheft 1. Bielefeld-Kasseler Graduiertenkolleg Schulentwicklungsforschung. Gesamthochschule Kassel 1998

HELLER, A./SEMMERLING, R. (Hrsg.): Das Prowo-Buch. Leben, Lernen, Arbeiten in Projekten und Projektwochen. Königstein 1984[2]

HENTIG, H. VON: Schule als Erfahrungsraum? Eine Übung im Konkretisieren einer pädagogischen Idee. Stuttgart 1973

HINTZ, D. /PÖPPEL, K.G./REKUS, J.: Fachübergreifend-projektorientierter Unterricht. In: Neues schulpädagogisches Wörterbuch. Weinheim/München 1993, S. 97–102

HOLSTEIN, H.: Schüler lernen selbständig. Situationen selbständigen Lernens im Schulunterricht. München 1984

HUBER, L.: Der Daltonplan in der russischen Arbeitsschule. In: Neue Bahnen 38 (1927), S. 324–336

HUBER, L.: Vereint, aber nicht eins: Fächerübergreifender Unterricht und Projektunterricht. In: HÄNSEL, D. (Hrsg.): Handbuch Projektunterricht. Weinheim 1997, S. 31–53

HUTH, M.: 77 Fragen und Antworten zum Projektunterricht. In: ARBEITSGRUPPE OBERKIRCHER LEHRMITTEL (AOL) (Hrsg.): Das AOL-Projekte-Buch. Reinbek 1986, S. 9–20

INITIATIVGRUPPE SOLINGEN: Schule ohne Klassenschranken. Reinbek 1972

JÄGER, O.: Projektwoche. Möglichkeiten für eine humane Schule und Gesellschaft. Neuwied 1998

JÜDES, U./FREY, K. (Hrsg.): Biologie in Projekten. Beispiele für fachübergreifende, projektorientierte Vorhaben mit Schwerpunkten aus der Biologie. Köln 1997[3]

JUNG, E.: Projekt – Projektorientierung. Mehr als eine Methode. Schwalbach: Wochenschau 1997

JÜRGENS, E.: Die neue Reformpädagogik und die Bewegung offener Unterricht. St. Augustin 1994

JÜRGENS, E.: Offener Unterricht im Spiegel empirischer Forschung. In: Pädagogische Rundschau 51 (1997), S. 677–697

KAISER, A./KAISER, F. J. (Hrsg.): Projektstudium und Projektarbeit in der Schule. Bad Heilbrunn 1977

KECK, R. W.: Unterricht gliedern – zielorientiert lehren. Bad Heilbrunn 1983

KELLER, B./POST-LANGE, E.: Lebensraum Schule. Erfahrungen mit Offenem Unterricht in der Hauptschule. München 1995

KILPATRICK, W. H.: The Project Method. In: Teachers College Record 19, 1918, S. 319–335

KILPATRICK, W. H.: Foundations of Method. Informal Talks on Teaching. New York 1925

KILPATRICK, W. H.: Die Projekt-Methode. Die Anwendung des zweckvollen Handelns im pädagogischen Prozeß. In: DEWEY, J./KILPATRICK, W. H.: Der Projekt-Plan – Grundlegung und Praxis. Weimar 1935, S. 161–179

KILPATRICK, W. H.: Philosophy of Education. New York 1951

KLIEBARD, H. M.: The Struggle for the American Curriculum, 1893–1953, Boston 1986

KLIPPERT, H.: Projektwochen. Arbeitshilfen für Lehrer und Schulkollegen. Weinheim/Basel 1989, 1994[3]

KNOBLAUCH, R.: Prozessorientierte Team- und Projektarbeit. In: Schulintern, H 2, 1998, S. 3

KNOLL, M.: Paradoxien der Projektpädagogik. Zur Geschichte und Rezeption der Projektmethode in den USA und in Deutschland. In: Zeitschrift für Pädagogik, 30, 1984, S. 663–674

KNOLL, M.: Calvin M. Woodward und die Anfänge der Projektmethode. In: Zeitschrift für Pädagogik, 34, 1988, S. 501–517

KNOLL, M.: Europa – nicht Amerika. Zum Ursprung der Projektmethode in der Pädagogik, 1702–1875. In: Pädagogische Rundschau, 45, 1991 a, S. 41–58

KNOLL, M.: Lernen durch praktisches Problemlösen. Die Projektmethode in den USA, 1860–1915. In: Zeitschrift für internationale erziehungs- und sozialwissenschaftliche Forschung, 8, 1991 b, S. 103–127

KNOLL, M.: ›Niemand weiß heute, was ein Projekt ist‹. Die Projektmethode in den Vereinigten Staaten, 1910–1920. In: Vierteljahresschrift für wissenschaftliche Pädagogik, 67, 1991 c, S. 45–63

KNOLL, M.: John Dewey und die Projektmethode. Zur Aufklärung eines Mißverständnisses. In: Bildung und Erziehung, 48, 1992a, S. 89–108

KNOLL, M.: Abschied von einer Fiktion. Ellsworth Collings und das ›Typhusprojekt‹. In: Neue Sammlung, 32, 1992b, S. 571–587

KNOLL, M.: 300 Jahre Lernen am Projekt. Zur Revision unseres Geschichtsbildes. In: Pädagogik 45 (1993a), H 7/8, S. 58–63

KNOLL, M.: Die Projektmethode – ihre Entstehung und Rezeption. Zum 75. Jahrestag des Aufsatzes von William H. Kilpatrick. In: Pädagogik und Schulalltag, 48, 1993b, S. 338–351

KNOLL, M.: Die Projektmethode – Lehren aus der Geschichte. In: Erziehung und Unterricht, 1996, S. 2–11

KNOLL, M.: Die Rezeption der ›Projektidee‹ in der schulpädagogischen Literatur. In: Pädagogisches Handeln, 3. Jg., H 1/2, 1999, S. 119–127

KOHLER, B.: Problemorientierte Gestaltung von Lernumgebungen. Didaktische Grundorientierung von Lerntexten und ihr Einfluss auf die Bewältigung von Problemlöse- und Kenntnisaufgaben. Weinheim 1998

KOST, F.: Projektunterricht und ›Kritische Didaktik‹. In: MOSER, H. (Hrsg.): Probleme der Unterrichtsmethodik. Frankfurt 1977, S. 133–162

KOST, F.: Die Projekt(ions)methode. Zur Geschichte und Kritik des didaktischen Projektbegriffs. In: Bildung und Erziehung 37 (1984), S. 29–36

KOUNIN, J.: Techniken der Klassenführung. Stuttgart 1976

KRAJCIK, J. S. u. a.: A Collaborative Model for Helping Middle Grade Science Teachers Learn Project-based Instruction. In: The Elementary School Journal, 5/1994, S. 483–497

KRAMPER, G.: Windiges aus dem Paradies. Die gefälschte Projekt-Pädagogik von Ellsworth Collings. In: FAZ, Mittwoch 17.07.1996, Nr. 164, S. N 5

KRAUTH, D.: Leben, Arbeit und Projekt. Eine konzeptionsgeschichtliche und vergleichende Studie über die gesellschaftliche, pädagogische und didaktische Bedeutung der Projektidee in reformpädagogischen Bewegungen. Frankfurt 1985

KREFT, J.: Entschultes Lernen durch Projekte? Zur Kritik der Projekt-Methode. In: Westermanns Päd. Beiträge, H 12, 1974, S. 680–694

KREUZER, R. P.: Erziehungsdenken in den Vereinigten Staaten von Amerika. Zur Geschichte der Pädagogik in den USA von deren Unabhängigkeit an bis hin zu John Dewey. Frankfurt 1984

KÜNZLI, R.: Einsichten am Rande? Das Interesse der pädagogischen Reflexion an den Alternativen. In: Bildung und Erziehung 40, 1987, S. 453–465

LANDESINSTITUT FÜR SCHULE UND WEITERBILDUNG (Hrsg.): Schularbeiten Heft 1. Projektorientiertes Arbeiten. Soest 1988

LANDESINSTITUT FÜR SCHULE UND WEITERBILDUNG (Hrsg.): Projektwoche. Soest 1990[8]

LAUBIS, J.: Vorhaben und Projekte im Unterricht. Ravensburg 1976

LERSCH, R.: Schlüsselprobleme und Projektunterricht. In: Die Deutsche Schule, 5. Beiheft 1999, S. 58–66

LUDWIG, M.: Projekte im Mathematikunterricht des Gymnasiums. Diss. Würzburg 1997

LUKESCH, H./Kischkel, K.-H.: Unterrichtsformen an Gymnasien. In: ZeF 1987, 4. Jg., S. 237–256

MAGNOR, M.: Die Projektmethode. Ein Ergebnis der philosophischen und erziehungstheoretischen Ansätze John Deweys und William Heard Kilpatricks. Diss. Osnabrück 1976

MATHER, T. W.: The Manual Training High School. In: Society for the Promotion of Engineering Education: Proceedings 1897, S. 272–283

MAYHEW, K. C. /EDWARDS, A. C.: The Dewey School. The Laboratory School of the University of Chicago, 1896–1903. New York 1936

MELBY, E. O./LIENS, A.: A Practical Technique for Determining the Relative Effectiveness of Different Methods of Teaching. In: Journal of Educational Research. 19, 1929, (April), S. 255–264

MEYER, E.: Gruppenunterricht. Worms 1954

MEYER, E./OKON, W.: ›Frontalunterricht‹. Frankfurt 1983

MEYER, H.: UnterrichtsMethoden Bd. I und II. Frankfurt 1987

MIE, K., FREY, K. (Hrsg.): Physik in Projekten. Beispiele für fachübergreifende, projektorientierte Vorhaben mit Schwerpunkten aus der Physik. Köln 1996[5]

MÜNZINGER, K./FREY, K. (Hrsg.): Chemie in Projekten. Beispiele für fachübergreifende, projektorientierte Vorhaben. Kiel 1986, 1996[5]

MÜNZINGER, W. (Hrsg.): Projektorientierter Mathematikunterricht. München 1977

NUHN, H.-E./VAUPEL, D.: Projektlernen an nordhessischen Sekundarstufenschulen. In: Pädagogik, 9/1991, S. 42–45

NUHN, H.-E./VAUPEL, D.: Projektlernen: Institutionalisiert und verwässert? In: Pädagogik, 10/1991, S. 42–46

ODENBACH, K.: Das Vorhaben. In: Westermanns Pädagogische Beiträge 9 (1957), S. 577–584

OELKERS, J.: Geschichte und Nutzen der Projektmethode. In: HÄNSEL, D. (Hrsg.): Handbuch Projektunterricht. Weinheim 1997, S. 13–29

PETERSEN, P. (Hrsg.): Der Projekt-Plan. Grundlegung und Praxis von John Dewey und William Heard Kilpatrick. Weimar 1935

PETERßEN, W.: Fächerverbinder Unterricht, München 2000

PETERßEN, W.: Handlungsorientiertes Lernen. In: PETERßEN, W.: Kleines Methoden-Lexikon. München 1999, S. 142–151

PETERßEN, W.: Projektlernen im AWT-Unterrricht. In: AWT-Info, H 2, 1996 , S. 4–12

PETRI, G.: Idee, Realität und Entwicklungsmöglichkeiten des Projektlernens. Graz 1991

PLATTE, H. K. (Hrsg.): Das Projekt. Theorien, Methoden, Beispiele. Ein Handbuch für die Schulpraxis. Köln 1990

PUKAS, D.: Projekt- und Lehrgangsunterricht in der beruflichen Bildung. Deutsche Berufs- und Fachschule 1978, 84, S. 929–939

PÜTT, H.: Projektunterricht und Vorhabengestaltung. Essen 1982

RATHMAYR, B.: Lernen in der Schule. Gedanken zur Planbarkeit und Veränderbarkeit schulischer Lernprozesse am Beispiel des Projektlernens. In: Erziehung und Unterricht, 1973, S. 471–484

REBEL, K.: Selbstgesteuertes Lernen und Schule. Ein Widerspruch in sich? In: Pädagogisches Handeln, 2. Jg., 1998, H 2, S. 75–82

REINTGES, B.: Projekt und Projektmethode in der aktuellen didaktischen und bildungspolitischen Diskussion. In: STACH, R. (Hrsg.): Projektorientierter Unterricht: Theorie und Praxis. Kastellaun 1978, S. 55–77

RICHARDS, C. R.: Means and Methods of Manual Training. In: Conference on Manual Training, ed. by Isabell C. Barrow. Boston 1891, S. 103–111

RICHARDS, C. R.: The Function of Hand Work in the School. In: Teachers College Record 1 (November 1900), S. 249–259

RICHARDS, C. R.: How Early May Handwork Be Made Part of School Work? In: Proceedings of the National Educational Association, 1901, S. 100–107

RIEDEL, K./GRIWATZ, M./LEUTERT, H./WESTPHAL, J.: Schule im Vereinigungsprozeß. Frankfurt 1994

RÖHRS, H.: Die progressive Erziehungsbewegung. Verlauf und Auswirkung der Reformpädagogik in den USA. Hannover 1977

RÖSLER, W.: Rezensionen zu Claussen u. a./Kasper u. a. In: Grundschule, H 12/1995, S. 62–63

RYHN, H.: Anmerkungen zur Geschichte der Projektmethode. In: Beiträge zur Lehrerbildung, 12, 1994, S. 51–62

SCHÄFER, K.-H.: Die Laborschule der Universität von Chicago und die Interaktionspädagogik John Deweys. In: BAUMGART, D. (Hrsg.): Emendatio rerum humanarum. Frankfurt a.M./Bern/New York 1985, S. 217–237

SCHÄFER, U.: Internationale Bibliographie zur Projektmethode in der Erziehung, 1895–1982. 2 Bde. Berlin 1988

SCHEIBE, W.: Die reformpädagogische Bewegung. Eine einführende Darstellung. Weinheim 1969, 10/1994

SCHEIBNER, O.: Der Arbeitsvorgang in technischer, psychologischer und pädagogischer Erfassung. In: SCHEIBNER, O.: Zwanzig Jahre Arbeitsschule in Idee und Gestaltung. Leipzig 1930, S. 29–60

SCHILMÖLLER, R.: Projektunterricht. Möglichkeiten und Grenzen entschulten Lernens in der Schule. In: REGENBRECHT, A./PÖPPEL, K. G. (Hrsg.): Erfahrung und schulisches Lernen. Münster 1995, S. 166–212

SCHILMÖLLER, R.: Lernen aus Erfahrung im Projektunterricht: Möglichkeiten und Vorzüge, Grenzen und Gefahren. In: Engagement 1996, S. 245–261

SCHIRLBAUER, A.: Einige skeptische Fragen und Anmerkungen zum Konzept des Projektunterrichts. In: Vierteljahresschrift für Wissenschaftliche Pädagogik, 62, 1986, S. 252–266

SCHIRP, H./BRAUNECK, P.: Projektorientiertes Arbeiten in der Schule – Pädagogischer Dauerbrenner oder Flop? In: LANDESINSTITUT FÜR SCHULE UND WEITERBILDUNG (Hrsg.): Schularbeiten. H 1. Projektorientiertes Arbeiten. 1988, S. 2–9

SCHORCH, G.: Einführung in die ›Netzplantechnik‹ bei Projekten. In: unterrichten/erziehen, H 6, 1984, S. 19–21

SCHRADER, W.: Eine Hauptschule geht ihren Weg. In: b:e, H 2, 1983, S. 72–77

SCHREIER, H. (Hrsg.): John Dewey: Erziehung durch und für Erfahrung. Stuttgart 1986

SCHÜMER, G.: Projektunterricht in der Regelschule. Anmerkungen zur pädagogischen Freiheit des Lehrers. In: Zeitschrift für Pädagogik, 34. Beiheft 1996, S. 141–158

SCHÜMER, G./WEIßENFELS, M.: Projekte im Fachunterricht. Ergebnisse einer Umfrage unter Grund- und Sekundarschullehrern aus vier Bundesländern. MPI, Beiträge aus dem Forschungsbereich Schule und Unterricht. Nr. 45, 1995

SCHWAGER, K.-H.: Wesen und Formen des Lehrgangs im Schulunterricht. Weinheim 1955

SCHWEINGRUBER, R.: Das Projekt in der Schule. Ein unterrichtsbegleitendes Arbeitsbuch für Lehrer. Bern 1984[2]

SCHWERDT, T.: Kritische Didaktik in Unterrichtsbeispielen. Paderborn 1959[12]

SEHRBROCK, P.: Freiarbeit in der Sekundarstufe I. Frankfurt 1993

SEYDEL, O.: Zum Lernen herausfordern. Das reformpädagogische Modell Salem. Stuttgart 1995

SMITH, C. G.: The Project Method in Biology. In: School Science and Mathematics, 35, 1935, (January), S. 83–88

SPETH, M.: John Dewey und der Projektgedanke. In BASTIAN/GUDJONS U. A.: Theorie des Projektunterrichts. Hamburg 1997, S. 19–37

STAATSINSTITUT FÜR SCHULPÄD. U. BILDUNGSFORSCHUNG: Der Bildungs- und Erziehungsauftrag der Schule. München 1995

STAATSINSTITUT FÜR SCHULPÄD. U. BILDUNGSFORSCHUNG: Selbständiges Arbeiten und Lernen im fünfstündigen Leistungskurs. Donauwörth 1997

STACH, R. (Hrsg.): Projektorientierter Unterricht. Theorie und Praxis. Kastellaun 1978

STARK, R./GRAF, M./RENKL, A./GRUBER, H./MANDL, H.: Förderung von Handlungskompetenz durch geleitetes Problemlösen und multiple Lernkontexte. In: Zeitschr. f. Entwicklungspsychologie und Pädagogische Psychologie 1995, Bd. XXVII, H 4, S. 289–312

STARK, R./GRAF, M./RENKL, A./GRUBER, H./MANDL, H.: Instruktionale Maßnahmen zur Überwindung von Transferproblemen im Bereich ›Ökonomie‹. Forschungsbericht Nr. 96 des Lehrstuhl f. Empir. Päd. u. Päd. Psychol. Ludwig-Maximilians-Universität München. München 1998

STORK, H.: Intentionen und Auswirkungen des Projekt-Unterrichts. Zur Didaktik der Physik und Chemie, 1972, 241–244

STRUCK, P.: Projektunterricht. Stuttgart 1980

STÜBIG, F.: Über die Fachgrenze hinaus – projektorientierter Unterricht in der gymnasialen Oberstufe. In: MESSER, R./WICKE, E./BOSSE, D. (Hrsg.): Die Zukunft der gymnasialen Oberstufe. Weinheim 1998, S. 186–201

SUIN DE BOUTEMARD, B.: Projektunterricht: Beispiel Religion. Düsseldorf 1973

SUIN DE BOUTEMARD, B.: Schule, Projektunterricht und soziale Handlungsperformanz. München 1975

SUIN DE BOUTEMARD, B.: 75 Jahre Projektunterricht. In: GEISSLER, W. U. A.: Projektorientierter Unterricht. Lernen gegen die Schule? Weinheim 1976a. S. 58–64

SUIN DE BOUTEMARD, B.: Projektunterricht – wie macht man das? In: GEISSLER, W. u. a. (Hrsg.): Projektorientierter Unterricht. Lernen gegen die Schule. Weinheim 1976b, S. 25–34

SUIN DE BOUTEMARD, B.: Projektarbeit in Gemeinden. Gelnhausen 1979

SUIN DE BOUTEMARD, B.: Projektunterricht – Geschichte einer Idee, die so alt ist wie unser Jahrhundert. In: BASTIAN, J./GUDJONS, H.: Das Projektbuch. Hamburg 1986, S. 62–77

SUIN DE BOUTEMARD, B.: Erblast einer verspäteten Nation. In: Pädagogik 45, H 7/8, 1993, S. 71

SUIN DE BOUTEMARD, B.: Projektnahe Konzeptionen in der deutschen Reformpädagogik und die Rezeption von Dewey in der Weimarer Zeit. In: BASTIAN, J./GUDJONS H. u. a.: Theorie des Projektunterrichts. Hamburg 1997, S. 39–69

TANNER, L.N.: Dewey's Laboratory School. Lessons for Today. New York 1997

TATE, H.L.: An Evaluation of the Project Method. In: Elementary School Journal, 37, 1936, (October), S. 122–132

TENENBAUM, S.: William Heard Kilpatrick. Trail Blazer in Education. New York 1951

TERHART, E.: Lehr-Lern-Methoden. Weinheim 1997²

THEUERZEIT, K.: Pause für die Klingel – Organisation und Gestaltung von Projektwochen. In: LANDESINSTITUT FÜR SCHULE UND WEITERBILDUNG (Hrsg.): Schularbeiten. H 1. Projektorientiertes Arbeiten. 1988, S. 10–12

TOSCH, F.: Projektorientiertes Lernen an Regelschulen in Land Brandenburg. Ergebnisse eines Förderprogramms – Diskussion eines Fallbeispiels. In: ZfPäd, H 4, 1996, S. 520–538

TYMISTER, H.-J. (Hrsg.): Projektorientierter Deutschunterricht. Düsseldorf 1975

VOß, S./ZIEGENSPECK, J.W.: Das Projekt. Eine hochschuldidaktische Herausforderung. Lüneburg 1999

WAKS, L. J.: The project method in postindustrial education. In: Journal of Curriculum Studies, 1997, Vol. 29, No 4, S. 391–406

WARNKEN, G./KLEIN-NORDHUES, P.: Unbehagen an Projektwochen – Von Gesamtschulen lernen. In: Die Deutsche Schule 83, 1991, S. 181–192

WARNKEN, G.: Projektunterricht – eine Herausforderung an die ganze Schule. In: Die Realschule, Jg. 98, H 8, 1990, S. 336–344

WARWITZ, S./RUDOLF, A.: Projektunterricht. Schorndorf 1977

WARWITZ, S.: Zur Situation des Projektunterrichts an Schulen. In: Sportpädagogik, H 6, 1982, S. 10

WATKINS, R. K.: The Technique and Value of Project Teaching in General Science. In: General Science Quaterly 7/8, 1923/24 (May/Nov. 1923, Jan. 1924), S. 235–256, 311–341, 387–422

WEBER, H.: Projektgruppen im Religionsunterricht. Grundlegung und Modelle. Heidelberg 1973

WEGMANN, R.: Theorie des Unterrichts. München 1964

WEINERT, F. E./HELMKE, A.: Der gute Lehrer: Person, Funktion oder Fiktion? In: ZfPäd., H 34. Beiheft, Weinheim 1996, S. 223–233

WEINERT, F. E.: Lehrerkompetenz als Schlüssel der inneren Schulreform. In: Schulreport 2/98, S. 24–27

WESTBROOK, R. B.: John Dewey and American Democracy. Ithaca 1991

WITTMANN, E. C.: Wissenschaftsorientierung: Schon Dewey wusste die Antwort. In: Schulpraxis, Jg. 3, H 5, 1983, S. 8–10

WÖLL, G.: Handeln: Lernen durch Erfahrung. Handlungsorientierung und Projektunterricht. Baltmannsweiler 1998

WOLTERS, A.: Projekt- und fächerübergreifender Unterricht. In: BOVET, G./HUWENDIEK, V. (Hrsg.): Leitfaden Schulpädagogik. Pädagogik und Psychologie für den Lehrberuf. Berlin 1994, S. 157–196

WOODWARD C.M.: Manual Training in the Secondary Grades and in Colleges. In: Proceedings of the National Educational Association (1905), S. 262–270

WOODWARD, C.M.: The Manual Training School. Boston 1887

WOODWARD, C.M.: Manual Training in Education. New York 1890

ZIMMER, G.: Selbstorganisation des Lernens. Kritik der modernen Arbeitserziehung. Frankfurt/Main 1987